山东耕地质量评价与应用丛书

# 胶州耕地

逄增祺 主编

山东大学出版社

**图书在版编目(CIP)数据**

胶州耕地/逄增祺主编.—济南:山东大学出版社,2014.1
ISBN 978-7-5607-4992-1

Ⅰ.①胶…
Ⅱ.①逄…
Ⅲ.①耕地资源-资源评价-胶州市
Ⅳ.①F323.211

中国版本图书馆 CIP 数据核字(2014)第 016607 号

责任策划:赵　岩
责任编辑:李　港
封面设计:张　荔

---

出版发行:山东大学出版社
社　址　山东省济南市山大南路 20 号
邮　编　250100
电　话　市场部(0531)88364466
经　销:山东省新华书店
印　刷:山东鸿杰印务集团有限公司
规　格:787 毫米×1092 毫米　1/16
11 印张　12 插页　270 千字
版　次:2014 年 1 月第 1 版
印　次:2014 年 1 月第 1 次印刷
定　价:45.00 元

---

# 《胶州耕地》编委会

# 前　言

胶州市先后于1958年和1980年参与开展了全国土壤普查工作，对全市耕地的地形、地貌、地质、理化性状等进行了大量的调查分析和研究工作，整理形成了非常完整的耕地基础信息，在相当长的时期内，对全市的农业生产发展发挥了巨大的推动作用，且很多基础文献资料至今仍具有较强的指导意义。但限于当时条件限制，在样品采集、检测能力、分析方法等环节上存在着明显不足，特别是二十多年来，随着经济社会的快速发展，耕作方式、施肥习惯、种植制度、农田养分状况都已发生了巨大变化，原来的很多数据资料已不能有效地反映耕地现状。

2006年起，胶州市承担实施了青岛市测土配方施肥项目；2008年起，承担实施了国家测土配方施肥项目。至2010年上半年，全市共采集土壤样品9612个，共检测常规项目48060项次，检测中量及微量元素26873项次，对应采集完成农户基本情况调查表和农户施肥信息调查表各9612份，数据覆盖全市主要的土壤类型、种植作物和种植模式。在对全部样点进行卫星定位的前提下，通过严格筛选和甄别，形成均匀覆盖全市耕地的有效点位数据库，然后用ACCESS软件进行分析、GIS软件进行系统评价、MAPGIS系统进行绘制图件，最终形成包括土壤理化性状及评价、耕地地力评价、耕地地力分析、耕地资源合理利用与改良等文字和图片内容的胶州市耕地地力评价报告。为更好地开展技术服务、回报社会，制作完成了胶州市土壤养分管理和施肥信息系统（网络版、触摸版），使社会各界能够通过多种渠道，快捷便利地查询耕地信息，从而促进农业的更好、更快发展。

胶州市耕地地力评价工作，是在青岛市农委具体指导下完成的；胶州市市委、市政府高度重视，先后多次下达文件，要求全市上下协调合作，确保本项工作的顺利开展；胶州市国土局、水利局、气象局、畜牧局、农机局、统计局、财政局、审计局等部门以及各镇（街道办事处）都给予了大力支持；山东省土肥总站、山东农业大学、青岛农业大学、青岛市各市区农业局、莘县农业局都提供了技术支持和帮助，在此一并表示感谢。

《胶州耕地》是对胶州市耕地地力评价工作成果的汇编，参考了《胶县土壤志》、《胶州统计年鉴》、《胶州市志》等历史资料，凝聚了全市广大农技人员的辛勤汗水。编写人员本着科学严谨的工作态度和实事求是的工作原则，认真工作，力求科学实用、精益求精，但由于水平所限，加之时间仓促，错误之处在所难免，敬请广大读者予以批评指正，以便于进一步修改完善。

编　者

2012 年 10 月

# 目录

# 第一章 自然与农业生产概况

## 第一节 自然条件

### 一、地理位置与行政区划

胶州市地处山东半岛南部、胶州湾西岸，北纬 36°00′～36°30′、东经 119°37′～120°12′。东邻青岛市城阳区、即墨市，西靠潍坊市诸城市、高密市，南与胶南市接壤，北与平度市相连。东西横距为 51km，南北纵距为 54.3km，总面积为 $1313km^2$。2008 年末，实有耕地面积为 $66579.03hm^2$。

胶州市辖胶莱镇、马店镇、胶北镇、李哥庄镇、胶西镇、九龙镇、杜村镇、铺集镇、张应镇、洋河镇、里岔镇 11 个镇，北关街道办事处、三里河街道办事处、阜安街道办事处、云溪街道办事处、胶东街道办事处、中云街道办事处、营海街道办事处 7 处街道办事处，811 个行政村，67 个居委会，共 244169 户，总人口为 80.03 万，镇村户数为 190668 户，农业人口为 42.12 万，非农业人口为 37.9 万。

### 二、历史沿革

胶州市是华夏文明发祥地之一，历史悠久，文化灿烂。4000 年前，即有先民在这里刀耕渔猎、繁衍生息。这里商业贸易相当发达，唐宋时期曾是全国五大商埠之一、长江以北唯一的通商口岸，素有“金胶州”之美称。胶州人杰地灵，创造了世界闻名的新石器时代原始氏族社会的三里河文化，有西汉祓国旧址、明代养马城“牧马城”遗址、清代著名书画篆刻艺术家、被列为“扬州八怪”之一的左笔高手高凤翰故居旧址，以及大量的古葬墓、古庙宇和金石碑刻、书画诗文。勤劳智慧的胶州人民孕育了丰富多彩的民间文艺，具有 300 多年历史的“胶州大秧歌”驰名中外，全国保留剧种胶州茂腔及民间戏曲、剪纸、绘画等也都在国内外有一定的艺术影响力。

胶，水名，现称“胶河”，在胶东半岛。起源于山东省胶南，流经高密的王吴水库，进高密，再进入胶州，几经改道、并流后汇入大沽河，在胶州辖区注入胶州湾。汉时的胶西、胶东即据此命名，最初的治地在胶河东岸（现高密境内），后行政治所东移至胶州境内，民国时定为胶县，1987 年更为胶州市。《胶县志》中并无胶州一名的本源，经过考证，盖渊于此。夏、商为莱夷之域，周初，东有莒、西有介，莒南迁后为计。《胶州志・大事记》载：“周武王十三年（己卯）都于计”（计，即计斤，在今胶州三里河城子村）。秦，置黔陬县。公元

529年(北魏孝庄帝永安二年)始置胶州,领东武、高密、平昌三郡,治东武陵,以胶州名始此(《学古编》),此时治所在今诸城市。隋,立胶西县。唐,设板桥镇。宋,复立胶西县。至蒙古太祖二十二年(1227年)置胶州于胶西县,领胶西、高密、即墨,即现在的胶州市。至明清,均称"胶州"。民国二年(1913年)改胶州为胶县,1987年2月12日国务院(1987)26号文件"撤销胶县,设立胶州市"。

胶州地域范围宋初形成,元、明、清三代基本稳定。1944年,陆地面积为2612.5$km^2$,辖1508个村庄。1945～1947年,先后设立诸胶县(今胶南县)、胶高县、胶河县,划出了大部分村庄,总面积减少到517$km^2$,辖420个村庄。1949年和1953年,分别撤销胶高县和胶河县之后,形成了现在胶州市的规模。

## 三、气　候

胶州市属暖温带季风型大陆性气候,温暖湿润,四季分明。基本特点为:春来迟,寒光退慢旱常袭;夏不闷,海风多雨灾情频;秋日短,天高气爽又显旱;冬虽长,寒威不烈雨雪稀。

### (一)温度与光照

胶州市地处北温带季风区域,属暖温带半湿润季风区大陆性气候。其特点为:光照充足,热量丰富,雨热同季,四季分明,无霜期较长。春季温暖多风,夏季湿热多雨,秋季温和凉爽,冬季寒冷干燥。2009年,平均气温为13.4℃,较常年值偏高1℃;年极端最高气温为36.2℃,出现在6月25日,极端最低气温为－11.4℃,出现在1月15日、1月23日和1月24日三天。

胶州市初霜期一般出现在10月20日左右,终霜期出现在3月底至4月上旬,无霜期有205天左右,最短为193天,最长为214天。年日照平均总时数在2500h以上。一年中,5月日照最多,2月最少。日平均气温稳定通过0℃以上的持续日期(耕作期,也称为"温暖期")为274～281天,可供作物生长的有效积温为4500℃;日平均气温稳定通过3℃的持续日期(作物生长期)为260～270天,可供作物生长的有效积温为4400℃～4500℃;日平均气温稳定通过10℃的持续日期(作物生长期)为200～210天,可供作物生长的有效积温为4000℃。

### (二)降水与蒸发

受季风影响,降水量年内、年际变化很大。年均降水量为720～790mm,但分布不均,夏季占全年的63%,春秋两季明显减少,分别为全年的14%和19%,冬季雨量仅占4%。7、8月降雨量最大,分别为190mm和160mm以上,10月明显减少,为35mm左右。1月最少,在10mm左右,4月开始增多,4、5月的雨量都在40mm左右。由于受地形、地貌的影响,胶州市雨量分布存在着差异,南部丘陵地带年降雨量为770～800mm,平原和洼地为720～750mm。夏季雨量集中,加剧了水土流失和水涝灾害的发生;春秋两季雨量较少,常出现旱灾,影响农作物生长。年蒸发量为1528.4mm,以5、6月最大,为181～203mm,1、12月最小,为60mm,年蒸发量为年降水量的193%。因此,在农业生产中搞好整地保墒、加强水利建设是胶州市发展农业生产的重要措施。

### (三)风

由于半岛南北沿海及半岛内陆所处位置和地形的差异,受海洋影响的程度差异较大,气候差异明显。年平均风速为4.1m/s，上半年风速大于下半年，4月最大，9月最小，历年最大风速为24m/s。年最多风向为东南风，其次为西北风。夏季以东南风为最多，占各风向出现频率的52%，冬季以西北风为最多，频率为38%。

### 四、地形、地貌

胶州市地处胶淮河盆地南缘、胶州湾的西岸，整个地势是由西南向东北倾斜，按其所处的不同地形分为10个地貌类型(见表1-1)。

表1-1　胶州市地貌类型对比表

| 国际名称及代码 | | 县名称及代码 | | | |
|---|---|---|---|---|---|
| 归属国际代码 | 归属国际地貌类型 | 代码 | 地貌类型 | 面积($hm^2$) | 占地比例(%) |
| DMlX012 | 侵蚀—剥蚀丘陵 | A | 荒坡岭 | 2993.64 | 2.28 |
| DMlX162 | 起伏侵蚀剥蚀高台地 | B | 岭坡梯田 | 36974.08 | 28.16 |
| DMlX161 | 倾斜侵蚀剥蚀高台地 | C | 坡麓梯田 | 11475.62 | 8.74 |
| DMlX151 | 倾斜侵蚀剥蚀低台地 | D | 埠岭坡地 | 6289.27 | 4.79 |
| DMlX132 | 倾斜洪积低台地 | E | 微斜平地 | 13038.09 | 9.93 |
| DMlX105 | 古河道漫滩 | F | 沿河平地 | 18001.23 | 13.71 |
| DMlX113 | 起伏洪积平原 | G | 浅平洼地 | 22977.5 | 17.75 |
| DMlX101 | 河漫滩 | H | 沿河洼地 | 8232.51 | 6.27 |
| DMlX602 | 海积低阶地 | I | 滨海低地 | 10477.74 | 7.98 |
| DMlX601 | 海滩 | J | 海滩地 | 840.32 | 0.64 |

(一)荒坡岭

面积为2993.64$hm^2$，占总面积的2.28%。海拔高程在80m以上，坡度为25°左右，上层浅薄而多含砾石，甚至有岩石裸露，主要生长野草和树林，覆盖率达60%以上，其成土过程为残积、坡积，主要分布在洋河镇、张应镇、里岔镇、杜村镇、九龙镇等部分的山陵上部。

(二)岭坡梯田

面积为36974.08$hm^2$，占总面积的28.16%。海拔高程在50m以上，坡度小于25°，土层薄，砾石多，以种植红薯、花生为主。岭坡梯田为薄、中层棕壤性土，成土过程为坡积、洪积，主要分布在洋河镇、里岔镇、张应镇、杜村镇、九龙镇等的丘陵中上部及胶西镇、铺集镇、营海街道办事处、三里河街道办事处等的丘陵上。

(三)坡麓梯田

面积为11475.62$hm^2$，占总面积的8.74%。海拔高程在50m以下，高低不等，位于丘陵下部与平原上部的过渡地带。发育着棕壤，受洪积而成。主要分布在里岔镇、铺集镇、张应镇、杜村镇、营海街道办事处、三里河街道办事处等的丘陵与平原的交接处。

(四)埠岭坡地

面积为6289.27hm²,占总面积的4.79%。海拔高程为20~40m,比降大于1%,为市区北部平原和洼地地区中凸起的埠岭。其基部直径和相对高度间的比例较小,坡度较大。主要分布在胶北镇牛泉岭至马店镇崔家庄南岭一线和胶莱镇王珠岭、中云街道办事处黄埠岭等地。

(五)微斜平地

面积为13038.09hm²,占总面积的9.93%。海拔高程为20~50m,地势比较平坦,比降小于1%,分布在三里河街道办事处、胶西镇和胶济铁路以北的各镇(街道办事处)。

(六)沿河平地

面积为18001.23hm²,占总面积的13.71%。海拔高程在50m以下,由河流冲积而成,主要分布在墨河、胶河、洋河、三里河等沿河两岸。

(七)浅平洼地

面积为22977.5hm²,占总面积的17.75%。海拔高程为10~20m,比降小于0.2%,有积水现象,主要分布在马店镇、胶莱镇大部、胶东街道办事处中北部,零星分布于市区西南部。

(八)沿河洼地

面积为8232.51hm²,占总面积的6.27%。海拔高程为5~10m,主要分布在胶莱镇、李哥庄镇、胶东街道办事处等一带的河流沿岸。

(九)滨海低地

面积为10477.74hm²,占总面积的7.98%。海拔高程在5m以下,主要分布在胶东街道办事处、营海街道办事处、李哥庄镇等的沿海地带。

(十)海滩地

面积为840.32hm²,占总面积的0.64%,近临海岸,是胶州湾海潮线下降后形成的光板滩地和荒滩地。

## 五、母岩和成土母质

母岩母质对土壤的形成发育、分布和生产特性有直接影响,胶州市境内地质年代为新生界的第四纪、中生界的白垩纪和侏罗纪及元古界的粉子山岩群,主要母岩母质有四类。

(1)市区以北,基岩为白垩纪上统王氏组第二段的黄绿色、紫红色的页岩、粉砂岩、细砂岩及硬砂岩互层,由于地势低洼,母岩在地下深位与成土无密切关系,其表层主要为胶莱河流域的湖相沉积物所覆盖,故土层较为深厚,质地细而黏,潜在肥力较高。

张应镇高山沟以南的大部,铺集镇小寺、胡家以南的全部,里岔镇石马山以北至高家庄东岭,母质主要为王氏组第三段的砖红色砂质黏土,粉砂岩夹黄绿色、灰白色细砂岩与砾石透镜体,张应镇一带夹玄武岩,其母质主要为洪积、冲积物。

(2)市区以南、洋河以北,东西营房、经双岭、九层岭,西至铺集镇北岭,系侏罗纪上统莱阳组第三、第四段的非石灰性砂页岩,多为紫红色粉砂页岩、细砂岩及灰绿色和黄色砾岩、硬砂岩等。其母质为不同程度的黏结砂岩的坡积洪积物(黏土夹砾石),土层很薄,质地粗松,水土极易流失。

(3)洋河以南至胶南以北的艾山、齐山、福山、绕王山等低山丘陵区,为白垩纪下统青山组基性岩类。主要岩石为粗面岩、安山岩、安山集块岩及凝灰岩等。其母质是在这些基性岩类上发育的坡积洪积物,因此较双岭、九层岭一带的土壤质地稍细,养分含量高。

(4)大沽河、胶莱河、洋河、墨河、胶河等河流流域两岸的平原地区为河流的冲积及丘陵的坡积层,其母质为冲积物,土层深厚,质地较好,河流下游入海处为海相沉积物。

### 六、水文特点

(一)河 流

胶州市境内除滨海河道,共有大小河流27条,分布于大沽河、胶莱河、洋河三大水系周围。其中,大沽河、胶莱河、胶河、墨水河、洋河5条河流对胶州市影响较大。河流大多发源于临市(县),雨季客水汇流快,干流断面小,洪峰水位高,易决口成灾。海滨河道发源于沿海丘陵区,独立入海,源段流急,进入海滩后无固定河床。

(二)海洋水系

胶州市海岸线北起大沽河口西侧,南到洋河口北岸,全长25.49km,属于泥质平原类型海岸。潮间带滩涂坡度小,宽度大,总面积为19km$^2$,水深在5m以内,浅海面积为18km$^2$,多为泥沙底质。水温受气温影响大,海水盐度较低,冬季有冰冻现象。

(三)地下潜水

胶州市地下水位深浅极不一致。总体来看,市区以北地下水位较高,以南地下水位较低,胶州市的地下水位与其地形地貌、海拔高程有着密切的关系,一般地下水位随海拔高程的增高而减低。地下水的来源主要是降雨,因而地下水的高低随着季节的变动而变动。一般冬春季节地下水位较深,夏秋季节地下水位较浅。

(四)潜水矿化度

胶州市大部分地下水水质较好,而东部近海一带的盐碱地则含盐分较高,水质不佳。东南部海滩地的地下潜水矿化度为22.3g/L,李哥庄镇东南部、胶东街道办事处南部、三里河街道办事处东北部及营海街道办事处大部分滨海低地的地下潜水矿化度为3.6g/L,因而决定了本区滨海盐化潮土和滨海盐土的形成和发育。

### 七、植 被

胶州市植被覆盖率为71%,无原生自然植被,残存的自然植被多系草本植物,分为旱生植被、湿生植被、广适性植被、盐碱植被四个类型。旱生植被分布在南部丘陵地区的石质山丘、荒岭坡、梯田阶地等缺水区,以酸枣、金色狗尾草等为主。湿生植被主要分布在大沽河、胶莱河、胶河、墨水河、洋河等五大河流周围的冲积平原和东北部的涝洼地区,河流冲积平原主要生有节节草、苋草、荆三陵、三棱草、白茅、水草、水草蔓、茜草、草秫,涝洼地区主要生有三棱草、芦草、莎草、香蒲、拔地草、牛王梭、姜帮、荸荠等。广适性植被以马塘、蒲公英等为主,与之共生的有蒺藜、菟丝子、车前子等,多生在平原或山前冲积平原上。盐碱植被分布在沿海盐碱地带,主要生有碱蓬、碱篙子、柽柳、盐节草、猪毛菜等,与之伴生的有芦草等。野生植被分布在南部及西南部丘陵地区,主要有酸枣、荆条、石竹、黄草、苦菜、山葱、山蒜、车前子、马猴草等。

# 第二节 农村经济与农业生产情况

## 一、农村经济情况

2009年，胶州市年末总人口为80.03万，农业人口为42.12万。胶州市城镇居民人均可支配收入为19770元，比上年增长9.5%，农民人均纯收入为9152元，比上年增长8.5%，农民人均生活费支出为6687元，增长8.9%。每百户农村居民家庭高档耐用消费品年末拥有量分别为：电脑10.8台，汽车（生活用）3.9辆，电视机117台，电冰箱55台，洗衣机71.9台，照相机7.8台，空调12.6台。至2009年底，胶州市所有村庄均开通了固定电话，每百户农村居民拥有固定电话70.7台、手机141.3部。胶州市拥有农业机械总动力为$1\times10^6$kW，农膜使用量为2998t，其中地膜使用量为1166t，农用柴油为19559t，农药使用量为1462t，化肥施用量为36886t。

## 二、农业生产情况

近年来，胶州市农业经济发展迅速。2009年末，全市农作物播种面积为$1.059\times10^5$ $hm^2$，粮食播种面积为$7.55\times10^4$ $hm^2$，其中，小麦播种面积为40385$hm^2$，玉米播种面积为32294.93$hm^2$，大豆播种面积为1634.87$hm^2$，花生播种面积为8353.6$hm^2$，全市粮食总产量达到48万吨，增长4.3%。尤其是胶州大白菜，不仅是特色农业之一，而且还是国家地理标志产品。目前，胶州大白菜在胶州市的三里河、胶河、墨水河、胶莱河、大沽河、洋河两岸广为种植，面积在4000$hm^2$左右。其品种也由原来的大叶、二叶、小叶三个品系发展到现在的多个系列杂交种，可春、夏、秋三季种植，周年供应市场。1999年，被农业部认定为优质产品；2003年，经中国绿色食品发展中心审核，被认定为绿色食品A级产品；2005年，被评为青岛市“消费者喜爱的名优农产品”；2006年，被认定为有机转换产品。2010年，“胶州大白菜”荣获“中国驰名商标”。

粮食生产实现增长，胶州市粮食播种面积为$7.55\times10^4$ $hm^2$，比上年减少0.3%，总产量达到48万吨，增长4.3%。2009年主要农产品产量及增速如表1-2所示。

表1-2 **2009年主要农产品产量及增速**

| 产品名称 | 产量（万吨） | 比上年增长（%） |
|---|---|---|
| 粮食总量 | 48 | 4.3 |
| 小麦 | 25.48 | 3.4 |
| 玉米 | 21.31 | 7.2 |
| 蔬菜（不含果用瓜） | 119 | −13.9 |
| 水果 | 6.34 | −10.2 |

注：资料引自《胶州市统计年鉴（2010年）》。

2009年，胶州市畜牧业肉类总产量为52873t，牛、羊奶总产量为24431t，禽蛋总产量为 33724t。

全年完成造林面积为 $1365hm^2$，减少 34.7%；幼林抚育作业面积为 $2090hm^2$；农林覆盖率为 38.26%，提高 1.14 个百分点。

渔业生产产量小幅提高，水产品总量为 125058t，增长 4.2%。其中，捕捞产量为 30027t，下降 0.2%；养殖产量为 95031t，增长 5.7%。海水、淡水养殖面积为 $5976hm^2$。机动渔船达 331 艘，增加 51 艘。

## 第三节　农业基础设施情况

### 一、农田水利建设情况

胶州市水资源严重不足，多年平均水资源总量为 $2.262\times10^8m^3$，人均水资源量为 $302m^3$，仅为全国平均水平的 1/8，世界人均占有量的 1/32，低于山东省和青岛市平均水平。因此，胶州市将节水灌溉工作列入建设节水型社会的重要内容，把发展节水灌溉作为建设现代农业的重要措施之一。

1987 年建市以来，胶州市水利建设取得了显著成绩。按照“检查隐患，培修加高，加固堤防，提高行洪能力”的原则，共完成大小水利项目 1116 个，解决了胶州市的工业、生活用水，保证了汛期胶州市人民的生命、财产安全不受到威胁。截至 2002 年末，胶州市农业有效节水灌溉面积达到 $400hm^2$，年供水量为 $2.817\times10^7m^3$。共承建安装工程 44 个，施工面积为 $1.3\times10^5m^2$，完成施工产值 3585 万元，竣工工程 4 个，竣工面积为 $14000m^2$，工程质量优良率达 100%。

近年来，胶州市主要水利工程建设进展迅速。1991 年以来，胶州市完成了大沽河复堤工程、青年水库保安全工程、桃源河综合治理工程、洋河综合治理工程、大沽河护险工程、大沽河扶堤退堤工程、大沽河贾疃拦河坝工程和沽河南庄拦河坝工程。2009 年，完成镇村级小型农田水利工程 $213hm^2$，其中重点小型农田水利项目 50 处，建设塘坝 48 座，新打灌溉井 109 眼，新建水池 19 座。新增农业供水能力 $2.01\times10^6m^3$，新增有效灌溉面积 $800hm^2$，改善灌溉面积 $4600hm^2$。高效节水灌溉技术大面积推广，投资 983 万元完成张应镇、里岔镇 $666.67hm^2$ 节水灌溉示范项目。投资 772 万元开工胶北镇万亩节水灌溉工程。投资 3947 万元完成青年水库、山洲水库两座中型水库和红旗水库等三座小型病险水库的除险加固工作。开工洋河下游综合治理、营旧路云溪河桥闸合一工程，完成 $6.5\times10^5m^3$ 工程量，占总工程量的 48%。

2009 年，胶州市水利事业继续呈现出比较好的形势、趋势、态势和气势，全年完成投资 2.67 亿元，其中争取青岛市级以上资金 8000 多万元，建设水利项目 268 项。胶州市总灌溉面积达到 $2.812\times10^4hm^2$，有效灌溉面积为 $2.41\times10^4hm^2$，旱涝保收面积为 $1.4\times10^4hm^2$，机电排灌面积为 $2.4\times10^4hm^2$。获得省级文明机关、全省农田水利基本建设先进县、全省防汛抗旱先进集体等荣誉称号。

### 二、农业生产机械情况

1987 年建市以来，胶州市农机工作以加快农业现代化进程为主线，以农业增产、农民增收为目标，大力加强依法管理，不断加大科技推广力度，促进了胶州市农机化事业的快速健康发展。先后被山东省、青岛市授予山东省“兴机富农比贡献活动先进单位”、青岛市“农机管理先进单位”等荣誉称号，列为全省 8 处农机服务产业化试点单位。

2000 年末，胶州市农机总动力达 $6.222\times10^5$ kW，在册农用拖拉机有 11438 台，保有量达到 13598 台，大中型农业机械有 2061 台。2001 年末，胶州市农机总动力达 $6.615\times10^5$ kW，农用拖拉机有 14569 台，各类配套农机具有 38237 台(套)，农机总值达 4.94 亿元，完成农机服务总收入 7.79 亿元。截至 2002 年末，胶州市农机固定资产投资达到 5568 万元，其中市农机中心内部固定资产投资达到 30 万元，是历年来投资最高的一年；农机总值达到 5.4 亿元，比上年增长(下同)9.6%；农机总动力达到 $7.057\times10^5$ kW，增长 6.7%，完成年度目标任务的 103.8%；拖拉机保有量达到 14372 台，完成年度目标任务的 105.7%；推广农业机械 14861 台；各类配套农机具达到 26229 台(套)；农机配套比达到 1∶1.8；农机作业结构实现产前、产中、产后环节俱全，农、林、牧、渔各业共同发展，创收、创汇作业机械逐步增长的良好框架；农机经营服务总收入达到 7.87 亿元，增长 0.96%。

“十五”期间，胶州市农机总动力达到 $7.5\times10^4$ kW，年均增长率为 6.4%；拖拉机达到 13000 台，增长率为 3.6%，其中大中型拖拉机达到 2000 台，配套机具达到 39000 台(套)，增长率为 7.1%、7.4%。农用三轮车达到 20000 台，农用汽车达到 7000 台，增长率分别为 11.3%、17.7%。小麦联合收割机达到 1000 台，玉米播种机达到 4000 台，玉米收获机达到 800 台，花生覆膜播种机达到 500 台，年均增长率分别为 14.2%、6.4%、83.9%和 82.2%，农用飞机达到 2 架。作业项目农机化水平：小麦耕、播、收机械化水平都达到 99%，玉米播、收机械化水平达到 90%、75%，秸秆还田面积达到 $1.67\times10^4$ $hm^2$；花生覆膜播种率达 80%以上。

2009 年底，胶州市农业机械总动力为 $1\times10^6$ kW，较上年增长 3%。农用拖拉机为 19620 台，各种机械引配套农具 4.93 万台(套)，农机配套比达到 1∶1.8；大中型拖拉机保有量为 4020 台，联合收获机为 2187 台，其中玉米联合收获机达到 739 台，增长 14%，除小麦、玉米生产机械化持续快速发展，花生、蔬菜、果品、苗木花卉及牧渔业加工等各业特色、适用生产机械化得到全面发展。胶州市排灌机械有 20514 台，装机容量为 143.91kW，机电井有 8236 眼，农用汽车有 2214 台，农用机动三轮有 18592 辆，水泵有 7756 台，农业生产综合机械化水平达到 83.2%。

# 第二章　土壤与耕地资源状况

## 第一节　土壤类型与分布

### 一、土壤类型与土壤分布

土壤是受气候、地形、母岩、母质、生物、时间等自然因素的综合作用而发育形成的，同时又是人类劳动的产物，在人类耕作管理影响下变化发育，因而形成了性质不一、种类繁多的土壤类型。根据《山东省第二次土壤普查土壤工作分类暂行方案》的分类原则和《山东省土壤图例及代码对比表》，胶州市土壤共分为 4 个土类、7 个亚类、8 个土属、30 个土种，具体情况如表 2-1 至表 2-3 所示。

表 2-1　　胶州市土属与省分类系统对照表

<table>
<tr><th colspan="6">省名称及代码</th><th colspan="6">县名称及代码</th></tr>
<tr><th colspan="2">土类</th><th colspan="2">亚类</th><th colspan="2">土属</th><th colspan="2">土类</th><th colspan="2">亚类</th><th colspan="2">土属</th></tr>
<tr><th>代码</th><th>名称</th><th>代码</th><th>名称</th><th>代码</th><th>名称</th><th>代码</th><th>名称</th><th>代码</th><th>名称</th><th>代码</th><th>名称</th></tr>
<tr><td rowspan="4">01</td><td rowspan="4">棕壤</td><td rowspan="2">0104</td><td rowspan="2">棕壤性土</td><td rowspan="2">010401</td><td rowspan="2">酸性岩类棕壤(麻砂棕壤性土)</td><td rowspan="7">A</td><td rowspan="7">棕壤</td><td rowspan="2" colspan="2">c 棕壤</td><td>1</td><td>洪积棕壤</td></tr>
<tr><td>3</td><td>洪积棕壤</td></tr>
<tr><td>0101</td><td>棕壤</td><td>010104</td><td>洪积棕壤</td><td rowspan="2" colspan="2">e 潮棕壤</td><td>3</td><td>洪冲积潮棕壤</td></tr>
<tr><td>0103</td><td>潮棕壤</td><td>010301</td><td>洪冲积潮棕壤</td><td>4</td><td>洪冲积潮棕壤</td></tr>
<tr><td rowspan="3">05</td><td rowspan="3">粗骨土</td><td rowspan="3">0502</td><td rowspan="3">中性粗骨土</td><td rowspan="2">050201</td><td rowspan="2">基性岩类中性粗骨土</td><td rowspan="3" colspan="2">a 粗骨土</td><td>2</td><td>基性岩类中性粗骨土</td></tr>
<tr><td>7</td><td>酸性岩类酸性粗骨土</td></tr>
<tr><td>050202</td><td>砂页岩类中性粗骨土</td><td>4</td><td>砂页岩类中性粗骨土</td></tr>
<tr><td>06</td><td>砂姜黑土</td><td>0601</td><td>砂姜黑土</td><td>060101</td><td>砂姜黑土</td><td>G</td><td>砂姜黑土</td><td colspan="2">a 砂姜黑土</td><td>1</td><td>砂姜黑土</td></tr>
<tr><td rowspan="2">08</td><td rowspan="2">潮土</td><td>0801</td><td>潮土</td><td>080105</td><td>非石灰性河潮土</td><td rowspan="2">C</td><td rowspan="2">潮土</td><td colspan="2">b 潮土</td><td>4</td><td>河潮土</td></tr>
<tr><td>0804</td><td>盐化潮土</td><td>080401</td><td>氯化物盐化潮土</td><td colspan="2">c 盐化潮土</td><td>6</td><td>氯化物盐化潮土</td></tr>
</table>

表 2-2　　胶州市土种归属对比表

| 县代码 | 土种名称 | 土种编码 | 土种面积（hm²） | 占土地总面积百分比（%） |
|---|---|---|---|---|
| 05020101 | 石渣薄层硬石底基性岩棕壤性土 | Aa2 3△2/2 | 1418.04 | 1.08 |
| 05020102 | 壤质薄层硬石底基性岩棕壤性土 | Aa2 5△2/2 | 2941.12 | 2.24 |
| 05020103 | 壤质中层酥石底基性岩棕壤性土 | Aa2 5△2/6 | 709.02 | 0.54 |
| 05020201 | 壤质薄层酥石底非石灰性砂页岩棕壤性土 | Aa4 5△2/5 | 617.11 | 0.47 |
| 05020104 | 壤质薄层硬石底坡积洪积物棕壤性土 | Aa7 5△3/8 | 8770.84 | 6.68 |
| 01010401 | 轻壤质厚黏土心坡积洪积物棕壤土 | Ac1 4/3# | 11121.11 | 8.47 |
| 01040101 | 轻壤质中层坡积洪积物棕壤性土 | Ac1 4/7 | 7484.1 | 5.7 |
| 01010402 | 轻壤质厚黏土心洪积冲积物棕壤土 | Ac3 4/3# | 34059.22 | 25.94 |
| 01040103 | 轻壤质厚黏土腰洪积冲积物棕壤土 | Ac3 4/5# | 1575.6 | 1.2 |
| 01030101 | 轻壤质厚黏土心洪积冲积物潮棕壤土 | Ae3 4/3# | 5908.5 | 4.5 |
| 01030102 | 中壤质厚黏土心洪积冲积物潮棕壤土 | Ae3 5/3# | 2481.57 | 1.89 |
| 01030103 | 轻壤质厚黏土腰洪积冲积物潮棕壤土 | Ae3 4/5# | 1956.37 | 1.49 |
| 01030104 | 砂壤质厚层均质冲积物潮棕壤土 | Ae4 3/1 | 275.73 | 0.21 |
| 01030105 | 轻壤质厚层均质冲积物潮棕壤土 | Ae4 4/1 | 3702.66 | 2.82 |
| 08010501 | 沙壤质厚沙心冲积物河潮土 | Cb4 3/2 六 | 1483.69 | 1.13 |
| 08010502 | 中壤质厚黏土心冲积河潮土 | Cb4 5/14# | 1746.29 | 1.33 |
| 08010503 | 轻壤质厚黏土腰冲积河潮土 | Cb4 4/16# | 1431.17 | 1.09 |
| 08010504 | 沙壤质薄砂腰冲积河潮土 | Cb4 3/19 | 367.64 | 0.28 |
| 08010505 | 轻壤质厚层均质冲积河潮土 | Cb4 4/19 | 9256.65 | 7.05 |
| 08040101 | 轻壤质薄砂心滨海盐化潮土 | Cc6 1/4 | 459.55 | 0.35 |
| 08040102 | 沙壤质薄砂腰滨海盐化潮土 | Cc6 3/3 六 | 288.86 | 0.22 |
| 08040103 | 轻盐化中壤质厚黏土心盐化潮土 | Cc6 5(一)/14# | 2534.09 | 1.93 |
| 08040104 | 轻壤质厚黏土腰滨海盐化潮土 | Cc6 4/16# | 118.17 | 0.09 |
| 08040105 | 轻壤质薄黏土心滨海盐化潮土 | Cc6 2/19 | 538.33 | 0.41 |
| 08040106 | 轻盐化中壤表薄黏心氯化物盐化潮土 | Cc6 4/19 | 5186.35 | 3.95 |
| 08040107 | 轻盐化轻壤表均质滨海氯化物盐化潮土 | Cc6 4(二)19 | 13.13 | 0.01 |
| 06010101 | 中壤质厚砂姜心黄土薄层覆盖砂姜黑土 | Ga1 5/1 | 223.21 | 0.17 |
| 06010102 | 轻壤质厚黑土心黄土薄层覆盖砂姜黑土 | Ga1 4/3 | 669.63 | 0.51 |
| 06010103 | 中壤质厚黑土心黄土薄层覆盖砂姜黑土 | Ga1 5/3 | 3177.46 | 2.42 |
| 06010104 | 中壤质厚黑土心厚砂姜腰黄土薄层覆盖砂姜黑土 | Ga1 5/3.10 | 20784.79 | 15.83 |

表 2-3　　胶州市土类、亚类、土属面积统计表

| 土类 | | 亚类 | | 土属 | |
|---|---|---|---|---|---|
| 名称 | 面积($hm^2$) | 名称 | 面积($hm^2$) | 名称 | 面积($hm^2$) |
| 粗骨土 | 14456.13 | 中性粗骨土 | 14456.13 | 基性岩类中性粗骨土 | 13839.02 |
| | | | | 砂页岩类中性粗骨土 | 617.11 |
| 棕壤 | 68564.86 | 棕壤性土 | 9059.7 | 酸性岩类棕壤(麻砂棕壤性土) | 9059.7 |
| | | 棕壤 | 45180.33 | 洪积棕壤 | 45180.33 |
| | | 潮棕壤 | 14324.83 | 洪冲积潮棕壤 | 14324.83 |
| 潮土 | 23423.92 | 潮土 | 14285.44 | 非石灰性河潮土 | 14285.44 |
| | | 盐化潮土 | 9138.48 | 氯化物盐化潮土 | 9138.48 |
| 砂姜黑土 | 24855.09 | 砂姜黑土 | 24855.09 | 砂姜黑土 | 24855.09 |

## 二、土壤形态特征

依据土壤分类系统,胶州市的主要土壤类型形态特征如下:

(一)棕壤土类

棕壤是在暖温带、半湿润落叶阔叶林下发育形成的。胶州市地处胶州湾畔,气候温暖湿润,故决定了棕壤的形成和发育。胶州市的棕壤土其成土母质多来自基性岩类及非石灰质砂页岩类的坡积洪积和洪积冲积物。通体以棕色为主,无石灰反应。鉴于胶州市降雨量不是很丰富,淋溶作用不十分强烈,其母岩绝大多数是非酸性岩类,土体厚度随地形的起伏而不一,由高到低渐趋加厚。

棕壤分布在荒坡岭、岭坡梯田、坡麓梯田以及与沿河平地交接的地带,面积为 68564.86$hm^2$,占全市总面积的 52.22%,是胶州市分布最广、面积最大的一个土类,理化性状如表 2-4 所示,该土类共有 3 个亚类。

表 2-4　　棕壤的理化性状表(0～20cm)

| pH | 有机质(g/kg) | 全氮(g/kg) | 碱解氮(mg/kg) | 有效磷(mg/kg) | 速效钾(mg/kg) | 容重($g/cm^3$) | 总孔隙度(%) |
|---|---|---|---|---|---|---|---|
| 6.11 | 11.6 | 0.81 | 88 | 28.9 | 96 | 1.38 | 46.79 |

1. 棕壤性土亚类

面积为 9059.7$hm^2$,占土地总面积的 6.9%,只有酸性岩类棕壤(麻砂棕壤性土)1 个土属,有 2 个土种。

(1)轻壤质中层坡积洪积物棕壤性十,代号为 Ac1 4/7,俗称"浅黄上",面积为 7484.1$hm^2$,占全市总面积的 5.7%,土层浅薄,浅棕色,碎块状结构,无石灰反应,主要分布在各山丘的中上部。该土种抗旱性差,肥力低,土层浅,影响作物的根系下扎,生产性能较差。

(2)轻壤质厚黏土腰洪积冲积物棕壤土,代号为 Ac3 4/5#,俗称"蒙金土",面积为

1575.6hm²，占全市总面积的1.2%，该土种土层深厚，大于150cm，无障碍层次，利于根系下扎，适种各种作物。在65cm以下有黏化层，保肥、保水，是一种“既发小苗，又发老苗”的理想土壤，但由于长期忽视培肥措施，养分含量较低。

2. 棕壤土亚类

该亚类主要发育在岭坡梯田和坡麓梯田上，面积为45180.33hm²，占全市总面积的34.41%，成土母质为洪积物，土体发育完全，心土层淋溶淀积作用明显，质地较黏重，土体较深厚，全剖面有铁锰胶膜或结核，通体无石灰反应，pH为6.5～7。

该亚类只有洪积棕壤1个土属，有2个土种。

(1)轻壤质厚黏土心坡积洪积物棕壤土，代号为Ac1 4/3＃，俗称“岭地死黄泥头”，面积为11121.11hm²，占全市总面积的8.47%，主要分布在铺集镇、张应镇、里岔镇等各丘陵的中下部。该土种由于表层以下全为重壤土，养分含量由表土至心土骤减，毛管孔隙度大，通气孔隙度小，保肥水、供肥水性能好。但耕层薄，其下即为黏土层，影响作物根系下扎，土体内各种养分含量较低，应深翻整地加厚活土层，增施有机肥料，重施氮、磷肥。

(2)轻壤质厚黏土心洪积冲积物棕壤土，代号为Ac3 4/3＃，俗称“黄泥头土”，面积为34059.22hm²，占全市总面积的25.94%，主要分布在里岔镇、张应镇等镇埠岭及丘陵的中下部。该土种性质与轻壤质厚黏土心坡积洪积物棕壤土基本相同，故其改良措施也一致。

3. 潮棕壤亚类

潮棕壤亚类主要发育在洪积扇的下部，胶州市南部和西南部棕壤土区各地坡麓梯田的下部、沿河平地的上部及沟谷之间均有分布，实有面积为14324.83hm²，占全市总面积的10.91%。土体发育完全，土层深厚，地面较平，潜水埋深多为2～3m，剖面中下部有铁锈斑纹，表明在突然的形成过程中有附加潮土化作用。全剖面以壤质为主，下层质地稍重，有的中间有砾石层。此土便于耕作，保水、保肥性能良好，是生产性能最好的一类土壤，俗称“油沙土”或“蒙金地”，适种多种作物且高产、稳产，单季亩产一般在500kg以上。该亚类只有洪冲积潮棕壤1个土属，有5个土种。

(1)轻壤质厚黏土心洪积冲积物潮棕壤土，代号为Ae3 4/3＃，俗称“黄壤土”，面积为5908.5hm²，占全市总面积的4.5%，主要分布在杜村镇、张应镇和洋河等各河流的两岸及其沟谷地上，该土壤保水、保肥性能好，但耕层薄，22cm以下有较厚的黏化层，阻碍作物生长，应该深翻改土，加深耕层。

(2)中壤质厚黏土心洪积冲积物潮棕壤土，代号为Ae3 5/3＃，俗称“黄黏土”，面积为2481.57hm²，占全市总面积的1.89%，主要分布在里岔镇驻地至铺集镇涝庄、南龙池、范家庄一带。该土壤表土稍黏，且25～70cm处有一较厚的黏化层，对作物根系伸展十分不利，应深耕翻耕，加深活化耕作层。

(3)轻壤质厚黏土腰洪积冲积物潮棕壤土，代号为Ae3 4/5＃，俗称“蒙金地”，面积为1956.37hm²，占全市总面积的1.49%，主要分布在杜村镇墨水河两岸、张应镇西到洋河崖一带，该土种土层深厚，且60cm以内为轻壤，无不良层次，对作物根系无障碍作用。60cm以下又出现重壤，正好起到保肥水的作用，是潮棕壤中一个较好的土种。

(4)沙壤质厚层均质冲积物潮棕壤土，代号为Ae4 3/1，俗称“细砂土”，面积为275.73hm²，占全市总面积的0.21%，主要分布在铺集镇沙河村至里岔镇后良乡公路两侧至罗家村一带。该土种由于在 27～37cm 处有一紧砂层，影响养分的积累，应提倡深耕翻耕，逐步消除砂层。

(5)轻壤质厚层均质冲积物潮棕壤土，代号为 Ae4 4/1，俗称“金黄土”，面积为 3702.66$hm^2$，占全市总面积的 2.82%，主要分布在张应镇、杜村镇、铺集镇等墨水河、洋河、胶河两岸。该土种通体无障碍层次，保肥水、供肥水性能良好，养分含量较高，适耕期长，宜种性广，今后应增施有机肥，培肥地力，建成为高产、稳产的农田。

4. 棕壤土类的利用改良综述

棕壤土类是胶州市的主要农田之一。其面积分布广，生产潜力大，开发利用如何左右着胶州市的农业生产形势。近年来，在丘陵山区通过深翻整地，修建梯田，加深了土层，改善了土壤的理化性质，但依旧存在开发利用不合理、毁林开荒、陡坡开荒甚至垦种地堰等问题，造成了严重的水土流失，片蚀、沟蚀十分普遍，棕壤亚类表土被剥蚀，心土层裸露，潮棕壤亚类中沟蚀、塌蚀也比比皆是。因此，该土类生产中存在的问题是水土流失。薄(耕层浅薄)、瘠(肥力低)、旱也是该土类的主要特点，直接影响其生产性能的提高。

改良的主要方向和任务：以实行小流域综合治理为主，搞好水土保持，综合开发利用山区资源，因地制宜发展农、林、牧业，在搞好水土保持的前提下，解决好薄、瘠、旱的问题。在生产利用上，应注意加深耕层，增施有机肥料和氮、磷肥，合理轮作，走以生物措施为主的旱作农业道路。在因土种植和作物布局上，一是逐步退耕还林，坡度大于 20°的耕地要退耕还林，发展林、牧业，二是协调粮油比例，适当扩大花生种植面积，如薄层、中层酥石棚棕壤性土和中层棕壤面积为 55693.6$hm^2$，可适当扩种花生。

(二)粗骨土土类

由于山丘地区地形起伏，地面坡度大，切割深，上体浅薄，加之风蚀、水蚀大多较重，细粒物质易被淋失，土体中残留粗骨碎屑物增多，因而具有显著的粗骨性特征。还有部分母岩，在干湿条件下，物理风化尤为强烈，在漫长的成土过程中可形成较深厚的半风化土体，细粒物质少，而砂粒含量尤高。这些粗骨土大部分分布于边缘山丘地区，植被多为稀疏灌丛草类，覆盖率较高，地面有较多的凋落物积累，土壤持水量较大，有明显的生物积累特征。粗骨土表土层厚度在 10～20cm 不等，质地砾质性强，结构性差，根系少，疏松多孔。表土层以下即为风化或半风化的母质层，厚度变幅较大，20～50cm 不等，夹有大量岩屑体。表土层及母质层中石砾含量超过 35%。土壤颜色除表土层略深，以下母质层颜色因岩性不同而各异，但均较鲜艳，且上下过渡较明显。

粗骨土分布在荒坡岭、岭坡梯田、坡麓梯田以及与沿河平地交接的地带，胶州市共有 14456.13$hm^2$，占全市总面积的 11.01%，只有中性粗骨土 1 个亚类。据胶州市土壤调查化验，其理化性状如表 2-5 所示。

**表 2-5　粗骨土的理化性状表**(0～20cm)

| pH | 有机质(g/kg) | 全氮(g/kg) | 碱解氮(mg/kg) | 有效磷(mg/kg) | 速效钾(mg/kg) | 容重($g/cm^3$) | 总孔隙度(%) |
|---|---|---|---|---|---|---|---|
| 6 | 11.2 | 0.77 | 83 | 27.1 | 87 | 1.4 | 40.68 |

按基底母岩的类型，中性粗骨土亚类可分为基性岩类中性粗骨土和砂页岩类中性粗骨土2个土属。

(1)基性岩类中性粗骨土。胶州市共有13839.02hm²，占土地总面积的10.54%，本土属共有4个土种。

石渣薄层硬石底基性岩棕壤性土，代号为Aa2 3△2/2，俗称“石渣土”，面积为1418.04hm²，占全市总面积的1.08%，主要分布在洋河镇等山岭顶部的荒坡及林地。其主要问题是土层浅薄，基底坚硬难风化，表土砾石含量多，质地粗松，水土流失严重，应植树、种草，以发展林牧业为主。

壤质薄层硬石底基性岩棕壤性土，代号为Aa2 5△2/2，面积为2941.12hm²，占全市总面积的2.24%，主要分布在张应镇、里岔镇等丘陵的中上部。

壤质中层酥石底基性岩棕壤性土，代号为Aa2 5△2/6，俗称“磣面石土”，面积为709.02hm²，占全市总面积的0.54%，主要分布在张应镇安家沟以及梁家庄以西至铺集镇大屯、谭家埠一带。现已为农业广泛利用，以种植西瓜、花生等农作物为主。

壤质薄层硬石底坡积洪积物棕壤性土，代号为Aa7 5△3/8，面积为8770.84hm²，占全市土地面积的6.68%，该土种土层浅薄，表土壤质并夹有较多的砾石，养分含量低，通透性强。应注意整修梯田，保持水土，并通过增施有机肥肥料，逐步培肥地力，化肥应注意少量多次施用。

(2)砂页岩类中性粗骨土。胶州市共有617.11hm²，占土地总面积的0.47%，本土属只有1个土种，即壤质薄层酥石底非石灰性砂页岩棕壤性土，代号为Aa4 5△2/5，该土种土层浅薄，均不超过30cm，基本为半风化的母岩，土壤养分含量低，应整修梯田，保持水土，增施有机肥肥料，培肥地力。

(三)砂姜黑土土类

砂姜黑土俗称“黑土”或“黑黏土”，其成土母质是浅湖沼相沉积物。由于处在地势低洼地带，排水条件差，生长湿性草本植物。植物死亡后，进行嫌气性分解，表层积累有机质；积水退干时，气温升高，又进行好气性分解，如此长期的循环往复，在生物积累和积水的作用下，普遍形成了黑土层。又由于母质当中含有碳酸钙，在干湿交替的气候条件下，表层中的碳酸钙向下淋溶，底土层中的碳酸钙又随地下水上升，再加上河流决口后客水的带入，经过很长时间的积累，大量的碳酸钙便集聚于土体中下部位，形成了面砂姜、硬砂姜、砂姜盘(俗称“干沟石”)等形态不同的砂姜层。胶州市砂姜黑土多在60cm以上出现黑土层，60～100cm出现砂姜层。砂姜黑土广泛分布于胶济铁路以北的马店镇、胶莱镇等大片微斜平地和浅平洼地，是胶州市面积较大的一个土类，实有面积为24855.09hm²，占全市总面积的18.93%，其理化性状如表2-6所示。

**表2-6 砂姜黑土的理化性状表**(0～20cm)

| pH | 有机质(g/kg) | 全氮(g/kg) | 碱解氮(mg/kg) | 有效磷(mg/kg) | 速效钾(mg/kg) | 容重(g/cm³) | 总孔隙度(%) |
|---|---|---|---|---|---|---|---|
| 6.5 | 12.4 | 0.88 | 91 | 28.2 | 107 | 1.38 | 48.58 |

胶州市砂姜黑土只有砂姜黑土亚类1个亚类，此亚类只有砂姜黑土1个土属，它的特点是：所处地势低洼，土壤紧密，粒间孔隙小，保肥、保水性能好，如遇大雨易积涝成灾；黏结性、湿胀性很大，湿时泥泞，干时坚硬，耕作困难，易起大坷垃，在连续干旱的情况下，易产生龟裂，裂缝纵横，致使作物根系受到伤害而引起减产；土层较薄，多不超过20cm，心土层质地黏重坚硬，且成棱块状结构，不仅影响水分的上下运行，而且影响作物根系下扎；水分含量较高，空气较少，地温上升慢，土性发冷，故发老苗而不发小苗；通气性差，有机质分解慢，养分易积累，矿质养分含量较高，水分不易流失。

按其不同的表土质地和土体构型，土属共分为4个土种。

(1)中壤质厚砂姜心黄土薄层覆盖砂姜黑土，代号为Ga1 5/1，俗称“蒜瓣子土”，面积为223.21$hm^2$，占全市总面积的0.17%，主要分布在胶莱镇刘家花园的胶莱河沿岸和刁家垢周围。由于历史上胶莱河经常决口，将其表层黑土全部被剥蚀，使下部的砂姜层露出地面，后又因冲刷作用，表层又覆盖了一层20cm左右的黄土覆盖层，以下即是砂姜层，含有大量砂姜颗粒，生产潜力很低。本土种改良的途径是：增施有机肥料，适当深耕，培肥地力，加厚土层，扩大作物根系伸展的范围。

(2)轻壤质厚黑土心黄土薄层覆盖砂姜黑土，代号为Ga1 4/3，面积为669.63$hm^2$，占全市总面积的0.51%，主要分布在南卧龙、苗家村、赵家小庄、法家大村一带和胶莱镇官路水库北到麦垢一带及王珠岭底部。该土种的表土质地为轻壤，耕作较好，土体较深厚，黑土层在40cm以下出现，砂姜层一般在110cm以下出现，对作物的根系影响不大，在砂姜黑土中是最好的一种土壤。

(3)中壤质厚黑土心黄土薄层覆盖砂姜黑土，代号为Ga1 5/3，面积为3177.46$hm^2$，占全市总面积的2.42%，该土种表土质地为中壤，耕性较好，20～30cm出现黑土层，性状不良，100cm左右出现较多的砂姜，多数成层，但由于较深，对作物影响不大，在砂姜黑土中，属较好的土种。

(4)中壤质厚黑土心厚砂姜腰黄土薄层覆盖砂姜黑土，代号为Ga1 5/3.10，俗称“黑黏土”，面积为20784.79$hm^2$，占全市总面积的15.83%，广泛分布在胶济铁路以北的区域。该土种表土质地中壤偏重，耕性较差，剖面深度在60cm左右，砂姜多数成层，对作物根系下扎有较大影响，应在增施有机肥料的基础上，增施磷、钾肥，同时要逐年深耕，加厚耕层，实行秸秆还田和压砂改黏等综合措施，改良土壤耕性。

(四)潮土土类

潮土是在河流冲积物受潜水作用和耕作活动影响下形成的一类土壤，成土母质颗粒的粗细不仅在平面分布上有分选的差异，在剖面中也往往有不同质地的层次排列，中下部土层中有明显的锈纹、锈斑或细小的铁锰结核。

胶州市的潮土主要由大沽河、胶河、墨河、洋河、胶莱河等河流历次决口后，在洪水的冲积影响下，由河流沉积物发育而成，主要分布在李哥庄镇、胶东街道办事处、胶莱镇、洋河等河流的两岸和大沽河、洋河下游的营海街道办事处海滩地上，北到胶东街道办事处、李哥庄镇的大片滨低地之上。本土类共有潮土、盐化潮土2个亚类，胶州市实有面积为23423.92$hm^2$，占全市总面积的17.84%，其理化性状如表2-7所示。

表 2-7 潮土的理化性状表(0～20cm)

| pH | 有机质 (g/kg) | 全氮 (g/kg) | 碱解氮 (mg/kg) | 有效磷 (mg/kg) | 速效钾 (mg/kg) | 容重 ($g/cm^3$) | 总孔隙度 (%) |
|---|---|---|---|---|---|---|---|
| 6.1 | 11.6 | 0.82 | 90 | 29.2 | 98 | 1.39 | 49.71 |

1. 潮土亚类

该亚类主要分布在大沽河上游的李哥庄镇、胶东街道办事处、胶莱镇和洋河、胶河、墨河、三里河及其他各小河流两岸，实有面积为 14285.44hm²，占全市总面积的 10.88%，主要特点是：地势平坦，土层深厚，深达 150cm 以上，质地较细，疏松，通气性良好，微生物活动旺盛，保肥、保水，抗旱、抗涝，宜种各种作物，目前主要种植小麦、玉米、蔬菜等。此亚类只有非石灰性河潮土 1 个土属。

非石灰性河潮土土属特点是：地形平坦，土层深厚，深达 150cm 以上，60cm 以内无不良层次，表土质地由沙壤到中壤，以轻壤为主，土质疏松易耕作，空气流畅，透水性良好，施用后的肥料易分解腐熟。结构较好，供肥、保水性能良好，既抗旱又抗涝，宜种各种作物。当地群众以种植小麦、玉米、蔬菜为主，粮食一般亩产在 500kg 以上，是胶州市较为肥沃、生产性能较好的土壤。著名的"胶州大白菜"就主要种植在此种土壤上。按其不同的表土质地和土体构型，该土属又分为 5 个土种。

(1)沙壤质厚砂心冲积物河潮土，代号为 Cb4 3/2六，俗称"淤砂土"，面积为 1483.69hm²，占全市总面积的 1.13%，主要分布在大沽河及胶河、洋河河圈中的沙滩地，多系河滩林地。

(2)中壤质厚黏土心冲积河潮土，代号为 Cb4 5/14＃，俗称"黏淤土"，面积为 1746.29hm²，占全市总面积的 1.33%，主要分布在胶西镇乜庄一带及李哥庄镇周臣屯以北，大小窑至东小埠以南一带。该土种虽土层深厚，但在 30cm 左右即出现黏化层，保肥水的性能较好，但对作物的根系伸展有一定的障碍作用，表土又相对偏黏，应在压砂改良的基础上，逐渐加深耕作层。

(3)轻壤质厚黏土腰冲积河潮土，代号为 Cb4 4/16＃，俗称"蒙金地"，面积为 1431.17hm²，占全市总面积的 1.09%，主要分布在胶莱镇利民桥以南至前韩一带，洋河镇张家村、寺东、杜村镇、小王邑一带及三里河两岸。该土种土层深厚，60cm 以内无不良层次，60cm 以下出现黏层，不但对作物无障碍，而且能起到保肥、保水的作用。故该土种养分含量较高，生产性能完全不亚于轻壤均质类型的河潮土，是胶州市生产性能较为理想的土种之一。

(4)沙壤质薄砂腰冲积河潮土，代号为 Cb4 3/19，俗称"热潮土"，面积为 367.64hm²，占全市总面积的 0.28%，主要分布在里岔镇薛家河周围、洋河镇临洋西北至西北沟一带，该土种质地稍粗。

(5)轻壤质厚层均质冲积河潮土，代号为 Cb4 4/19，俗称"河淤土"，面积为 9256.65hm²，占全市总面积的 7.05%，主要分布胶莱镇的大沽河沿岸及墨河、洋河两岸的广大冲积平原上。该土种土层深厚，且质地为轻壤，通体均一，土酥绵软，肥劲足而长，温暖湿润，通气良好，既发小苗，又发老苗，是胶州市土种中比较理想的高产、稳产的一个土种。

2. 盐化潮土亚类

该亚类主要分布在各大河流下游，如大沽河、洋河下游海拔 10m 以下的滨海地带，为发育在河流沉积物母质上受次生盐渍化作用而产生的一类土壤，其潜水埋深为 1.5～2.5m，潜水矿化度低于 10g/L，以氯化物为主，地表有轻度盐斑，农作物一般缺苗，表层多为轻壤。胶州市实有面积为 9138.48hm$^2$，占全市总面积的 6.96%，该亚类只有氯化物盐化潮土 1 个土属。该土属分布在胶州市近海一带，春季地表有盐斑现象，农作物出现不同程度的缺苗，土层深厚，表土质地由沙壤到中壤，经过多年耕作等人为因素的影响，土层中的盐分含量减少，按其不同的表土质地及土体构型，本土属分为 7 个土种。

(1)轻壤质薄砂心滨海盐化潮土，代号为 Cc6 1/4，面积为 459.55hm$^2$，占全市总面积的 0.35%，主要分布在小海庄、大海庄及东营至店子河一带，该土种在 40～80cm 夹一较厚的砂层，漏肥、漏水，使土壤有前劲、少后劲，发小苗，不发老苗，且养分含量较低，应注意适当浅耕，切不可打破犁底层，并增施有机肥和磷肥，培肥地力。

(2)沙壤质薄砂腰滨海盐化潮土，代号为 Cc6 3/3 六，面积为 288.86hm$^2$，占全市总面积的 0.22%。

(3)轻盐化中壤质厚黏土心盐化潮土，代号为 Cc6 5(一)/14＃，面积为 2534.09hm$^2$，占全市总面积的 1.93%，主要分布在王新村、姜新村一带，该土种 20cm 以下即出现很深的黏质土，严重阻碍了作物的根系下扎，并且表土有轻度盐化现象，常造成缺苗。

(4)轻壤质厚黏土腰滨海盐化潮土，代号为 Cc6 4/16＃，面积为 118.17hm$^2$，占全市总面积的 0.09%。

(5)轻壤质薄黏土心滨海盐化潮土，代号为 Cc6 2/19，面积为 538.33hm$^2$，占全市总面积的 0.41%。

(6)轻盐化中壤表薄黏心氯化物盐化潮土，代号为 Cc6 4/19，面积为 5186.35hm$^2$，占全市总面积的 3.95%。

(7)轻盐化轻壤表均质滨海氯化物盐化潮土，代号为 Cc6 4(二)/19，面积为 13.13hm$^2$，占全市总面积的 0.01%。

## 第二节　土地利用状况

胶州市土地总面积为 131300hm$^2$，其中农用地面积为 86941.6hm$^2$，占土地总面积的 66.21%；建设用地面积为 41395.44hm$^2$，占土地总面积的 31.53%；未利用地面积为 2962.96hm$^2$，占土地总面积的 2.26%。

### 一、农用地利用现状

(一)耕　地

胶州市实有耕地总面积为 66579.03hm$^2$，占土地总面积的 50.71%。其中旱地面积为 31088.69hm$^2$，水浇地面积为 35490.34hm$^2$。

(二)园　地

共有面积为3886.35hm²,占土地总面积的3.92%,其中菜地面积为1803.52hm²,果园面积为2082.83hm²,多分布在丘陵薄地或距村较近的沙土地上。

(三)林　地

共有面积为11380.17hm²,占土地总面积的8.67%,其中林地面积为5668.78hm²,分布在山坡、岭顶、沟边、沿河、沿海一带,灌木林地面积为65.54hm²,疏林地面积为179.36hm²,未成林造林地面积为4315.31hm²,苗圃面积为1151.18hm²。

(四)牧草地

共有面积为2889.97hm²,占土地总面积的2.2%。

(五)其他农用地

由农村道路、坑塘水面、沟渠、田坎等地类组成,全市共有面积为2206.08hm²,占土地总面积的2.44%。其中农村道路面积为539.01hm²,坑塘水面面积为1667.07hm²。

### 二、建设用地利用现状

(一)城镇用地

城镇用地包括城市、建制镇、农村居民点、独立工矿用地、盐田、特殊用地,胶州市共有面积为21532.82hm²,占土地总面积的16.4%。其中城市面积为4203.25hm²,建制镇面积为2148.62hm²,农村居民点面积为8301.55hm²,独立工矿用地面积为5883.47hm²,风景名胜及特殊用地面积为995.93hm²。

(二)交通运输用地

交通运输用地包括公路、铁路、机场、码头,胶州市共有面积为5944.57hm²,占土地总面积的4.53%。

(三)水利设施用地

水利设施用地包括水库水面、水工建筑,胶州市共有面积为13918.05hm²,占土地总面积的10.6%。

### 三、未利用地利用现状

胶州市未利用地面积为2962.96hm²,占土地总面积的2.26%。

## 第三节　耕地利用与管理

### 一、耕地利用现状

据统计,2009年胶州市粮食播种面积为75500hm²,其中小麦播种面积为40385hm²,玉米播种面积为32294.93hm²,花生播种面积为8353.6hm²,大豆播种面积为1634.867hm²,蔬菜瓜果播种面积为10451hm²。2008年耕地总面积为66579.03hm²,与第二次土壤普查后的1982年(78375.47hm²)耕地面积相比,面积减少了11796.44hm²,减少15.05%。耕地面积的减少是历史长期积累的结果,随着胶州市经济的发展,建设用地不断增加，导致大部分耕地变更为其他农用地（主要是农村道路、畜禽养殖地、设施农业用地等）和居民点及工矿用地，主要是城乡居民点扩大，独立工矿用地增加。此外，还有修建农田水利设施占用了部分耕地。

## 二、有机肥施肥现状

胶州市有机肥料资源丰富，有粪尿类、堆沤肥类、秸秆类、饼肥类、海肥类、绿肥类、杂肥类、农用三废类、腐殖酸类等。丘陵山区草资源丰富，饲养食草畜禽多，实行过腹还田，积制的有机肥多为堆沤肥、饼肥和杂肥类；平原地饲料充足，家禽饲养数量也较多，积制的有机肥多为粪尿类、堆沤肥类、绿肥类，2009 年胶州市养猪 30.3 万头，养牛 4.34 万头，养羊 3.67 万只，饲养畜禽 490 万头（只），其粪便是生产有机肥的主要来源；沿海一带分布着海肥类；城镇分布着农用三废类。

2009 年，胶州市有机肥施用总量为 4253.17t，耕地平均为 77.8 $t/hm^2$。据调查，粮田有机肥施用总量为 857.25t，82.1%的农户施有机肥，粮田平均有机肥投入为 14.77$t/hm^2$，其中小麦平均有机肥投入为 12.52$t/hm^2$，玉米平均有机肥投入为 16.17$t/hm^2$，花生平均有机肥投入为 15.62$t/hm^2$；蔬菜地平均有机肥投入为 27.5$t/hm^2$，8.4%的农户蔬菜地不施有机肥；果园平均有机肥投入为 35.5$t/hm^2$。

胶州市在有机肥料积制施用过程中，还有部分肥源尚未开发利用，因而施肥数量增长不快。同时，有机肥料堆积腐熟过程中不用草泥密封，经过风吹、日晒、雨淋，造成养分损失。

## 三、化学肥料施用现状

据调查，2009 年胶州市化肥施用总量为 115439t，折纯量为 36886t，其中氮肥 7528t，磷肥 1662t，钾肥 3240t，复合肥 24455t，氮、磷、钾投入比例为 1：0.22：0.43。据调查，粮田化肥实物施用量平均为 420$kg/hm^2$，氮、磷、钾投入比例为 1：0.53：0.74；蔬菜地化肥实物施用量平均为 1344$kg/hm^2$，氮、磷、钾投入比例为 1：0.45：0.94，其中设施蔬菜化肥实物施用量平均为 1428$kg/hm^2$，露天蔬菜实物施用量平均为 1260$kg/hm^2$；果园化肥实物施用量平均为 924$kg/hm^2$，氮、磷、钾投入比例为 1：0.68：1.04。大田作物中，小麦氮、磷、钾投入比例为 1：0.62：1，玉米氮、磷、钾投入比例为 1：0.18：0.16，花生氮、磷、钾投入比例为 1：0.62：0.9（见表 2-8 和表 2-9）。

表 2-8　不同耕地类型肥料施用情况调查表

| 耕地类型 | 调查农户 | 化肥 | | | | 有机肥 |
|---|---|---|---|---|---|---|
| | | N ($kg/hm^2$) | $P_2O_5$ ($kg/hm^2$) | $K_2O$ ($kg/hm^2$) | 不施(%) | 施用量 ($t/hm^2$) |
| 粮田 | 732 | 211.6 | 111.3 | 156.4 | 17.9 | 14.77 |
| 蔬菜地 | 33 | 282 | 125.9 | 265.7 | 8.5 | 27.5 |
| 果园 | 89 | 234.2 | 158.8 | 242.8 | 0 | 35.5 |

表 2-9　　大田作物肥料施用情况调查表

| 耕地类型 | 调查农户 | 化肥 | | | 有机肥施用量 $(t/hm^2)$ | 实际产量 $(kg/hm^2)$ |
|---|---|---|---|---|---|---|
| | | N $(kg/hm^2)$ | $P_2O_5$ $(kg/hm^2)$ | $K_2O$ $(kg/hm^2)$ | | |
| 小麦 | 244 | 208.6 | 128 | 208 | 12.52 | 6315 |
| 玉米 | 228 | 221.7 | 41 | 39 | 16.17 | 6600 |
| 花生 | 260 | 187.4 | 116 | 186 | 15.62 | 4320 |

综合胶州市调查情况发现，胶州市过量施肥现象比较严重，而部分中低产田磷、钾肥施用不足，化肥利用率低，施肥模式比较单一。

在玉米种植上，很少施用有机肥和中微量元素肥料，氮、磷、钾以复合肥为主，一般每公顷施45%的复合肥150～370kg作种肥，另用750～900kg的碳铵或300～450kg的尿素于喇叭口期作追肥。

在小麦种植上，每公顷用碳铵750～1150kg、复合肥200～300kg作基肥，于耕翻时进行撒施，另外用220～300kg 40%的复合肥或220～300kg的二铵作种肥，随播种一起施用，对生长较弱的，一般于拔节期随浇水撒施150～230kg的尿素作为追肥，有41%的农户施7500～15000kg/hm$^2$的土杂肥。

在花生种植上，94.9%的农户采用地膜覆盖技术，一般每公顷施用土杂肥15000kg，于起垄时作基肥进行沟施，另用硼砂10kg、锌肥23kg、45%的复合肥450～600kg播种时施用。

胶州市红薯平均产量为22500～37500kg/hm$^2$，施肥管理相对粗放，一般每公顷施碳铵370～530kg、45%的复合肥450～600kg作基肥，于起垄时沟施，另用45%的复合肥150～225kg作种肥，于秧苗移栽时随种下地。

## 四、施肥实践中存在的主要问题

（一）存在过量施肥现象

胶州市虽然化肥施用强度有逐年减少的趋势，但总体仍存在过量施肥现象。2009年，胶州市施用化肥总量为36886t，耕地平均施用化肥量为674kg/hm$^2$。受习惯经验影响，农民普遍不注意农作物产量与耕地条件和施肥量的关系，导致其施肥决策不合理，一定程度上造成资源浪费、土壤理化性状变差，导致耕地地力下降。

由于蔬菜效益较高，多数菜农化肥投入量过大，造成部分大棚，特别是高龄大棚土壤氮、磷、钾有一定的盈余积累，不仅破坏了土壤理化性状，还降低了肥料利用率；受传统习惯影响，有的菜农偏施尿素、碳铵等氮肥，或者偏施磷酸二铵等含磷极高的复合肥，造成氮、磷含量偏高，钾及其他中微量元素营养相对不足，形成影响蔬菜产量、质量的障碍因素。

（二）肥料品种选择不合理和施肥方法不当

1. 施用挥发性强的氮肥品种

调查发现，部分菜农在大棚中施用挥发性强的碳酸氢铵，又不及时覆土，因此造成氨的挥发损失。少数大棚由于氨浓度过高，使蔬菜叶片出现了一定程度的损伤。

2. 复合肥料施用不合理，肥料品种单一

在种植比例较大的蔬菜（如黄瓜、番茄）上，复合肥料（15－15－15）和磷酸二铵施用比例很大，其中复合肥与单质肥比例：氮（N）为 59.2∶40.8；磷（$P_2O_5$）为 75.5∶24.5；钾（$K_2O$）为 71.1∶28.9。更为严重的是复合肥作追肥的比例较大，从而造成盲目施肥和磷、钾资源的浪费。

3. 氮素大量淋失

农田追肥基本上是采用随水追肥的方式。在大量施用氮肥的情况下，铵态氮肥虽能被土壤胶体吸附，但吸附量有限，大量的铵离子将进行硝化作用，硝态氮肥还迅速转化成硝态氮而随水下移，到达根系难以吸收的深度，由于土壤胶体不能吸附而极易随水大量淋失，进入地下水，既造成养分损失，又污染地下水源。

4. 施肥不合理，养分比例严重失调

"三重三轻"的问题较普遍，即重化肥，轻有机肥，重氮、磷肥，轻钾肥，重大量元素肥料，轻中微量元素肥料。

施肥方法不科学：农民在耕前将肥料撒入农田表面上，然后翻地，由于现在的机械功能差，耕翻较浅，使绝大部分肥料分布于土壤浅层；追肥时，将肥料直接撒在表面，不覆土；随灌溉或降雨施于农田。这三种施肥方式导致作物根系范围小，入土浅，抗倒伏能力差，化肥施入后因日晒风吹、雨水冲洗等损失严重，作物可吸收利用的养分少，也就无法满足作物生长的需要，无法达到高产。

5. 面源污染加重，农产品品质下降

过度施用硫铵、硝铵、氯铵及含重金属盐离子的磷肥，土壤化学残留物和重金属离子富集，部分农产品（如蔬菜、水果、油料等）品质下降，市场竞争力差，给特色农业及绿色无公害农产品生产造成了严重影响。同时，还造成水体富营养化，面源污染加重。

6. 农田质量下降

速效氮肥及酸性肥的大量施用，导致土壤残留物增多，土壤酸化、板结，通透性差，容重高，有毒、有害物质增多。

### 五、土地利用程度和复种指数情况

第二次土壤普查以来，土地利用率不断提高，复种指数进一步提高，土地单产水平得到进一步增强，促进了农业的可持续发展，实现了农业由数量型向效益型、由粗放型向集约型的转变。

1982 年底，胶州市农作物播种面积为 97060$hm^2$，小麦播种面积为 33186.7$hm^2$，玉米播种面积为 14753.3$hm^2$，花生播种面积为 7100$hm^2$，大豆播种面积为 5960$hm^2$，复种指数为 141%。随着种植业结构的调整和优化，胶州市在稳定粮油、果品等主导产业基础上，做大做强大白菜、马铃薯等蔬菜优势特色产业，形成具有胶州区域特色的优势产业布局，使耕地利用率大幅提高。到 2009 年底，农作物播种面积达到 75500$hm^2$，其中小麦为 40385$hm^2$，玉米为 32294.93$hm^2$，花生为 8353.6$hm^2$，大豆为 1634.867$hm^2$，复种指数为 155%。

由于胶州市高产栽培模式的推广应用，特别是农作物优良品种、农业新技术、新成果在生产上的普及和农业产业化的发展，极大地提高了土地的生产能力，粮食产量和农业经济效益都较以前有了大幅提高。但是，随着城市化进程的加快和经济建设的快速发展，城市建设用地、工矿企业用地、交通建设用地、水利设施占地不断增加，使耕地面积逐年减少，农业生产可利用面积逐渐萎缩，发展空间受到限制。因此，加大种植制度改革和种植业内部结构调整力度，推选多挡多茬的种植模式，最大限度地发挥土地的生产潜力，向土地要产量、要效益，提高土地实际利用率，是现代农业发展的必由之路。

## 六、耕地存在的主要障碍因素

（一）耕地面积日益减少，后备资源不足

胶州市人均占有耕地由 1980 年的 0.122$hm^2$ 下降到 2008 年的 0.068$hm^2$，人均耕地面积降低了 44.3%，随着人口的增长及交通建设、城市建设、工矿企业用地的不断增加，使农业生产可利用面积逐渐萎缩。

（二）耕地自身的障碍因素

1. 干旱内涝

胶州市地势为南高北低，南部多为丘陵，土体薄，水源极缺，土体干旱，多雨年份丘陵中上部薄层、厚黏心等土体内涝严重；北部地势低洼，排涝不畅，局部短期积涝，遇上干旱年份土壤龟裂，严重影响农作物的生长发育。

胶州市年降水量一般为 720～790mm，而年蒸发量为 1528.4mm，以 5、6 月最大，达 181～203mm，年蒸发量为年降水量的 193%，常出现季节性干旱，加之年降水时间分布不均，降水多集中在夏季(6～8 月)，为 386.7mm，占全年降水量的 46.6%，常形成涝灾。

2. 水土流失严重

胶州市耕地都不同程度地发生水土流失，以丘陵地区水蚀最为严重，由于雨水的剥蚀、沟蚀、塌蚀严重，耕层薄瘦，部分土地的表土被剥净。近年来，尽管在治理水土流失、发展农业生产方面曾做了大量工作，取得了很大成绩，但不少地方仍存在着边治理边破坏的现象，人为地加剧了水土流失，造成了严重的后果，不但带走了大量的泥沙和养分，而且一部分土地表土层被剥蚀殆尽，心土层或母岩裸露，从根本上破坏了土地资源，成为丘陵区发展农业生产的最大障碍因素。

3. 土壤物理性状不良，多有障碍层次

胶州市土壤耕层质地大多偏砂，部分偏黏，总孔隙度小，容重偏大，结构不良，土层薄，活土层浅，大部分水浇地在 20cm 左右有坚硬的犁底层。土体层次构造中有厚砂心、厚黏心、黑土心，影响了土壤水、肥、气、热的运行和作物根系的伸展，加剧了水、肥、气、热矛盾。

4. 土壤有机质含量偏低，氮、磷、钾不协调

胶州市土壤有机质含量不高，氮、磷、钾比例失调。多年来，由于农业机械化程度的快速提高，农村大牲畜饲养量急剧减少，有机肥源不足，同时秸秆还田等技术措施推广力度不大，造成土壤有机质含量不足，土壤肥力趋向衰退。

# 第三章　样品采集与分析

## 第一节　土壤样品的布点与采集

### 一、土壤样品的布点

土壤养分的空间变化对耕地地力评价的准确性影响较大，多大范围内布点、如何采集一个土样来代表该区域土壤养分状况，这都需要科学谋划。因此，在布点采样前要详细了解采样地区的地形地貌、土壤类型与分布、肥力高低、作物种类等因素，将采样区域划分为若干个采样单元，尽量做到每个单元的布点具有典型性和代表性。

按粮田和经济田等分类，根据不同的土壤类型，在采样前综合土壤图、土地利用现状图和行政区划图，并参考第二次土壤普查采样点位图确定采样点位，形成采样点位图。根据土壤类型（土种）、土地利用（作物熟制、蔬菜、果树）、耕作制度、产量水平等因素，将采样区域划分为若干个采样单元，每个采样单元的土壤性状要尽可能均匀一致。原则上要求每村布 1～3 个采样点，重点村布 3～5 个采样点。采用 GPS 定位，记录经纬度，精确到 0.1″。

### 二、采样方法

按照约每 $24hm^2$ 一个采样点的要求，充分考虑地形地貌、土壤类型与分布、肥力高低、作物种类等，保证采样点具有典型性和代表性，同时兼顾空间分布的均匀性。每个采样点的取土深度及采样量均匀一致，土样上层与下层的比例要相同。

（一）采样时间

在作物收获后或播种施肥前采集，一般在秋后。设施蔬菜在晾棚期采集。

（二）采样深度及采样点数量

大田土样采集深度为 0～20cm，蔬菜地为 0～25cm，果园为 0～40cm。对于土壤硝态氮或无机氮的测定，采样深度应根据不同作物、不同生育期的主要根系分布深度来确定。采样时要垂直，上下取土需要一致。微量元素则需用不锈钢取土器采样。采样必须多点混合，每个样品取 15～20 个样点。

（三）采样路线

采样时按照随机、等量和多点混合的原则进行采样。一般采用“S”形布点采样。在地形变化小、地力较均匀、采样单元面积较小的情况下，采用“梅花”形布点取样。避开路边、田埂、沟边、肥堆等特殊部位。

(四)样品量

取混合土样1kg左右，用四分法将多余的土壤弃去。方法是将采集的土壤样品放在盘子里或塑料布上，弄碎、混匀，铺成正方形，画对角线将土样分成四份，把对角的两份分别合并成一份，保留一份，弃去一份。如果所得的样品依然很多，可再用四分法处理，直至所需数量为止。

(五)采样周期

土壤碱解氮、有效磷、速效钾、有机质等一般每季或每年采集1次，中微量元素每3～5年采集1次。

(六)样品标记

采集的样品放入统一的样品袋，用铅笔写好标签，内外各一张。标签内容如表3-1所示。

表3-1　土壤采样标签

| 统一编号：　　　　　　　　　　　　邮编： |
|---|
| 采样时间：　　年　　月　　日　　时　　土壤类型：<br>采样地点：胶州市　　镇(街道办事处)　　村　　地块　　农户名：<br>地块在村的(中部、东部、南部、西部、北部、东南、西南、东北、西北)<br>采样深度：①0～20cm ②0～25cm ③0～40cm ④______cm(不是①②③的，在④上填写)<br>该土样由______点混合(规范要求15～20点)<br>经度：______度______分______秒 纬度：______度______分______秒<br>采样人：　　　　联系电话： |

## 三、田间调查

在田间取样的同时，调查采样点田间基本情况。

(一)调查内容

每个采样点都详细地调查记载了取样地点(包括村名、农户名和GPS定位)、耕层深度、地下水位、肥力水平、排灌能力、障碍因素、侵蚀程度、地形部位、土壤质地类型、种植制度、灌溉方式、种植方式、年降水量、上季作物名称及田间生长日期、本季作物名称及田间生长日期、作物产量、年度化肥施用情况、年度有机肥施用情况、灌溉次数和灌溉量等。

土壤基本性状由取样人现场调查，同时判断土壤类型、土壤质地、土壤排水性、地形地貌等特征，确定土壤障碍因素与土壤肥力水平；询问陪同取样调查的村组人员和地块所属农户，调查该田块的前茬作物种类、产量、施肥和灌溉情况等。

(二)调查方法

采取面对面现场调查的方式。

# 第二节　土壤样品的制备

## 一、新鲜样品

某些土壤成分如二价铁、硝态氮、铵态氮等在风干过程中会发生显著变化，必须用新鲜样品进行分析。为了能真实反映土壤在田间自然状态下的某些理化性状，新鲜样品要及时送回室内进行处理分析，用粗玻璃棒或塑料棒将样品混匀后迅速称样测定。

新鲜样品一般不宜储存，如需要暂时储存，可将新鲜样品装入塑料袋，扎紧袋口，放在冰箱冷藏室或进行速冻保存。

## 二、风干样品

从野外采回的土壤样品要及时放在样品盘上，摊成薄薄一层，置于干净整洁的室内通风处自然风干，严禁暴晒，并注意防止酸、碱等气体及灰尘的污染。风干过程中要经常翻动土样并将大土块捏碎以加速干燥，同时剔除侵入体。

风干后的土样按照不同的分析要求研磨过筛，充分混匀后，装入样品瓶中备用。瓶内外各放标签一张，写明编号、采样地点、土壤名称、采样深度、样品粒径、采样日期、采样人、制样时间、制样人等项目。制备好的样品要妥善储存，避免日晒、高温、潮湿和酸碱等气体的污染。全部分析工作结束，分析数据核实无误后，试样一般还要保存 3～12 个月，以备查询。

## 三、试样分析

（一）一般化学分析试样

将风干后的样品平铺在制样板上，用木棍或塑料棍碾压，也可用不锈钢磨土机进行粉碎，并将植物残体、石块等侵入体和新生体剔除干净。细小已断的植物须根，可采用静电吸附的方法清除。压碎的土样用 2mm 孔径筛过筛，未通过的土粒重新碾压，直至全部样品通过 2mm 孔径筛为止。通过 2mm 孔径筛的土样可供 pH 及有效养分等项目的测定。

将通过 2mm 孔径筛的土样用四分法取出一部分继续碾磨，使之全部通过 0.25mm 孔径筛，供有机质、全氮等项目的测定。

（二）微量元素分析试样

用于微量元素分析的土样，其处理方法同一般化学分析样品，但在采样、风干、研磨、过筛、运输、储存等环节，不要接触容易造成样品污染的铁、铜等金属器具。采样、制样推荐使用不锈钢、木、竹或塑料工具，过筛使用尼龙网筛等。通过 2mm 孔径尼龙筛的样品可用于测定土壤有效态微量元素。

（三）颗粒分析试样

将风干土样反复碾碎，用 2mm 孔径筛过筛。留在筛上的碎石称量后保存，同时将过筛的土壤称重，计算石砾质量分数。将通过 2mm 孔径筛的土样混匀后盛放于广口瓶内，用于颗粒分析及其他物理性状的测定。

若风干土样中有铁锰结核、石灰结核或半风化体，不能用木棍碾碎，应首先将其细心拣出称量保存，然后再碾碎。

## 第三节　植株样品的采集与制备

### 一、采样要求

植株样品分析的可靠性受样品数量、采集方法及分析部位影响，因此，采样应具有：代表性，采集样品能符合群体情况，采样量一般为1kg。典型性，采样的部位能反映所要了解的情况。适时性，根据研究目的，在不同生长发育阶段，定期采样。粮食作物一般在成熟后收获前采集籽实部分及秸秆；发生偶然污染事故时，在田间完整地采集整株植株样品；水果及其他植株样品根据研究目的确定采样要求。

### 二、采集前准备工作

选择具有采集经验、明确采集方法和要领、对采集区域农业环境情况熟悉的技术人员负责采样；同时要备有采样区域的地形图、土壤分布图、污染源分布图、粮食作物分布图、交通行政图等；准备采样工具、采样袋（布袋、纸袋或塑料袋）、采集记录等；进行野外实地考察，调查各种环境因素，核实合理布点；发现问题立即纠正，制定采样计划。

### 三、样品采集

（一）粮食样品

由于粮食作物生长的不均一性，一般采用多点取样，避开田边2m，按“梅花”形（适用于采样单元面积小的情况）或“S”形采样法采样。在采样区内，采取10个样点的样品组成1个混合样。采样量根据检测项目而定，籽实样品一般为1kg左右，装入纸袋或布袋；要采集完整植株样品可以多采一些，约2kg，用塑料纸包扎好。

（二）水果样品

在平坦的果园中采样时，可采用对角线布点采样，由采样区的一角向另一角引对角线，在此线上等距离布设采样点，采样点多少根据采样区域面积、地形和检测目的确定。在山地果园应按不同海拔高度均匀布点，采样点一般不应少于10个。对于树型较大的果树，采样时应在果树的上、中、下、内、外部及果实着生方位（东南西北）均匀采摘果实1kg左右。将各点采摘的果品进行充分混合，按照四分法缩分，根据检验项目要求，最后分取所需份数，每份1kg左右，分装入袋内，粘贴标签，扎紧袋口。水果样品采摘时要注意树龄、长势、载果数量等。

（三）蔬菜样品

蔬菜品种繁多，按食用部位可大致分成叶菜、根菜、茎菜、花菜、果菜五类，按需要确定采样对象。

在菜地采样可按照对角线或“S”形法布点，采样点不应少于10个，采样量根据样本个体大小确定，一般每个点的采样量不少于1kg。从多个点采集的蔬菜样，按四分法进行缩分，其中个体大的样本如大白菜等可纵向对称切成四份或八份，取其两份进行缩分，最后分取三份，每份约 1kg，分别装入塑料袋，粘贴标签，扎紧袋口。

如需用鲜样进行测定，在采样时，最好连根带土一起挖出，用湿布或塑料袋装，防止萎蔫。采集根部样品时，在抖落泥土或洗净泥土过程中应尽量保持根系的完整。

(四)标签内容

采样序号、采样地点、样品名称、作物品种、土壤名称(或当地俗名)、成土母质、地形地势、耕作制度、前茬作物及产量、化肥农药使用情况、灌溉水源、采样点地理位置简图，同时还应标明采样人和采样时间，果树还要记载树龄、长势、载果数量等。

### 四、植株样品的处理与保存

粮食籽实样品及时晒干脱粒，充分混匀后用四分法缩分至所需量。当需要洗涤时，注意时间不宜过长并及时风干。为了防止样品变质、虫咬，需要定期进行风干处理，使用不污染样品的工具和筛将稻谷去壳制成糙米，把糙米、麦粒、玉米粒等籽实粉碎，过 0.5mm 筛，制成待测样品。测定重金属元素含量时，不要使用金属器械如钢制粉碎机、金属筛等，推荐使用竹、木和石质、瓷质、塑料制品。

完整的植株样品先洗干净，根据不同污染物和粮食作物生物学特性差异，采用能反映特征的植株部位，用不污染待测元素的工具剪碎样品，充分混匀，用四分法缩分至所需量，制成鲜样或于 60℃烘箱中烘干后粉碎备用。

在田间采集的新鲜水果、蔬菜、烟叶和茶叶样品若不能马上分析测定，应暂时放入冰箱保存。

### 五、采样点调查内容

作物品种、土壤名称(或当地俗称)、成土母质、地形地势、耕作制度、前茬作物及产量、化肥农药使用情况、灌溉水源、采样点地理位置简图。

## 第四节　样品分析与质量控制

### 一、分析项目与方法

样品的室内分析是了解土壤理化性状的重要手段，根据农业部《测土配方施肥技术规范》测试分析项目的要求，胶州市确定本次测土配方施肥采样调查与质量评价要求化验分析项目为土壤理化性状 15 项，各项目分析方法以国家标准或部颁标准为首选分析方法(见表 3-2)。

表 3-2 土样测定方法表

| 分析项目 | 标准号 | 测定方法名称 |
| --- | --- | --- |
| pH | 土壤分析技术规范 | 玻璃电极法 |
| 土壤容重 | 土壤分析技术规范 | 环刀法 |
| 土壤孔隙度 | 土壤分析技术规范 | 环刀法 |
| 有机质 | 土壤分析技术规范 | 重铬酸钾一硫酸溶液一油浴法 |
| 有效磷 | 土壤分析技术规范 | 碳酸氢钠浸提一钼锑抗比色法 |
| 速效钾 | 土壤分析技术规范 | 乙酸铵浸提一火焰光度法 |
| 全氮 | 土壤分析技术规范 | 半微量凯氏法 |
| 碱解氮 | 土壤分析技术规范 | 碱解扩散法 |
| 缓效钾 | 土壤分析技术规范 | 硝酸浸提一火焰光度法 |
| 有效铜 | 土壤分析技术规范 | DTPA 浸提一原子吸收法 |
| 有效锌 | 土壤分析技术规范 | DTPA 浸提一原子吸收法 |
| 有效铁 | 土壤分析技术规范 | DTPA 浸提一原子吸收法 |
| 有效锰 | 土壤分析技术规范 | DTPA 浸提一原子吸收法 |
| 有效硼 | 土壤分析技术规范 | 沸水浸提一姜黄素比色法 |
| 有效钼 | 土壤分析技术规范 | 草酸一草酸铵提取一极谱法 |
| 交换性钙 | 土壤分析技术规范 | 乙酸铵交换一原子吸收法 |
| 交换性镁 | 土壤分析技术规范 | 乙酸铵交换一原子吸收法 |
| 有效硫 | 土壤分析技术规范 | 磷酸盐一乙酸提取、硫酸钡比浊法 |

## 二、化验室建设与质量控制

结果的准确度和精密度受试样、方法、试剂、仪器、环境及分析人员素质等多方面因素制约，为保证试验结果的可靠性及化验室之间的可比性，必须采取严格的质量控制措施。化验分析与质量控制严格按照农业部的有关规定执行。

(一)仪器设备及标准物质的购置和管理

为了保证检测结果的准确性和可靠性，对仪器设备和标准物质加以控制，确保仪器设备处于正常状态，以满足检验工作的要求。严格按《质量手册》和《程序文件》的要求，根据检验参数，配备全部仪器设备(标准物质)，并对所有仪器设备进行检定和运行检查，贴上合格标识后方可使用。

（二）严格验收程序，以保证试剂的质量

对用于检测工作中的外部支持服务和外购物品实行有效控制，以确保外部支持服务和供应的质量，使其符合检验工作的要求，保证检验结果的可靠性。

（三）严格执行国家或行业标准化验分析

为使测量结果能真实反映测量对象的特性，需对检验方法的采用作出统一规定，确保对检验过程进行有效控制。所用检验方法必须由技术负责人确认，保证采用的检验方法为现行有效版本。

（四）严格校核、签字及记录的修改制度

检验人员负责检验原始记录、仪器设备、标准物质（含标准溶液）使用记录的填写。各种质量记录应客观、规范、准确和及时地直接填写在规定格式的原始记录纸上。原始记录必须由检验者在现场亲自填写，不得事后追记。一项检验有两名或两名以上的操作人员时，应指定一人担当记录。原始记录不允许随意更改和删减，数据必须更改时，用两条平行线将错误数据划掉，将正确数据写在其正上方。

（五）空白值试验

全程序空白值是指用一方法测定某物质时，除样品中不含该测定物质，整个分析过程的全部因素引起的测定信号值或相应浓度值。每次测定两个平行样，用于校正仪器零点或检查是否在允许范围内。

（六）使用标准样品，进行内参样掺插

利用土壤标准样品及参比样品进行分析质量控制。土壤标准品由山东省土壤肥料总站组织、审批和制作，用于检验考核化验室、分析人员的技术水平和分析方法的评价。参比样品的要求较标准样品低，采集一定数量土壤样品，经风干、剔除杂物、制样、充分混均后，分发至所需检测室，用统一的方法进行检测，经整理统计后，其平均值和标准差作为日常分析工作的参比值。

（七）质量控制

化验分析质量控制严格按照农业部《耕地地力调查与质量评价技术规程》等有关规定执行。同时，胶州市土肥站制定了《质量管理手册》，工作中严格按照《质量管理手册》要求进行操作，定期进行管理内审和业务培训，确保检测数据的准确性。

根据检验参数，配备全部仪器设备（标准物质），并对所有仪器设备进行检定和运行检查，贴上合格标识后方可使用。

所用化学试剂严格验收程序，以保证试剂的质量，对用于检测工作中的外部支持服务和外购物品实行有效控制，以确保外部支持服务和供应的质量，使其符合检验工作的要求，保证检验结果的可靠性。

化验分析方法严格执行国家或行业标准，所用检验方法必须由技术负责人确认，保证采用的检验方法为现行有效版本。

坚持平行试验、再现性试验，控制精密度，减少随机误差，样品分析平行率要达到100%。

坚持全程序空白值试验，以进行准确度控制，坚持使用标准样品，进行内参样掺插，每次测定两个平行样，用于校正仪器零点或检查是否在允许范围内，同时利用土壤标准样进行分析质量控制。

（八）检验结果与其他化验室作对比

为提高分析结果的可比性，积极参加上级组织的样品比对试验或用同一控制样品主动与同级化验室进行比对试验，通过数理分析，对有差异的数据，查明原因，采取措施。

# 第四章　土壤理化性状及评价

耕地土壤属性主要包括土壤的物理性状和化学性状，主要取决于土壤的成土因素和成土过程，是决定土壤肥力高低的主要因子，直接影响作物的产量和品质，是合理利用耕地、政府宏观决策的重要依据。

共采集有效土壤样品 2443 个用于耕地地力评价，对耕层土壤农化样进行了常规分析，基本摸清了胶州市土壤养分状况，找出了高产土壤适宜的氮、磷、钾配比及低产土壤在养分方面的限制因素，为胶州市合理施肥、夺取高产及用地养地、培肥地力等方面提供了科学的依据。

经胶州市 2443 个土壤化验分析，胶州市土壤各种养分含量的变幅较大，氮、钾相对不足，有机质含量适中，较以往有所改善，磷较丰富，土壤 pH 较低，酸化比较严重，微量元素含量差异悬殊，缺素面积大。这些对满足作物生长发育的需要及促进平衡增产是极为不利的，必须根据这次的测试结果，找出不同作物、不同土壤的最小养分率，根据最小养分率及目标产量合理推荐肥料用量，达到低成本、高效益。

## 第一节　土壤 pH 和有机质

### 一、土壤 pH

土壤 pH 即土壤酸碱度，它虽然不属于土壤养分范畴，但作为土壤理化性状的基本指标，参与土壤的许多化学反应，能直接影响作物的生长和发育，是判断土壤肥力状况的一个重要指标。绝大多数作物只有在一定的土壤 pH 范围内才能正常生长。在低 pH 情况下，易造成磷、钙、镁养分的有效性降低；在高 pH 情况下，微量元素铁、锰、硼变为不可被吸收状态。所以，适宜的土壤 pH 是作物生长发育的基础。

（一）土壤 pH 分级和分布

为了掌握胶州市不同土壤的酸碱度状况，按种植作物、土壤类型进行了土样采集。经 2443 个土样分析发现，胶州市耕层土样的 pH 为 4.5～8.5，众数为 6.2，耕地土壤酸化相对严重。

按照山东省土壤 pH 分级标准，将胶州市耕作土壤 pH 分为 4 级，分别为 4.5～5.5、5.5～6.5、6.5～7.5、7.5～8.5。对试样在各级出现的百分率进行的统计表明，主要以弱酸性为主，其中弱酸性（5.5～6.5）的样本有 1063 个，占总样本的 43.51%，中性（6.5～7.5）的样本有 810 个，占总样本的 33.16%，强酸性（4.5～5.5）的样本有 534 个，占总样本的21.86%，碱性(7.5～8.5)的样本有36个，占总样本的1.47%。各级pH分级面积统计情况如表4-1所示。

表4-1 胶州市土壤pH分级面积情况(0～20cm)

| 分级标准 | 7.5～8.5 | 6.5～7.5 | 5.5～6.5 | 4.5～5.5 |
|---|---|---|---|---|
| 等级面积($hm^2$) | 208.12 | 26415.57 | 89906.63 | 4469.24 |
| 占土地总面积比例(%) | 0.17 | 21.83 | 74.31 | 3.69 |

胶州市土壤主要以弱酸性为主，其中pH为5.5～6.5的面积为89906.63$hm^2$，占总面积的74.31%；pH为6.5～7.5的面积为26415.57$hm^2$，占总面积的21.83%；pH为4.5～5.5的面积为4469.24$hm^2$，占总面积的3.69%；pH为7.5～8.5的面积为208.12$hm^2$，占总面积的0.17%。

1. 不同土壤类型的pH

按照胶州市耕作土壤主要土壤类型，其pH分布情况如表4-2所示。砂姜黑土pH最高，众数为6.5，潮土pH众数为6.1，棕壤pH众数为6.1，粗骨土pH最低，众数为6。将胶州市耕作土壤pH按照土壤类型分级，潮土中pH主要以5.5～6.5为主，占样本总数的47.33%，主要分布在李哥庄镇、洋河镇等；棕壤土中pH主要以5.5～6.5为主，占样本总数的41.71%，主要分布在铺集镇、张应镇、里岔镇等；粗骨土中pH主要以5.5～6.5为主，占样本总数的46.28%，主要分布九龙镇、杜村镇等；砂姜黑土中pH主要以6.5～7.5为主，占样本总数的47.2%，主要分布在胶东街道办事处、胶莱镇等。分级情况如表4-3所示。

表4-2 胶州市土壤类型pH分布情况(0～20cm)

| 土壤类型 | 样本(个) | 最小 | 最大 | 众数 | 标准差 | 变异系数 |
|---|---|---|---|---|---|---|
| 潮土 | 412 | 4.7 | 8.5 | 6.1 | 1.1 | 0.18 |
| 棕壤 | 1254 | 4.5 | 8 | 6.1 | 0.87 | 0.14 |
| 砂姜黑土 | 481 | 4.6 | 8.1 | 6.5 | 1.22 | 0.19 |
| 粗骨土 | 296 | 4.5 | 8.2 | 6 | 0.98 | 0.16 |

表4-3 不同土壤类型pH分级状况(0～20cm)

| 分级 | 潮土 | | 棕壤 | | 粗骨土 | | 砂姜黑土 | |
|---|---|---|---|---|---|---|---|---|
| | 样本 | % | 样本 | % | 样本 | % | 样本 | % |
| 4.5～5.5 | 96 | 23.3 | 309 | 24.64 | 95 | 32.09 | 34 | 7.07 |
| 5.5～6.5 | 195 | 47.33 | 523 | 41.71 | 137 | 46.28 | 208 | 43.2 |
| 6.5～7.5 | 112 | 27.18 | 409 | 32.62 | 62 | 20.95 | 227 | 47.2 |
| 7.5～8.5 | 9 | 2.18 | 13 | 1.04 | 2 | 0.68 | 12 | 2.49 |

2. 不同利用方式的 pH

按照胶州市耕作土壤主要利用方式，分为粮田、果园、菜田，其 pH 分布情况如表 4-4 所示。粮田 pH 众数为 6.3，果园众数为 6.1，菜田众数为 6.2。果园 pH 最低，菜田次之，粮田较高。将胶州市耕作土壤 pH 按照种植作物分级，粮田中 pH 主要以 5.5～6.5 为主，占样本总数的 44.79%，主要分布在胶东街道办事处、胶莱镇等；果园中 pH 主要以 5.5～6.5 为主，占样本总数的 38.12%，主要分布在里岔镇、张应镇等；菜田中 pH 主要以 4.5～5.5 为主，占样本总数的 39.47%，主要分布在马店镇、李哥庄镇等。分级情况如表 4-5 所示。

**表 4-4　　胶州市耕作土壤 pH 分布情况**（0～20cm）

| 利用方式 | 样本（个） | 最小 | 最大 | 众数 | 标准差 | 变异系数 |
|---|---|---|---|---|---|---|
| 粮田 | 1967 | 5 | 8.5 | 6.3 | 0.18 | 0.03 |
| 果园 | 362 | 4.5 | 8.1 | 6.1 | 0.22 | 0.04 |
| 菜田 | 114 | 4.6 | 8 | 6.2 | 0.14 | 0.02 |

**表 4-5　　不同利用方式土壤 pH 分级状况**（0～20cm）

| 分级 | 粮田 | | 果园 | | 菜田 | |
|---|---|---|---|---|---|---|
| | 样本 | % | 样本 | % | 样本 | % |
| 4.5～5.5 | 384 | 19.43 | 105 | 29.01 | 45 | 39.47 |
| 5.5～6.5 | 885 | 44.79 | 138 | 38.12 | 40 | 35.09 |
| 6.5～7.5 | 676 | 34.21 | 109 | 30.11 | 25 | 21.93 |
| 7.5～8.5 | 22 | 1.11 | 10 | 2.76 | 4 | 3.51 |

（二）主要作物适宜的土壤 pH 范围

不同作物对土壤酸碱性的适应性有很大差异，但大部分作物适宜在中性至微酸性土壤条件下生长，pH 为 5.5～7.5，表 4-6 列出了主要农作物的适宜 pH 范围。

**表 4-6　　主要农作物适宜的 pH 范围**

| 作物 | 适宜 pH 范围 | 作物 | 适宜 pH 范围 |
|---|---|---|---|
| 小麦 | 5.5～7 | 黄瓜 | 5.5～6.5 |
| 玉米 | 5.5～7 | 胡萝卜 | 5.5～7 |
| 花生 | 6.5～7.5 | 番茄 | 5.5～6.5 |
| 苹果 | 5.5～7.5 | 马铃薯 | 5～5.5 |
| 大豆 | 5.5～7 | 菠菜 | 6～7 |
| 西瓜 | 6.5～7.5 | 芹菜 | 6～7 |

酸性土壤对作物的生长(特别是豆科作物)和土壤微生物的活动会有极为不利的影响,也是花生丰产、苹果优质高产的主要限制因子。强酸性的土壤既降低了肥料利用率,又降低了作物的产量,影响了农产品品质。

(三)影响土壤酸碱度的因素

引起土壤酸化的主要因素有成土母质、气候、生物、植被、施肥、灌溉和酸沉降等。近些年来,人们对酸沉降比较关注,但对因不当施肥在土壤酸化中的作用认识不足。一般土壤的自然酸化过程较为缓慢,在人为因素的影响下,如酸沉降和施用化肥,则大大加速了土壤的酸化进程。胶州市土壤酸化主要原因在于农民盲目施肥、过量施肥现象严重,加快了土壤酸化进程。

土壤酸化对农业生产造成许多不利影响。如果园酸化造成土壤碱性钙离子的淋失和重金属锰的解析、释放,引发果树苦痘病、粗皮病,土壤酸化还导致缺钼及花生根瘤减少,影响产量(见表 4-7)。

表 4-7 土壤 pH 对果树病害影响调查

| pH | 粗皮病发病率(%) | 苦痘病发病率(%) |
| --- | --- | --- |
| <4.5 | 83.5~96.3 | 59~96.6 |
| 4.5~5.5 | 76.1~82.5 | 47.5~69.8 |
| 5.5~6.5 | 51.4~66.7 | 19.2~29.3 |
| 6.5~7.5 | 9.6~13.9 | 9.2~12.4 |

## 二、土壤有机质

土壤有机质是耕层土壤的重要组成部分,是土壤养分的重要来源,与土壤演变、肥力水平及其他属性都有密切的关系。土壤有机质中含有作物生长所需的各种养分,可直接或间接地为作物生长提供营养元素;有机质具有改善土壤理化性状的作用,能够影响和制约土壤结构形成及通气性、渗透性、缓冲性、交换性能和保水、保肥性能等,是评价耕地地力的重要指标。土壤有机质的含量受气候、地理位置和耕作模式等多种因素影响。对耕作土壤来说,培肥的中心环节就是增施各种有机肥,实行秸秆还田,提高土壤有机质含量。

(一)土壤有机质分级和分布

为了掌握胶州市不同土壤的有机质状况,按种植作物、土壤类型进行了土样采集。经2443个土样分析,胶州市耕层土样的有机质为6~20g/kg,平均值为11.7g/kg,有机质含量相对较低。但与1982年第二次土壤普查时的8.1g/kg相比,增加了3.6g/kg。

按照山东省土壤有机质分级标准,将胶州市耕作土壤有机质分为5级,分别为6~8g/kg、8~10g/kg、10~12g/kg、12~15g/kg、15~20g/kg。对试样在各级出现的百分率进行的统计表明,有机质为6~8g/kg的样本有263个,占总样本的10.77%,主要分布在营海街道办事处、里岔镇、胶西镇等;有机质为8~10g/kg的样本为503个,占总样本的20.59%,主要分布在杜村镇、洋河镇、铺集镇等;有机质为10~12g/kg的样本有550个,占总样本的22.51%,主要分布在铺集镇、洋河镇、张应镇等;有机质为12~15g/kg的样本有 803 个，占总样本的 32.87%，主要分布在胶东街道办事处、胶莱镇、铺集镇等；有机质为 15～20g/kg 的样本有 324 个，占总样本的 13.26%，主要分布在胶莱镇、李哥庄镇、洋河镇等。各级有机质分级面积统计情况如表 4-8 所示。有机质含量为 10～12g/kg 的面积为 55981.86hm$^2$，占总面积的 46.27%，有机质含量为 12～15g/kg 的面积为 45525.04hm$^2$，占总面积的 37.62%，有机质含量为 8～10g/kg 的面积为 15426.29hm$^2$，占总面积的 12.75%，有机质含量为 15～20g/kg 的面积为 3557.4hm$^2$，占总面积的 2.94%，有机质含量为 6～8g/kg 的面积为 508.2hm$^2$，占总面积的 0.42%。

**表 4-8** 胶州市土壤有机质分级面积分布情况(0～20cm)

| 分级标准(g/kg) | 等级面积(hm$^2$) | 占土地总面积比例(%) |
|---|---|---|
| 15～20 | 3557.4 | 2.94 |
| 12～15 | 45525.04 | 37.62 |
| 10～12 | 55981.86 | 46.27 |
| 8～10 | 15426.29 | 12.75 |
| 6～8 | 508.2 | 0.42 |

1. 不同土壤类型的有机质

按照胶州市耕作土壤主要土壤类型，其有机质分布情况如表 4-9 所示。砂姜黑土有机质含量平均为 12.4g/kg，潮土有机质含量平均为 11.6g/kg，棕壤有机质含量平均为 11.6g/kg，粗骨土有机质含量平均为 11.2g/kg。粗骨土有机质含量最低，棕壤、潮土次之，砂姜黑土最高。将胶州市耕作土壤有机质按照土壤类型分级，潮土中有机质含量以 8～10g/kg 为主，占样本的 24.51%，主要分布在李哥庄镇、洋河镇、营海街道办事处；棕壤土中有机质含量以 12～15g/kg 为主，占样本的 33.41%，主要分布在杜村镇、里岔镇、洋河镇等；粗骨土中有机质含量以 8～10g/kg 为主，占样本的 28.38%，主要分布在杜村镇、九龙镇、洋河镇等；砂姜黑土中有机质含量以 12～15g/kg 为主，占样本的 43.45%，主要分布在马店镇、胶东街道办事处、胶莱镇。分级情况如表 4-10 所示。

**表 4-9** 胶州市土壤类型有机质分布情况(0～20cm)

| 土壤类型 | 样本(个) | 最小(g/kg) | 最大(g/kg) | 平均(g/kg) | 标准差 | 变异系数 |
|---|---|---|---|---|---|---|
| 潮土 | 412 | 6.2 | 19.7 | 11.6 | 1.22 | 0.11 |
| 棕壤 | 1254 | 6.5 | 20 | 11.6 | 1.09 | 0.09 |
| 砂姜黑土 | 481 | 6.4 | 20 | 12.4 | 1.31 | 0.11 |
| 粗骨土 | 296 | 6 | 19.4 | 11.2 | 0.98 | 0.09 |

表 4-10　　不同土壤类型有机质含量分级状况(0～20cm)

| 分级(g/kg) | 潮土 | | 棕壤 | | 粗骨土 | | 砂姜黑土 | |
|---|---|---|---|---|---|---|---|---|
| | 样本 | % | 样本 | % | 样本 | % | 样本 | % |
| 6～8 | 55 | 13.35 | 130 | 10.37 | 33 | 11.15 | 45 | 9.36 |
| 8～10 | 101 | 24.51 | 253 | 20.18 | 84 | 28.38 | 65 | 13.51 |
| 10～12 | 93 | 22.57 | 298 | 23.76 | 70 | 23.65 | 89 | 18.5 |
| 12～15 | 95 | 23.06 | 419 | 33.41 | 80 | 27.03 | 209 | 43.45 |
| 15～20 | 68 | 16.5 | 154 | 12.28 | 29 | 9.80 | 73 | 15.18 |

2. 不同利用方式的有机质

按照胶州市耕作土壤主要利用方式，分为粮田、果园、菜田，其有机质分布情况如表4-11所示。粮田有机质平均值为9.7g/kg，果园有机质平均值为12.5g/kg，菜田有机质平均值为12.7g/kg。粮田有机质最低，果园次之，菜田较高。将胶州市耕作土壤有机质按照种植作物分级，粮田中有机质含量以12～15g/kg为主，占样本的36.69%，主要分布在胶北镇、李哥庄镇；果园有机质含量以8～10g/kg为主，占样本的23.48%，主要分布在胶莱镇、马店镇等；菜田有机质含量以8～10g/kg为主，占样本33.33%，主要分布在里岔镇、铺集镇等。分级情况如表4-12所示。

表 4-11　　胶州市耕作土壤有机质分布情况(0～20cm)

| 利用方式 | 样本(个) | 最小(g/kg) | 最大(g/kg) | 平均(g/kg) | 标准差 | 变异系数 |
|---|---|---|---|---|---|---|
| 粮田 | 1967 | 6 | 19.6 | 9.7 | 1.42 | 0.15 |
| 果园 | 362 | 6.4 | 19.8 | 12.5 | 1.51 | 0.12 |
| 菜田 | 114 | 6.2 | 20 | 12.7 | 2.01 | 0.16 |

表 4-12　　不同利用方式土壤有机质含量分级状况(0～20cm)

| 分级(g/kg) | 粮田 | | 果园 | | 菜田 | |
|---|---|---|---|---|---|---|
| | 样本 | % | 样本 | % | 样本 | % |
| 6～8 | 169 | 8.55 | 74 | 20.44 | 20 | 17.54 |
| 8～10 | 380 | 19.23 | 85 | 23.48 | 38 | 33.33 |
| 10～12 | 446 | 22.57 | 77 | 21.27 | 27 | 23.68 |
| 12～15 | 725 | 36.69 | 66 | 18.23 | 12 | 10.53 |
| 15～20 | 247 | 12.5 | 60 | 16.57 | 17 | 14.91 |

相对于第二次土壤普查，胶州市有机质增加的原因为：生产中逐渐增加有机肥的投入，目前粮田、果园、菜田有机质都有所上升，很大程度改善了胶州市有机质状况；秸秆还田越来越被广泛应用。胶州市秸秆主要来自小麦、玉米、花生，其中小麦、玉米秸秆占总量

的 70%以上。

(二)增加土壤有机质含量的途径

土壤有机质是指土壤中含碳的有机化合物,来源包括动物、微生物、植物残体及其排泄物、分泌物。土壤有机质并不是在短时间内积累成的。胶州市的土壤有机质含量以中等为主,局部含量较低,有待进一步提高。为提高胶州市土壤有机质含量,可采取四项措施。

1. 组织城市粪肥下乡

将城市的粪便、垃圾、工业废渣和废水等变废为肥,需通过政府部门建立专门管理机构,结合社会发展状况、将上述废弃物进行有益的加工处理,支援农业。

2. 发展畜牧业,增加有机肥数量

提倡种树种草,提高草资源产量,发展养牛、养羊业,同时发展养猪、养鸡业,采取措施,加强畜禽粪便管理,增加有机肥积制数量。

3. 鼓励秸秆还田,发展沼气肥

秸秆还田是提高土壤有机质、改良土壤结构的重要途径。经过试验,每公顷还田 3000kg 草,连续三年会增加耕层土壤有机质 1.7g/kg,相当于 34335kg 堆沤肥所含的有机质数量。同时土壤容重下降,总孔隙度增加,达到了培肥地力、改良土壤、提高产量的显著效果。

秸秆还田要因地制宜,综合利用。可直接还田,也可搞高温堆肥,或作牲畜饲草后再还田。农村能源工作的开展,特别是沼气池的建设,有利地促进了有机肥料事业的发展。经化验分析,沼液含有机物质 12.63%、全氮 0.63%、全钾 1.4%,有机质与全氮皆高于堆沤肥类的平均值。沼渣的养分含量也很可观,是很好的有机肥料。

4. 积极发展绿肥

发展绿肥不仅可以满足作物对养分的需要,促进当季生产,还能提高土壤有机质含量,熟化改良土壤。绿肥多为豆科植物,含有丰富的养分,一般含有有机质 20%左右。发展绿肥是增加土壤有机质的重要途径,是改造低产田、培肥高产土壤的有效措施。因此,应积极搞好试验示范,及早大面积推广。要充分利用荒山、荒坡、沟旁、路边大种绿肥,因地制宜,实行轮作、间作套种等方式,综合利用压青、沤肥、饲料等方法,充分发挥绿肥的改土培肥效果。

## 第二节　土壤大量元素状况

### 一、土壤氮素

土壤中氮素绝大部分为有机态氮,无机态氮一般占全氮的 1%～5%。土壤中有机态氮可以分为半分解的有机质、微生物躯体和腐殖质,而主要是腐殖质。有机态氮大部分须被微生物转化成无机态氮(铵态氮、硝态氮及少量亚硝态氮)才能被植物吸收利用,腐殖质不易被矿化。土壤中氮素供应情况有时用有机质和全氮来估计,有时用碱解氮。全氮通常用于衡量土壤氮素的基础肥力,碱解氮在推荐施肥中意义更大。

(一)土壤全氮分级和分布

为了掌握胶州市不同土壤的全氮状况,按种植作物、土壤类型进行了土样采集。经2443个土样分析,胶州市耕层土样的全氮为0.5～1.2g/kg,平均值为0.82g/kg,全氮含量相对较低。与1982年第二次土壤普查时的0.56g/kg相比,增加了0.26g/kg。

按照山东省土壤全氮分级标准,将胶州市耕作土壤全氮分为3级,分别为0.5～0.75g/kg、0.75～1g/kg、1～1.2g/kg。对试样在各级出现的百分率进行的统计表明,全氮在0.5～0.75g/kg的样本有1004个,占总样本的41.1%,主要分布在李哥庄镇、洋河镇、营海街道办事处等;0.75～1g/kg的样本有940个,占总样本的38.48%,主要分布在胶西镇、洋河镇等;1～1.2g/kg的样本有499个,占总样本的20.43%,主要分布在马店镇、里岔镇等。各级全氮分级面积统计情况如表4-13所示,全氮主要含量为0.75～1g/kg,面积为84860.93hm$^2$,占总面积的70.13%,0.5～0.75g/kg的面积为28445.89hm$^2$,占总面积的23.51%;1～1.2g/kg的面积为7693.18hm$^2$,占总面积的6.36%。

表4-13 胶州市土壤全氮分级面积分布情况(0～20cm)

| 分级标准(g/kg) | 等级面积(hm$^2$) | 占土地总面积比例(%) |
|---|---|---|
| 1～1.2 | 7693.18 | 6.36 |
| 0.75～1 | 84860.93 | 70.13 |
| 0.5～0.75 | 28445.89 | 23.51 |

1. 不同土壤类型的全氮

按照胶州市耕作土壤主要土壤类型,其全氮分布情况如表4-14所示。砂姜黑土全氮含量平均为0.88g/kg,潮土为0.82g/kg,棕壤为0.81g/kg,粗骨土为0.77g/kg。全氮含量粗骨土最低,砂姜黑土最高。将耕作土壤全氮按照土壤类型分级,潮土中全氮含量以0.5～0.75g/kg为主,占样本的40.78%,主要分布在李哥庄镇、洋河镇等;棕壤土中以0.5～0.75g/kg为主,占样本的43.94%,主要分布在九龙镇、铺集镇、胶西镇等;粗骨土中以0.5～0.75g/kg为主,占样本的54.39%,主要分布在九龙镇等;砂姜黑土中以0.75～1g/kg为主,占样本的43.66%,主要分布在马店镇、九龙镇。分级情况如表4-15所示。

表4-14 胶州市土壤类型全氮分布情况(0～20cm)

| 土壤类型 | 样本(个) | 最小(g/kg) | 最大(g/kg) | 平均(g/kg) | 标准差 | 变异系数 |
|---|---|---|---|---|---|---|
| 潮土 | 412 | 0.52 | 1.18 | 0.82 | 0.14 | 0.17 |
| 棕壤 | 1254 | 0.54 | 1.2 | 0.81 | 0.12 | 0.15 |
| 砂姜黑土 | 481 | 0.5 | 1.17 | 0.88 | 0.24 | 0.27 |
| 粗骨土 | 296 | 0.51 | 1.15 | 0.77 | 0.08 | 0.1 |

表 4-15　　不同土壤类型全氮含量分级状况（0～20cm）

| 分级(g/kg) | 潮土 | | 棕壤 | | 粗骨土 | | 砂姜黑土 | |
|---|---|---|---|---|---|---|---|---|
| | 样本 | % | 样本 | % | 样本 | % | 样本 | % |
| 0.5～0.75 | 168 | 40.78 | 551 | 43.94 | 161 | 54.39 | 124 | 25.78 |
| 0.75～1 | 147 | 35.68 | 485 | 38.68 | 98 | 33.11 | 210 | 43.66 |
| 1～1.2 | 97 | 23.54 | 218 | 17.38 | 37 | 12.5 | 147 | 30.56 |

2. 不同利用方式的全氮

按照胶州市耕作土壤主要利用方式，分为粮田、果园、菜田，其全氮分布情况如表 4-16 所示。粮田全氮平均值为 0.76g/kg，果园为 0.87g/kg，菜田为 0.83g/kg。粮田全氮含量最低，菜田次之，果园最高。将胶州市耕作土壤全氮按照种植作物分级，粮田中全氮含量以 0.5～0.75g/kg 为主，占样本的 45.65%，主要分布在九龙镇、杜村镇等；果园以 0.75～1g/kg为主，占样本的 62.98%，主要分布在张应镇、李哥庄镇等；菜田以 0.5～0.75g/kg 为主，占样本的 50%，主要分布在胶北镇、马店镇等。分级情况如表 4-17 所示。

表 4-16　　胶州市耕作土壤全氮分布情况（0～20cm）

| 利用方式 | 样本(个) | 最小(g/kg) | 最大(g/kg) | 平均(g/kg) | 标准差 | 变异系数 |
|---|---|---|---|---|---|---|
| 粮田 | 1967 | 0.5 | 1.18 | 0.76 | 0.18 | 0.24 |
| 果园 | 362 | 0.54 | 1.2 | 0.87 | 0.22 | 0.25 |
| 菜田 | 114 | 0.51 | 1.2 | 0.83 | 0.13 | 0.16 |

表 4-17　　不同利用方式土壤全氮含量分级状况（0～20cm）

| 分级(g/kg) | 粮田 | | 果园 | | 菜田 | |
|---|---|---|---|---|---|---|
| | 样本 | % | 样本 | % | 样本 | % |
| 0.5～0.75 | 898 | 45.65 | 49 | 13.54 | 57 | 50 |
| 0.75～1 | 679 | 34.52 | 228 | 62.98 | 33 | 28.95 |
| 1～1.2 | 390 | 19.83 | 85 | 23.48 | 24 | 21.05 |

（二）土壤碱解氮分级和分布

土壤中的氮素主要以有机态形式存在，约占土壤全氮量的 90%，而这些含量的土壤氮素主要以大分子化合物的形式存在于土壤有机质中，作物很难吸收利用，属迟效性氮。其余部分则以小分子有机态或铵态、硝态和亚硝态等形式的无机态存在，一般占土壤全氮含量的 10%以下，可以被作物直接吸收利用。土壤中铵态氮和硝态氮是被作物直接吸收的无机态氮，也称“速效氮”，通常用碱解法测定其含量，故又称“碱解氮”。它的含量水平常作为衡量土壤供氮水平的指标。耕地土壤碱解氮含量与全氮含量有很大的相关性，但受人为施肥的影响较大。

为了掌握胶州市不同土壤的碱解氮状况，按种植作物、土壤类型进行了土样采集。经2443个土样分析，胶州市耕层土样的碱解氮含量为45～220mg/kg，平均值为88mg/kg，与1982年第二次土壤普查时的53mg/kg相比，增加了35mg/kg。

按照山东省土壤碱解氮分级标准，将胶州市耕作土壤碱解氮分为5级，分别为45～60mg/kg、60～75mg/kg、75～90mg/kg、90～120mg/kg、120～150mg/kg、高于150mg/kg。对试样在各级出现的百分率进行的统计表明，碱解氮在45～60mg/kg的样本有343个，占总样本数的14.04%，主要分布在铺集镇、张应镇等；60～75mg/kg的样本有420个，占总样本数的17.19%，主要分布在马店镇、里岔镇等；75～90mg/kg的样本有726个，占总样本数的29.72%，主要分布在杜村镇、张应镇等；90～120mg/kg的样本有605个，占总样本数的24.76%，主要分布在李哥庄镇、洋河镇等；120～150mg/kg的样本有277个，占总样本数的11.34%，主要分布在九龙镇、胶西镇等；高于150mg/kg的样本有72个，占总样本数的2.95%，主要分布在洋河镇、铺集镇等。各级碱解氮分级面积分布情况如表4-18所示，碱解氮主要含量为高于150mg/kg，面积为54.45$hm^2$，占总面积的0.55%，120～150mg/kg的面积为3154.47$hm^2$，占总面积的2.6%，90～120mg/kg的面积为41016.58$hm^2$，占总面积的33.9%，75～90mg/kg的面积为53730.05$hm^2$，占总面积的44.4%，60～75mg/kg的面积为21801.78$hm^2$，占总面积的18.02%，45～60mg/kg的面积为1242.67$hm^2$，占总面积的1.03%。

表4-18　　胶州市土壤碱解氮分级面积分布情况(0～20cm)

| 分级标准(mg/kg) | 等级面积($hm^2$) | 占土地总面积比例(%) |
|---|---|---|
| >150 | 54.45 | 0.55 |
| 120～150 | 3154.47 | 2.6 |
| 90～120 | 41016.58 | 33.9 |
| 75～90 | 53730.05 | 44.4 |
| 60～75 | 21801.78 | 18.02 |
| 45～60 | 1242.67 | 1.03 |

1. 不同土壤类型的碱解氮

按照胶州市耕作土壤主要土壤类型，其碱解氮分布情况如表4-19所示。棕壤碱解氮含量平均为88mg/kg，潮土为90mg/kg，粗骨土为83mg/kg，砂姜黑土为91mg/kg。碱解氮含量粗骨土最低，砂姜黑土最高。将胶州市耕作土壤碱解氮按照土壤类型分级，潮土中碱解氮含量以75～90mg/kg为主，占样本的25.97%，主要分布在李哥庄镇、洋河镇等；棕壤土中碱解氮含量以75～90mg/kg为主，占样本的30.62%，主要分布在里岔镇、洋河镇等；粗骨土中碱解氮含量以75～90mg/kg为主，占样本的26.35%，主要分布在营海街道办事处、张应镇等；砂姜黑土中碱解氮含量以75～90mg/kg为主，占样本的32.64%，主要分布在马店镇、胶莱镇等。分级情况如表4-20所示。

表 4-19　胶州市土壤类型碱解氮分布情况(0～20cm)

| 土壤类型 | 样本(个) | 最小(mg/kg) | 最大(mg/kg) | 平均(mg/kg) | 标准差 | 变异系数 |
|---|---|---|---|---|---|---|
| 潮土 | 412 | 46 | 210 | 90 | 3.65 | 0.04 |
| 棕壤 | 1254 | 49 | 220 | 88 | 4.82 | 0.05 |
| 砂姜黑土 | 481 | 48 | 182 | 91 | 2.78 | 0.03 |
| 粗骨土 | 296 | 45 | 178 | 83 | 3.43 | 0.04 |

表 4-20　不同土壤类型碱解氮含量分级状况(0～20cm)

| 分级(mg/kg) | 潮土 | | 棕壤 | | 粗骨土 | | 砂姜黑土 | |
|---|---|---|---|---|---|---|---|---|
| | 样本 | % | 样本 | % | 样本 | % | 样本 | % |
| 45～60 | 74 | 17.96 | 165 | 13.16 | 56 | 18.92 | 48 | 9.98 |
| 60～75 | 65 | 15.78 | 216 | 17.22 | 64 | 21.62 | 75 | 15.59 |
| 75～90 | 107 | 25.97 | 384 | 30.62 | 78 | 26.35 | 157 | 32.64 |
| 90～120 | 89 | 21.6 | 340 | 27.11 | 65 | 21.96 | 111 | 23.08 |
| 120～150 | 53 | 12.86 | 118 | 9.41 | 27 | 9.12 | 79 | 16.42 |
| ＞150 | 24 | 5.83 | 31 | 2.47 | 6 | 2.03 | 11 | 2.29 |

2. 不同利用方式的碱解氮

按照胶州市耕作土壤主要利用方式，分为粮田、果园、菜田，其碱解氮分布情况如表4-21所示。粮田碱解氮平均值为83mg/kg，果园为87mg/kg，菜田为94mg/kg。粮田碱解氮含量最低，果园次之，菜田最高。将胶州市耕作土壤碱解氮按照种植作物分级，粮田中碱解氮含量以75～90mg/kg为主，占样本的27.55%，主要分布在马店镇、铺集镇等；果园中以75～90mg/kg为主，占样本的36.74%，主要分布在胶莱镇等；菜田中以75～90mg/kg为主，占样本的44.74%，主要分布在杜村镇、李哥庄镇等。分级情况如表4-22所示。

表 4-21　胶州市耕作土壤碱解氮分布情况(0～20cm)

| 利用方式 | 样本(个) | 最小(mg/kg) | 最大(mg/kg) | 平均(mg/kg) | 标准差 | 变异系数 |
|---|---|---|---|---|---|---|
| 粮田 | 1967 | 45 | 205 | 83 | 4.41 | 0.05 |
| 果园 | 362 | 50 | 214 | 87 | 6.62 | 0.08 |
| 菜田 | 114 | 47 | 220 | 94 | 7.39 | 0.08 |

表 4-22 不同利用方式土壤碱解氮含量分级状况(0～20cm)

| 分级(mg/kg) | 粮田 | | 果园 | | 菜田 | |
|---|---|---|---|---|---|---|
| | 样本 | % | 样本 | % | 样本 | % |
| 45～60 | 318 | 16.17 | 16 | 4.42 | 9 | 7.89 |
| 60～75 | 338 | 17.18 | 69 | 19.06 | 13 | 11.4 |
| 75～90 | 542 | 27.55 | 133 | 36.74 | 51 | 44.74 |
| 90～120 | 492 | 25.02 | 77 | 21.27 | 36 | 31.58 |
| 120～150 | 213 | 10.83 | 62 | 17.13 | 2 | 1.75 |
| >150 | 64 | 3.25 | 5 | 1.38 | 3 | 2.63 |

相对于第二次土壤普查,胶州市氮素含量增加的原因为:有机肥与氮肥的施用量增加;胶州市豆科作物种植面积增加,根瘤菌固定空气中的氮随之增加;农民加强了田间管理,氮素肥料的混施和深施都能减少氨挥发和反硝化损失,效果明显。

为提高土壤碱解氮含量,满足作物生长的需要,可采取如下措施:提倡施用有机肥,长期施用有机肥可以显著提高土壤碱解氮水平,提高土壤肥力;种植豆科作物,增加土壤氮素的含量;科学地施用氮肥,一是氮肥应深施覆土,以减少氮肥的挥发损失及反硝化作用,二是确定合理的施肥时期,50%～70%用作基施,30%～50%用作追肥;合理灌溉,施用尿素忌大水漫灌。

(三)缺氮症状与防治

当作物叶片出现淡绿色或黄色时,即表示有可能缺氮。作物缺氮时,植株生长慢,个体小,分枝、分蘖少,茎叶常呈现红色,根系细长且总根量减少,花和果实少且籽粒不饱满。因为氮素是可再利用元素,自身能把衰老叶片中的氮素运往新生叶片中供其利用,因此作物缺氮的显著特征是植株下部老叶片先褪绿黄化,然后逐渐向上部叶片扩展。

作物缺氮症的防治:培肥地力,提高土壤供氮能力。对于新开垦的、熟化程度低的、有机质贫乏的土壤及质地较轻的土壤,要增加有机肥料的投入,腐殖酸螯合有机、无机复混肥,以腐殖酸和氨基酸等高活性有机物为主要原料,含硝态氮和铵态氮两种氮形态,既可满足作物对氮的快速需要,又可长期供应,还能提高土壤的保氮和供氮能力,防止缺氮症的发生;在作物生长到中后期,根系吸收的氮素无法满足作物生长需求时,可进行叶面喷施叶面肥,直接供给需养部位,促进光合作用,增加干物质的积累,省去很多中间环节,时间短,见效快;在翻耕整地时,配施一定量速效氮肥作基肥,也可施用肥效持久的有机、无机复混肥,提高土壤的保氮和供氮能力。

## 二、土壤有效磷

磷是作物必需的三大营养元素之一,土壤磷素与作物产量密切相关。耕层土壤中的磷一般以无机磷和有机磷两种形态存在,通常有机磷占全磷量的20%～50%,无机磷占全磷的50%～80%。无机形态的磷中易溶性磷酸盐及土壤胶体吸附的磷酸根离子和有机形态磷中易矿化的部分被称为“土壤有效磷”,占土壤总磷量的10%左右。土壤有效磷含量是衡量土壤养分容量和强度水平的重要指标，主要来源于土壤自身的矿化和外源磷肥的施入。

(一)土壤有效磷分级和分布

为了掌握胶州市不同土壤的有效磷状况，按种植作物、土壤类型进行了土样采集。经2443个土样分析，胶州市耕层土样的有效磷含量为5.4～80mg/kg，平均值为28.6mg/kg，与1982年第二次土壤普查时的4mg/kg相比，增加了24.6mg/kg。

按照山东省土壤有效磷分级标准，将胶州市耕作土壤有效磷分为6级，分别为50～80mg/kg、30～50mg/kg、20～30mg/kg、15～20mg/kg、10～15mg/kg、5～10mg/kg。对试样在各级出现的百分率进行的统计表明，有效磷在5～10mg/kg的样本有84个，占总样本数的3.44%，主要分布在杜村镇、洋河镇等；10～15mg/kg的样本有215个，占总样本数的8.8%，主要分布里岔镇、胶西镇等；15～20mg/kg的样本有493个，占总样本数的20.18%，主要分布在胶莱镇、马店镇等；20～30mg/kg的样本有766个，占总样本数的31.35%，主要分布在胶东街道办事处、营海街道办事处等；30～50mg/kg的样本有660个，占总样本数的27.02%，主要分布在张应镇、杜村镇等；50～80mg/kg的样本有225个，占总样本数的9.21%，主要分布在胶北镇、李哥庄镇等。各级有效磷分级面积分布情况如表4-23所示，主要含量为20～30mg/kg，面积为68743.73hm$^2$，占总面积的56.81%；30～50mg/kg的面积为38693.38hm$^2$，占总面积的31.98%；15～20mg/kg的面积为12268.18hm$^2$，占总面积的10.14%；50～80mg/kg的面积为850.53hm$^2$，占总面积的0.7%；10～15mg/kg的面积为389.62hm$^2$，占总面积的0.32%；5～10mg/kg的面积为55.66hm$^2$，占总面积的0.05%。

**表4-23 胶州市土壤有效磷分级面积分布情况(0～20cm)**

| 分级标准(mg/kg) | 等级面积(hm$^2$) | 占土地总面积比例(%) |
|---|---|---|
| 50～80 | 850.53 | 0.7 |
| 30～50 | 38693.38 | 31.98 |
| 20～30 | 68743.73 | 56.81 |
| 15～20 | 12268.18 | 10.14 |
| 10～15 | 389.62 | 0.32 |
| 5～10 | 55.66 | 0.05 |

1. 不同土壤类型的有效磷

按照胶州市耕作土壤主要土壤类型，其有效磷分布情况如表4-24所示。棕壤有效磷含量平均为28.9mg/kg，潮土有效磷含量平均为29.2mg/kg，粗骨土有效磷含量平均为27.1mg/kg，砂姜黑土有效磷含量平均为28.2mg/kg。粗骨土有效磷含量最低，砂姜黑土、棕壤次之，潮土最高。将胶州市耕作土壤有效磷按照土壤类型分级，潮土中有效磷含量以30～50mg/kg为主，占样本的26.7%，主要分布在洋河镇、李哥庄镇等；棕壤土中有效磷含量以20～30mg/kg为主，占样本的34.13%，主要分布在杜村镇、铺集镇等；粗骨土中有效磷含量以20～30mg/kg为主，占样本的30.41%，主要分布在营海街道办事处、张应镇等；砂姜黑土中有效磷含量以20～30mg/kg为主，占样本的31.6%，主要分布在胶北镇、洋河镇。分级情况如表4-25所示。

表4-24　　胶州市土壤类型有效磷分布情况(0～20cm)

| 土壤类型 | 样本(个) | 最小(mg/kg) | 最大(mg/kg) | 平均(mg/kg) | 标准差 | 变异系数 |
|---|---|---|---|---|---|---|
| 潮土 | 412 | 5.4 | 79.8 | 29.2 | 1.42 | 0.05 |
| 棕壤 | 1254 | 5.6 | 80 | 28.9 | 2.54 | 0.09 |
| 砂姜黑土 | 481 | 5.8 | 78.9 | 28.2 | 2.15 | 0.08 |
| 粗骨土 | 296 | 5.5 | 79.2 | 27.1 | 1.87 | 0.07 |

表4-25　　不同土壤类型有效磷分级情况(0～20cm)

| 分级(mg/kg) | 潮土 | | 棕壤 | | 粗骨土 | | 砂姜黑土 | |
|---|---|---|---|---|---|---|---|---|
| | 样本 | % | 样本 | % | 样本 | % | 样本 | % |
| 5～10 | 16 | 3.88 | 27 | 2.15 | 18 | 6.08 | 23 | 4.78 |
| 10～15 | 44 | 10.68 | 108 | 8.61 | 20 | 6.76 | 43 | 8.94 |
| 15～20 | 98 | 23.79 | 231 | 18.42 | 74 | 25 | 90 | 18.71 |
| 20～30 | 96 | 23.3 | 428 | 34.13 | 90 | 30.41 | 152 | 31.6 |
| 30～50 | 110 | 26.7 | 341 | 27.19 | 72 | 24.32 | 137 | 28.48 |
| 50～80 | 48 | 11.65 | 119 | 9.49 | 22 | 7.43 | 36 | 7.48 |

2. 不同利用方式的有效磷

按照胶州市耕作土壤主要利用方式，分为粮田、果园、菜田，其有效磷分布情况如表4-26所示。粮田有效磷平均值为27.5mg/kg，果园有效磷平均值为29.1mg/kg，菜田有效磷平均值为29.2mg/kg。粮田有效磷最低，果园次之，菜田最高。将胶州市耕作土壤有效磷按照种植作物分级，粮田中有效磷含量以20～30mg/kg为主，占样本的33.5%，主要分布在杜村镇、九龙镇等；果园有效磷含量以10～15mg/kg为主，占样本的27.62%，主要分布在铺集镇、里岔镇等；菜田有效磷含量以10～15mg/kg为主，占样本的29.82%，主要分布在洋河镇、马店镇等。分级情况如表4-27所示。

表4-26　　胶州市耕作土壤有效磷分布情况(0～20cm)

| 利用方式 | 样本(个) | 最小(mg/kg) | 最大(mg/kg) | 平均(mg/kg) | 标准差 | 变异系数 |
|---|---|---|---|---|---|---|
| 粮田 | 1967 | 5.5 | 79.5 | 27.5 | 2.38 | 0.09 |
| 果园 | 362 | 5.4 | 79.8 | 29.1 | 3.42 | 0.12 |
| 菜田 | 114 | 5.6 | 80 | 29.2 | 2.33 | 0.08 |

表 4-27　　不同利用方式土壤有效磷分级情况(0～20cm)

| 分级(mg/kg) | 粮田 | | 果园 | | 菜田 | |
|---|---|---|---|---|---|---|
| | 样本 | % | 样本 | % | 样本 | % |
| 5～10 | 66 | 3.36 | 12 | 3.32 | 6 | 5.26 |
| 10～15 | 81 | 4.12 | 100 | 27.62 | 34 | 29.82 |
| 15～20 | 433 | 22.01 | 50 | 13.81 | 10 | 8.77 |
| 20～30 | 659 | 33.5 | 87 | 24.04 | 20 | 17.55 |
| 30～50 | 582 | 29.59 | 60 | 16.57 | 18 | 15.79 |
| 50～80 | 146 | 7.42 | 53 | 14.64 | 26 | 22.81 |

相对于第二次土壤普查，胶州市土壤磷素含量增加的原因为：磷肥施用量增加，磷肥施用时期强调作基肥施用，发挥磷在作物早期生长的作用；施用方法强调近根施用，采取条施；增加有机肥料的施用，提高磷肥肥效。

(二)缺磷症状与防治

缺磷植株一般表现为叶片小，叶色深绿，没有光泽，严重缺磷时，叶片枯死脱落，老叶先出现症状。禾谷类作物缺磷表现为分蘖延迟或不分蘖，株间叶片不散开，长相似"一炷香"，抽穗、开花和成熟延迟，穗粒少而不饱满。大豆、甘薯和油菜等茎叶上出现的紫红色斑点或条纹，玉米果穗秃顶，油菜脱荚，棉花和果树落蕾、落花，甘薯及马铃薯薯块变小，耐储性变差，这些都是缺磷的表现。防治：在磷肥的合理施用方面，应根据土壤条件合理分配和施用，优先施用在最缺磷的地块，对严重缺磷的低产地，氮、磷施用比例以 1∶1 为宜；对中度缺磷地块，氮、磷施用比例可在 1∶0.5 左右；对有效磷含量丰富的地块，可以暂时不施磷肥。可采取如下措施：增施有机肥料，提高土壤有机质含量，国内外许多研究表明，施用有机肥料可以提高土壤有效磷含量；采用秸秆还田技术，配合施以磷肥，能显著提高土壤有效磷水平与作物对磷的吸收；开展测土配方施肥，合理施肥，提高磷肥利用率。

**三、土壤钾素**

土壤中的钾一般分为矿物态钾、缓效性钾和速效性钾三部分。矿物态钾约占土壤全钾的 93%，存在于矿物晶格如钾长石、云母中，在短期内不能被植物吸收利用。缓效性钾(缓效钾)主要是指 2∶1 型层状硅酸盐矿物层间和颗粒边缘的一部分钾，通常占全钾量的 5%，这部分钾与植物吸收的钾有密切关系。速效性钾(速效钾)包括被土壤胶体吸附的钾和土壤溶液中的钾，一般占全钾的 1%～2%，能在短期内被作物吸收。

(一)土壤速效钾分级和分布

为了掌握胶州市不同十壤的速效钾状况，按种植作物、土壤类型进行了土样采集。经 2443 个土样分析，胶州市耕层土样的速效钾含量为 50～200mg/kg，平均值为 97mg/kg，与 1982 年第二次土壤普查时的 86mg/kg 相比，增加了 11mg/kg。

按照山东省土壤速效钾分级标准，将胶州市耕作土壤速效钾分为 5 级，分别为 150～200mg/kg、120～150mg/kg、100～120mg/kg、75～100mg/kg、50～75mg/kg。对试样在各级出现的百分率进行的统计表明，速效钾在50～75mg/kg的样本有640个，占总样本数的26.2%，主要分布在胶西镇、杜村镇等；75～100mg/kg的样本有955个，占总样本数的39.09%，主要分布在张应镇、洋河镇等；100～120mg/kg的样本有292个，占总样本数的11.95%，主要分布在九龙镇、胶莱镇等；120～150mg/kg的样本有380个，占总样本数的15.55%，主要分布在李哥庄镇等；150～200mg/kg的样本有176个，占总样本数的7.2%，主要分布在马店镇、里岔镇等。各级速效钾分级面积分布情况如表4-28所示。主要含量为75～100mg/kg，面积为68708.64hm²，占总面积的56.78%；100～120mg/kg的面积为31679.01hm²，占总面积的26.18%；120～150mg/kg的面积为10282.58hm²，占总面积的8.5%；50～75mg/kg的面积为9926.84hm²，占总面积的8.21%；50～200mg/kg的面积为404.14hm²，占总面积的0.33%。

表4-28　　胶州市土壤速效钾分级面积分布情况(0～20cm)

| 分级标准(mg/kg) | 等级面积(hm²) | 占土地总面积比例(%) |
|---|---|---|
| 150～200 | 404.14 | 0.33 |
| 120～150 | 10282.58 | 8.5 |
| 100～120 | 31679.01 | 26.18 |
| 75～100 | 68708.64 | 56.78 |
| 50～75 | 9926.84 | 8.21 |

1. 不同土壤类型的速效钾

按照胶州市耕作土壤主要土壤类型，其速效钾分布情况如表4-29所示。棕壤速效钾含量平均为96mg/kg，潮土速效钾含量平均为98mg/kg，粗骨土平均为87mg/kg，砂姜黑土平均为107mg/kg。速效钾含量粗骨土最低，潮土、棕壤次之，砂姜黑土最高。

表4-29　　胶州市土壤类型速效钾分布情况(0～20cm)

| 土壤类型 | 样本(个) | 最小(mg/kg) | 最大(mg/kg) | 平均(mg/kg) | 标准差 | 变异系数 |
|---|---|---|---|---|---|---|
| 潮土 | 412 | 51 | 198 | 98 | 6.33 | 0.06 |
| 棕壤 | 1254 | 52 | 195 | 96 | 7.14 | 0.07 |
| 砂姜黑土 | 481 | 53 | 200 | 107 | 8.11 | 0.07 |
| 粗骨土 | 296 | 50 | 189 | 87 | 7.16 | 0.08 |

将胶州市耕作土壤速效钾按照土壤类型分级，潮土中速效钾含量以75～100mg/kg为主，占样本的34.47%，主要分布在李哥庄镇、洋河镇等；棕壤土中以75～100mg/kg为主，占样本的39.87%，主要分布在洋河镇、胶北镇等；粗骨土中以75～100mg/kg为主，占样本的37.5%，主要分布在张应镇、杜村镇等；砂姜黑土中以75～100mg/kg为主，占样本的42%，主要分布在洋河镇、铺集镇。分级情况如表4-30所示。

表 4-30 不同土壤类型速效钾含量分级情况(0～20cm)

| 分级(mg/kg) | 潮土 | | 棕壤 | | 粗骨土 | | 砂姜黑土 | |
|---|---|---|---|---|---|---|---|---|
| | 样本 | % | 样本 | % | 样本 | % | 样本 | % |
| 50～75 | 123 | 29.85 | 333 | 26.56 | 110 | 37.16 | 74 | 15.38 |
| 75～100 | 142 | 34.47 | 500 | 39.87 | 111 | 37.5 | 202 | 42 |
| 100～120 | 48 | 11.65 | 157 | 12.52 | 33 | 11.15 | 54 | 11.23 |
| 120～150 | 63 | 15.29 | 188 | 14.99 | 36 | 12.16 | 93 | 19.33 |
| 150～200 | 36 | 8.74 | 76 | 6.06 | 6 | 2.03 | 58 | 12.06 |

2. 不同利用方式的速效钾

按照胶州市耕作土壤主要利用方式,分为粮田、果园、菜田,其速效钾分布情况如表4-31所示。粮田速效钾平均值为96mg/kg,果园速效钾平均值为98mg/kg,菜田速效钾平均值为97mg/kg。粮田速效钾最低,菜田次之,果园最高。将胶州市耕作土壤速效钾按照种植作物分级,粮田速效钾含量以75～100mg/kg为主,占样本的42.45%,主要分布在铺集镇、张应镇等;果园速效钾含量以100～120mg/kg为主,占样本的28.18%,主要分布在胶北镇、马店镇等;菜田速效钾含量以75～100mg/kg为主,占样本的31.58%,主要分布在胶西镇、李哥庄镇等。分级情况如表4-32所示。

表 4-31 胶州市耕作土壤速效钾分布情况(0～20cm)

| 利用方式 | 样本(个) | 最小(mg/kg) | 最大(mg/kg) | 平均(mg/kg) | 标准差 | 变异系数 |
|---|---|---|---|---|---|---|
| 粮田 | 1967 | 52 | 200 | 96 | 6.48 | 0.07 |
| 果园 | 362 | 50 | 186 | 98 | 5.92 | 0.06 |
| 菜田 | 114 | 51 | 198 | 97 | 6.33 | 0.06 |

表 4-32 不同土壤类型土壤速效钾含量分级情况(0～20cm)

| 分级(mg/kg) | 粮田 | | 果园 | | 菜田 | |
|---|---|---|---|---|---|---|
| | 样本 | % | 样本 | % | 样本 | % |
| 50～75 | 560 | 28.47 | 56 | 15.47 | 24 | 21.05 |
| 75～100 | 835 | 42.45 | 84 | 23.2 | 36 | 31.58 |
| 100～120 | 175 | 8.9 | 102 | 28.18 | 15 | 13.16 |
| 120～150 | 297 | 15.1 | 64 | 17.68 | 19 | 16.67 |
| 150～200 | 100 | 5.08 | 56 | 15.47 | 20 | 17.54 |

(二)土壤缓效钾分级和分布

为了掌握胶州市不同土壤的缓效钾状况,按种植作物、土壤类型进行了土样采集。经分析,胶州市耕层土样的缓效钾含量为300～750mg/kg,平均值为494mg/kg。

按照山东省土壤缓效钾分级标准,将胶州市耕作土壤缓效钾分为2级,分别为500

～750mg/kg、300～500mg/kg。对试样在各级出现的百分率进行的统计表明，缓效钾在300～500mg/kg的样本有1386个，占总样本数的56.73%，主要分布在铺集镇、里岔镇、张应镇等；500～700mg/kg的样本有1057个，占总样本数的43.27%，主要分布在胶北镇、洋河镇等。各级缓效钾分级面积分布情况如表4-33所示，主要含量为300～500mg/kg，面积为78434.62hm$^2$，占总面积的64.82%，500～750mg/kg的面积为42565.38hm$^2$，占总面积的35.18%。

表4-33　　胶州市土壤缓效钾分级面积分布情况(0～20cm)

| 分级标准(mg/kg) | 等级面积(hm$^2$) | 占土地总面积比例(%) |
|---|---|---|
| 500～750 | 42565.38 | 35.18 |
| 300～500 | 78434.62 | 64.82 |

1. 不同土壤类型的缓效钾

按照胶州市耕作土壤主要土壤类型，分为棕壤、潮土、粗骨土、砂姜黑土，其缓效钾分布情况如表4-34所示。棕壤缓效钾含量平均为492mg/kg，潮土缓效钾含量平均为518mg/kg，粗骨土缓效钾含量平均为469mg/kg，砂姜黑土缓效钾含量平均为497mg/kg。粗骨土缓效钾含量最低，潮土最高。将胶州市耕作土壤缓效钾按照土壤类型分级，潮土中缓效钾含量以500～700mg/kg为主，占样本的52.18%，主要分布在胶莱镇、马店镇等；棕壤土中缓效钾含量以300～500mg/kg为主，占样本的57.42%，主要分布在李哥庄镇、胶东街道办事处等；粗骨土中缓效钾含量以300～500mg/kg为主，占样本的62.84%，主要分布在九龙镇、杜村镇等；砂姜黑土中缓效钾含量以300～500mg/kg为主，占样本的58.8%，主要分布在洋河镇、里岔镇。分级情况如表4-35所示。

表4-34　　胶州市土壤类型缓效钾分布情况(0～20cm)

| 土壤类型 | 样本(个) | 最小(mg/kg) | 最大(mg/kg) | 平均(mg/kg) | 标准差 | 变异系数 |
|---|---|---|---|---|---|---|
| 潮土 | 412 | 302 | 750 | 518 | 10.35 | 0.02 |
| 棕壤 | 1254 | 304 | 744 | 492 | 14.44 | 0.03 |
| 砂姜黑土 | 481 | 302 | 749 | 497 | 12.83 | 0.03 |
| 粗骨土 | 296 | 300 | 738 | 469 | 9.16 | 0.02 |

表4-35　　不同土壤类型缓效钾含量分级情况(0～20cm)

| 分级(mg/kg) | 潮土 | | 棕壤 | | 粗骨土 | | 砂姜黑土 | |
|---|---|---|---|---|---|---|---|---|
| | 样本 | % | 样本 | % | 样本 | % | 样本 | % |
| 300～500 | 197 | 47.82 | 720 | 57.42 | 186 | 62.84 | 283 | 58.8 |
| 500～750 | 215 | 52.18 | 534 | 42.58 | 110 | 37.16 | 198 | 41.2 |

2. 不同利用方式的缓效钾

按照胶州市耕作土壤主要利用方式，分为粮田、果园、菜田，其缓效钾分布情况如表4-36所示。粮田缓效钾平均值为498mg/kg，果园缓效钾平均值为491mg/kg，菜田缓效钾平均值为493mg/kg。果园缓效钾最低，菜田次之，粮田最高。

表 4-36 胶州市耕作土壤缓效钾分布情况(0～20cm)

| 利用方式 | 样本(个) | 最小(mg/kg) | 最大(mg/kg) | 平均(mg/kg) | 标准差 | 变异系数 |
|---|---|---|---|---|---|---|
| 粮田 | 1967 | 305 | 742 | 498 | 18.43 | 0.04 |
| 果园 | 362 | 300 | 746 | 491 | 21.75 | 0.04 |
| 菜田 | 114 | 301 | 750 | 493 | 19.83 | 0.04 |

将胶州市耕作土壤缓效钾按照种植作物分级，粮田缓效钾含量以500～750mg/kg为主，占样本的51.3%，主要分布在九龙镇、李哥庄镇等；果园缓效钾含量以500～750mg/kg为主，占样本的75.97%，主要分布在杜村镇、里岔镇等；菜田缓效钾含量以500～750mg/kg为主，占样本的89.48%，主要分布在洋河镇、马店镇等。分级情况如表4-37所示。

表 4-37 不同利用方式土壤缓效钾含量分级情况(0～20cm)

| 分级(mg/kg) | 粮田 | | 果园 | | 菜田 | |
|---|---|---|---|---|---|---|
| | 样本 | % | 样本 | % | 样本 | % |
| 300～500 | 958 | 48.7 | 87 | 24.03 | 12 | 10.52 |
| 500～750 | 1009 | 51.3 | 275 | 75.97 | 102 | 89.48 |

相对于第二次土壤普查，胶州市土壤钾素增加的原因为：钾肥的用量有所增加，增加了土壤钾的含量水平；秸秆还田在胶州市得到了很好的应用，作物茎叶秸秆中含有较丰富的钾素，有效补充和缓解了土壤缺钾状况；农民加强了田间管理，冬季翻耕提高了土壤中的供钾水平。

(三)缺钾症状与防治

作物缺钾时，细胞木质化程度低，抗倒伏抗和抗病害等能力差。因为钾在植株体中容易被再利用，所以症状首先从较老叶片上出现，一般表现为老叶叶尖及叶缘发黄，出现坏死斑点。

防治：一般腐殖质少的沙质田类和岗旁低肥田类，施用氧化钾120kg/hm$^2$左右，土壤肥力较好的施用90kg/hm$^2$左右。同时，要注意肥水等管理措施的合理配合，钾肥一般宜作底肥施用。

## 第三节 土壤中量元素状况

中量元素是指在植物体内含量相对较高的营养元素，通常包括钙、镁、硫三种。土壤中量元素含量一般较高，基本能够满足作物生长需要。但随着大量元素、微量元素肥料的大量施用，尤其是在酸性土壤条件下，钙、镁、硫等元素也出现了缺素现象，适量施用中量元素具有较明显的增产效果，已成为土壤肥料研究的内容。

## 一、土壤交换性钙

土壤中的钙以多种形态存在，以碳酸盐的形式为主，其含量高低与土壤的酸碱性、盐基饱和度、土壤结构、土壤交换性能、各种养分的有效性有密切关系，是划分土壤类型的重要指标之一，在实际生产中有重要作用。通常用交换性钙作为土壤钙有效性的划分标准。

钙是作物生长必需的营养元素之一，从土壤交换性钙含量看，基本没有缺钙土壤。据研究报道，土壤交换性钙对防治苹果的腐烂病和保鲜储存有重要作用。但是在土壤交换性钙含量过高的情况下，钙营养过剩，会导致土壤中其他营养元素有效性降低和 pH 升高，不利于某些嗜酸作物的生长。

土壤交换性钙对磷素和微量元素的有效性以及存在形态有很大影响。在石灰性土壤中，磷以磷酸钙盐为主，其含量一般占无机磷总量的 50%以上，并且土壤交换性钙含量愈高，磷酸钙盐含量愈高，无机磷总量也高。在富含交换性钙的土壤里，磷酸钙盐以磷酸三钙、磷酸八钙、磷酸十钙形式存在，磷素养分被固定量也就愈大。所以，在富含交换性钙的土壤中，应采取穴施或沟施磷肥，以减少磷素养分的固定，在磷肥的品种上宜施用偏酸性品种。土壤交换性钙含量增加，可使土壤 pH 升高，除可以提高钼的有效性，其他微量元素都降低了有效性。一方面，交换性钙含量增加，土壤中的铁、锰、锌、铜都可以和交换性钙结合，生成难溶性的交换性盐，降低了它们的有效性。另一方面，钙对硼的影响，除生成溶解度很小的含钙硼酸盐，更重要的是，钙的存在促进了其他元素对硼的固定。

### （一）土壤交换性钙分级和分布

为了掌握胶州市不同土壤的交换性钙状况，按种植作物、土壤类型进行了土样采集。经分析，胶州市耕层土样的交换性钙含量为 501～3000mg/kg，平均值为 1404mg/kg。

按照山东省土壤交换性钙分级标准，将胶州市耕作土壤交换性钙分为 4 级，分别为 2500～3000mg/kg、2000～2500mg/kg、1500～2000mg/kg、低于 1500mg/kg。对试样在各级出现的百分率所作的统计表明，交换性钙在低于 1500mg/kg 的样本有 1637 个，占总样本数的 67.01%，主要分布在杜村镇、铺集镇等；1500～2000mg/kg 的样本有 477 个，占总样本数的 19.53%，主要分布在胶北镇、马店镇等；2000～2500mg/kg 的样本有 84 个，占总样本数的 3.44%，主要分布在胶西镇等；2500～3000mg/kg 的样本有 245 个，占总样本数的 10.03%，主要分布在洋河镇、里岔镇等。各级交换性钙分级面积分布情况如表 4-38所示，交换性钙含量主要为低于 1500mg/kg，面积为 86494.43$hm^2$，占总面积的 71.48%，1500～2000mg/kg 的面积为 33074.14$hm^2$，占总面积的 27.33%，2000～2500mg/kg 的面积为 1373.35$hm^2$，占总面积的 1.14%，2500～3000mg/kg 的面积为 58.08$hm^2$，占总面积的 0.05%。

表 4-38　　胶州市土壤交换性钙分级面积分布情况(0～20cm)

| 分级标准(mg/kg) | 等级面积($hm^2$) | 占土地总面积比例(%) |
|---|---|---|
| 2500～3000 | 58.08 | 0.05 |
| 2000～2500 | 1373.35 | 1.14 |
| 1500～2000 | 33074.14 | 27.33 |
| <1500 | 86494.43 | 71.48 |

1. 不同土壤类型的交换性钙

按照胶州市耕作土壤主要土壤类型，其交换性钙分布情况如表 4-39 所示。棕壤交换性钙含量平均为 1423mg/kg，潮土交换性钙含量平均为 1343mg/kg，粗骨土交换性钙含量平均为 1461mg/kg，砂姜黑土交换性钙含量平均为 1369mg/kg。潮土交换性钙含量最低，粗骨土最高。将胶州市耕作土壤交换性钙按照土壤类型分级，潮土中交换性钙含量以低于 1500mg/kg 为主，占样本的 70.63%，主要分布九龙镇、胶莱镇等；棕壤土中交换性钙含量以低于 1500mg/kg 为主，占样本的 64.75%，主要分布在马店镇、洋河镇等；粗骨土中交换性钙含量以低于 1500mg/kg 为主，占样本的 68.24%，主要分布在张应镇、李哥庄镇等；砂姜黑土中交换性钙含量以低于 1500mg/kg 为主，占样本的 69.02%，主要分布在胶北镇等。分级情况如表 4-40 所示。

表 4-39　　胶州市土壤类型交换性钙分布情况(0～20cm)

| 土壤类型 | 样本(个) | 最小(mg/kg) | 最大(mg/kg) | 平均(mg/kg) | 标准差 | 变异系数 |
|---|---|---|---|---|---|---|
| 潮土 | 412 | 566 | 2992 | 1343 | 23.44 | 0.02 |
| 棕壤 | 1254 | 501 | 2986 | 1423 | 31.43 | 0.02 |
| 砂姜黑土 | 481 | 599 | 3000 | 1369 | 35.74 | 0.03 |
| 粗骨土 | 296 | 509 | 2979 | 1461 | 28.66 | 0.02 |

表 4-40　　不同土壤类型交换性钙含量分级情况(0～20cm)

| 分级(mg/kg) | 潮土 | | 棕壤 | | 粗骨土 | | 砂姜黑土 | |
|---|---|---|---|---|---|---|---|---|
| | 样本 | % | 样本 | % | 样本 | % | 样本 | % |
| <1500 | 291 | 70.63 | 812 | 64.75 | 202 | 68.24 | 332 | 69.02 |
| 1500～2000 | 77 | 18.69 | 289 | 23.05 | 52 | 17.57 | 59 | 12.28 |
| 2000～2500 | 15 | 3.64 | 32 | 2.55 | 7 | 2.36 | 30 | 6.24 |
| 2500～3000 | 29 | 7.04 | 121 | 9.65 | 35 | 11.82 | 60 | 12.46 |

2. 不同利用方式的交换性钙

按照胶州市耕作土壤主要利用方式，分为粮田、果园、菜田，其交换性钙分布情况如表 4-41 所示。粮田交换性钙平均值为 1404mg/kg，果园交换性钙平均值为 1402mg/kg，菜田交换性钙平均值为 1406mg/kg。果园交换性钙最低，粮田次之，菜田最高。将胶州市耕作土壤交换性钙按照种植作物分级，粮田中交换性钙含量以低于 1500mg/kg 为主，占样本的67.56%，主要分布在杜村镇、马店镇等；果园交换性钙含量以低于1500mg/kg为主，占样本的62.98%，主要分布在洋河镇、里岔镇等；菜田交换性钙含量以低于1500mg/kg为主，占样本的70.18%，主要分布在胶东街道办事处、九龙镇等。分级情况如表4-42所示。

表4-41 胶州市耕作土壤交换性钙分布情况(0～20cm)

| 利用方式 | 样本(个) | 最小(mg/kg) | 最大(mg/kg) | 平均(mg/kg) | 标准差 | 变异系数 |
|---|---|---|---|---|---|---|
| 粮田 | 1967 | 501 | 2998 | 1404 | 43.6 | 0.03 |
| 果园 | 362 | 502 | 3000 | 1402 | 38.5 | 0.03 |
| 菜田 | 114 | 502 | 2991 | 1406 | 33.2 | 0.02 |

表4-42 不同利用方式土壤交换性钙含量分级情况(0～20cm)

| 分级(mg/kg) | 粮田 | | 果园 | | 菜田 | |
|---|---|---|---|---|---|---|
| | 样本 | % | 样本 | % | 样本 | % |
| <1500 | 1329 | 67.56 | 228 | 62.98 | 80 | 70.18 |
| 1500～2000 | 383 | 19.47 | 76 | 20.99 | 18 | 15.79 |
| 2000～2500 | 78 | 3.97 | 3 | 0.83 | 3 | 2.63 |
| 2500～3000 | 177 | 9 | 55 | 15.19 | 13 | 11.4 |

(二)缺钙症状与防治

作物缺钙的主要特征是幼叶、茎和根的生长点首先出现症状：幼叶变小歪曲，叶缘发黄或焦枯坏死，顶芽易枯死，茎变细，老化的根变成褐色死去，新根无法生长，黄化现象严重时会导致枯死。

防治：施用钙质肥料。对于供钙不足的酸性土壤，应施用石灰、碳酸钙和硝酸铵钙等含钙肥料，肥料用量应考虑土壤的pH、质地，对因土壤溶液浓度过高引起根系吸钙减少的，一般采用浓度为0.3%～0.5%的含钙质元素的液体肥料进行叶面喷施，及时灌溉，防止土壤干燥。当土壤过度干燥时，应及时灌溉以保持土壤湿润，增加植株对钙的吸收，控制肥料用量。对盐碱土壤严格控制氮、钾肥用量，同时一次用肥不宜过量，以防耕层土壤的盐分浓度升高。蔬菜作物补充钙以不含铵态氮的硝酸铵钙为最佳，既满足了蔬菜作物对硝态氮的需求，又可避免施用铵态氮过多而抑制作物对钙的吸收，从而加重缺钙。

## 二、土壤交换性镁

交换性镁是判定土壤镁素供应水平的一个重要指标。土壤交换性镁含量与交换性钙含量有密切的关系。一般来说，石灰性母质形成的土壤，碳酸盐含量丰富，交换性钙含量高，交换性镁含量亦较高，其溶液中的有效态镁离子已足够满足植物生长的需要。交换性镁的变化规律及在农业生产中的作用与土壤交换性钙相一致。

(一)土壤交换性镁分级和分布

为了掌握胶州市不同土壤的交换性镁状况,按种植作物、土壤类型进行了土样采集。经2443个土样分析,胶州市耕层土样的交换性镁含量为200～600mg/kg,平均值为357mg/kg。

按照山东省土壤交换性镁分级标准,将胶州市耕作土壤交换性镁分为4级,分别为400～600mg/kg、300～400mg/kg、250～300mg/kg、200～250mg/kg。对试样在各级出现的百分率进行的统计表明,交换性镁在200～250mg/kg的样本有196个,占总样本数的8.02%,主要分布在胶东街道办事处、胶莱镇等;250～300mg/kg的样本有574个,占总样本数的23.50%,主要分布在胶北镇、张应镇等;300～400mg/kg的样本有1063个,占总样本数的43.51%,主要分布在马店镇、李哥庄镇等,400～600mg/kg的样本有610个,占总样本数的24.97%,主要分布在里岔镇、铺集镇等。各级交换性镁分级面积分布情况如表4-43所示,主要含量为300～400mg/kg,面积为99143.77hm$^2$,占总面积的81.94%,400～600mg/kg的面积为15958.69hm$^2$,占总面积的13.19%,250～300mg/kg的面积为5775.33hm$^2$,占总面积的4.77%,200～250mg/kg的面积为122.21hm$^2$,占总面积的0.1%。

表4-43 胶州市土壤交换性镁分级面积分布情况(0～20cm)

| 分级标准(mg/kg) | 等级面积(hm$^2$) | 占土地总面积比例(%) |
|---|---|---|
| 400～600 | 15958.69 | 13.19 |
| 300～400 | 99143.77 | 81.94 |
| 250～300 | 5775.33 | 4.77 |
| 200～250 | 122.21 | 0.1 |

1.不同土壤类型的交换性镁

按照胶州市耕作土壤主要土壤类型,其交换性镁分布情况如表4-44所示。棕壤交换性镁含量平均为353mg/kg,潮土交换性镁含量平均为364mg/kg,粗骨土交换性镁含量平均为355mg/kg,砂姜黑土交换性镁含量平均为356mg/kg。棕壤交换性镁含量最低,潮土最高。将胶州市耕作土壤交换性镁按照土壤类型分级,潮土中交换性镁含量以300～400mg/kg为主,占样本的43.69%,主要分布在胶西镇、胶莱镇等;棕壤土中交换性镁含量以300～400mg/kg为主,占样本的42.34%,主要分布在里岔镇、洋河镇等;粗骨土中交换性镁含量以300～400mg/kg为主,占样本的43.24%,主要分布在杜村镇、李哥庄镇等;砂姜黑土中交换性镁含量以300～400mg/kg为主,占样本的46.57%,主要分布在马店镇等。分级情况如表4-45所示。

表 4-44　胶州市土壤类型交换性镁分布情况(0～20cm)

| 土壤类型 | 样本(个) | 最小(mg/kg) | 最大(mg/kg) | 平均(mg/kg) | 标准差 | 变异系数 |
|---|---|---|---|---|---|---|
| 潮土 | 412 | 202 | 597 | 364 | 10.31 | 0.03 |
| 棕壤 | 1254 | 201 | 600 | 353 | 8.43 | 0.02 |
| 砂姜黑土 | 481 | 204 | 596 | 356 | 9.52 | 0.03 |
| 粗骨土 | 296 | 200 | 598 | 355 | 10.26 | 0.03 |

表 4-45　不同土壤类型交换性镁含量分级情况(0～20cm)

| 分级(mg/kg) | 潮土 | | 棕壤 | | 粗骨土 | | 砂姜黑土 | |
|---|---|---|---|---|---|---|---|---|
| | 样本 | % | 样本 | % | 样本 | % | 样本 | % |
| 200～250 | 23 | 5.58 | 106 | 8.45 | 26 | 8.78 | 41 | 8.52 |
| 250～300 | 95 | 23.06 | 315 | 25.12 | 67 | 22.64 | 97 | 20.17 |
| 300～400 | 180 | 43.69 | 531 | 42.34 | 128 | 43.24 | 224 | 46.57 |
| 400～600 | 114 | 27.67 | 302 | 24.08 | 75 | 25.34 | 119 | 24.74 |

2. 不同利用方式的交换性镁

按照胶州市耕作土壤主要利用方式,其交换性镁分布情况如表 4-46 所示。粮田交换性镁平均值为 354mg/kg,果园交换性镁平均值为 358mg/kg,菜田交换性镁平均值为 359mg/kg。粮田交换性镁最低,果园次之,菜田最高。将胶州市耕作土壤交换性镁按照种植作物分级,粮田中交换性镁含量以 300～400mg/kg 为主,占样本的 41.69%,主要分布在九龙镇、胶东街道办事处等;果园交换性镁含量以 300～400mg/kg 为主,占样本的 49.17%,主要分布在马店镇、里岔镇等;菜田交换性镁含量以 300～400mg/kg 为主,占样本的 57.02%,主要分布在洋河镇、李哥庄镇等。分级情况如表 4-47 所示。

表 4-46　胶州市耕作土壤交换性镁分布情况(0～20cm)

| 利用方式 | 样本(个) | 最小(mg/kg) | 最大(mg/kg) | 平均(mg/kg) | 标准差 | 变异系数 |
|---|---|---|---|---|---|---|
| 粮田 | 1967 | 202 | 597 | 354 | 13.32 | 0.04 |
| 果园 | 362 | 200 | 600 | 358 | 8.61 | 0.02 |
| 菜田 | 114 | 204 | 598 | 359 | 12.74 | 0.04 |

表 4-47　　不同利用方式土壤交换性镁含量分级情况(0～20cm)

| 分级(mg/kg) | 粮田 | | 果园 | | 菜田 | |
|---|---|---|---|---|---|---|
| | 样本 | % | 样本 | % | 样本 | % |
| 200～250 | 171 | 8.69 | 18 | 4.97 | 7 | 6.14 |
| 250～300 | 491 | 24.96 | 68 | 18.78 | 15 | 13.16 |
| 300～400 | 820 | 41.69 | 178 | 49.17 | 65 | 57.02 |
| 400～600 | 485 | 24.66 | 98 | 27.07 | 27 | 23.68 |

(二)缺镁症状与防治

作物缺镁症状大多发生在生育期后期且老组织先出现症状,一般表现为老叶叶肉褪绿黄化,脉间失绿,出现清晰网状脉络,有多种色泽斑点或斑块。

防治:改善土壤环境,增加有机肥的施用,对于酸性较大的土壤,应增施含镁石灰,如使用白云粉,既可提高土壤供镁能力又可中和土壤酸性。大田一般以用硫酸镁为多,每公顷用 150～225kg 作基肥,应急矫正时可叶面喷施,浓度为 1%～2%,连续 2～3 次。其他镁肥如钙镁磷肥、氯化镁、碳酸镁、硝酸镁都可施用,但钙镁磷肥、碳酸镁效果较慢,较适宜作基肥。

### 三、土壤有效硫

土壤含硫量依土壤形成条件、土壤中黏土矿物和有机质的含量不同而有很大的变化。在温暖多湿地区,含硫矿物中的可溶性硫酸盐因淋失而很少聚集,土壤硫主要存在于有机质中。干旱地区土壤中,钙、镁、钾、钠的硫酸盐常大量沉积在土层中。

影响土壤硫的因素:工业向大气中排放大量的 $SO_2$,随降水回到土壤;施用含硫肥料如硫酸铵(含硫 24%)、过磷酸钙(含硫 12%)、硫酸钾(含硫 18%)、硫基复合肥等对土壤硫的影响;90%以上的硫存在于有机质中,因此,有机质高的土壤含硫就高;质地松散的沙质土对硫酸根的吸附能力差,易引起缺硫。另外,十字花科作物需硫最高,容易缺硫。胶州市土壤含硫比较丰富,作物对硫不太敏感。硫含量高,会导致土壤酸化,这也是造成近几年来土壤酸化的主要原因之一。

(一)土壤有效硫分级和分布

为了掌握胶州市不同土壤的有效硫状况,按种植作物、土壤类型进行了土样采集。经 2443 个土样分析,胶州市有效硫含量为 15～100mg/kg,平均值为 43.1mg/kg。

按照山东省土壤有效硫分级标准,将胶州市耕作土壤有效硫分为 5 级,分别为 75～100mg/kg、65～75mg/kg、45～65mg/kg、30～45mg/kg、15～30mg/kg。对试样在各级出现的百分率进行的统计表明,有效硫在 15～30mg/kg 的样本有 646 个,占总样本数的 26.44%,主要分布在马店镇、胶莱镇等;30～45mg/kg 的样本有 936 个,占总样本数的 38.31%,主要分布在胶东街道办事处、胶西镇等;45～65mg/kg 的样本有 458 个,占总样本数的 18.75%,主要分布在里岔镇、杜村镇等;65～75mg/kg 的样本有 185 个,占总样本数的 7.57%,主要分布在九龙镇、胶莱镇等;75～100mg/kg 的样本有 218 个,占总样本数

8.92%，主要分布在铺集镇、洋河镇等。各级有效硫分级面积分布情况如表4-48所示，主要含量为30～45mg/kg，面积为78821.81hm²，占总面积的65.14%，45～60mg/kg的面积为36955.82hm²，占总面积的30.54%，65～75mg/kg的面积为3644.52hm²，占总面积的3.01%，15～30mg/kg的面积为1444.74hm²，占总面积的1.2%，75～100mg/kg的面积为134.31hm²，占总面积的0.11%。

表4-48　胶州市土壤有效硫分级面积分布情况(0～20cm)

| 分级标准(mg/kg) | 等级面积(hm²) | 占土地总面积比例(%) |
|---|---|---|
| 75～100 | 134.31 | 0.11 |
| 65～75 | 3644.52 | 3.01 |
| 45～65 | 36955.82 | 30.54 |
| 30～45 | 78821.81 | 65.14 |
| 15～30 | 1444.74 | 1.2 |

1. 不同土壤类型的有效硫

按照胶州市耕作土壤主要土壤类型，其有效硫分布情况如表4-49所示。棕壤有效硫含量平均为41.9mg/kg，潮土为42.8mg/kg，粗骨土为42.2mg/kg，砂姜黑土为45.5mg/kg。棕壤有效硫含量最低，砂姜黑土最高。潮土有效硫含量以30～45mg/kg为主，占样本的37.86%，主要分布在洋河镇、张应镇等；棕壤以30～45mg/kg为主，占样本的38.04%，主要分布在胶莱镇、马店镇等；粗骨土以30～45mg/kg为主，占样本的39.19%，主要分布在张应镇、里岔镇等；砂姜黑土以30～45mg/kg为主，占样本的38.88%，主要分布在胶东街道办事处、九龙镇等。分级情况如表4-50所示。

表4-49　胶州市土壤类型有效硫分布情况(0～20cm)

| 土壤类型 | 样本(个) | 最小(mg/kg) | 最大(mg/kg) | 平均(mg/kg) | 标准差 | 变异系数 |
|---|---|---|---|---|---|---|
| 潮土 | 412 | 14.6 | 98.7 | 42.8 | 0.37 | 0.01 |
| 棕壤 | 1254 | 14.9 | 99.5 | 41.9 | 0.44 | 0.01 |
| 砂姜黑土 | 481 | 15 | 100 | 45.5 | 0.51 | 0.01 |
| 粗骨土 | 296 | 14.7 | 99 | 42.2 | 0.36 | 0.01 |

表4-50　不同土壤类型有效硫含量分级情况(0～20cm)

| 分级(mg/kg) | 潮土 | | 棕壤 | | 粗骨土 | | 砂姜黑土 | |
|---|---|---|---|---|---|---|---|---|
| | 样本 | % | 样本 | % | 样本 | % | 样本 | % |
| 15～30 | 109 | 26.46 | 351 | 27.99 | 78 | 26.35 | 108 | 22.45 |
| 30～45 | 156 | 37.86 | 477 | 38.04 | 116 | 39.19 | 187 | 38.88 |
| 45～65 | 83 | 20.15 | 236 | 18.82 | 57 | 19.26 | 82 | 17.05 |
| 65～75 | 27 | 6.55 | 100 | 7.97 | 19 | 6.42 | 39 | 8.11 |
| 75～100 | 37 | 8.98 | 90 | 7.18 | 26 | 8.78 | 65 | 13.51 |

2. 不同利用方式的有效硫

按照胶州市耕作土壤主要利用方式,其有效硫分布情况如表4-51所示。粮田有效硫平均值为43.5mg/kg,果园为43.1mg/kg,菜田为42.7mg/kg。菜田有效硫最低,果园次之,粮田最高。将胶州市耕作土壤有效硫按照种植作物分级,粮田中有效硫含量以30～45mg/kg为主,占样本的36.65%,主要分布在马店镇、李哥庄镇等;果园以30～45mg/kg为主,占样本的44.75%,主要分布在杜村镇、张应镇等;菜田以30～45mg/kg为主,占样本的46.49%,主要分布在洋河镇、铺集镇等。分级情况如表4-52所示。

表4-51 胶州市耕作土壤有效硫分布情况(0～20cm)

| 利用方式 | 样本(个) | 最小(mg/kg) | 最大(mg/kg) | 平均(mg/kg) | 标准差 | 变异系数 |
|---|---|---|---|---|---|---|
| 粮田 | 1967 | 15 | 99.2 | 43.5 | 1.71 | 0.04 |
| 果园 | 362 | 15.3 | 100 | 43.1 | 1.52 | 0.04 |
| 菜田 | 114 | 15.4 | 99.8 | 42.7 | 1.42 | 0.04 |

表4-52 不同利用方式土壤有效硫含量分级情况(0～20cm)

| 分级(mg/kg) | 粮田 | | 果园 | | 菜田 | |
|---|---|---|---|---|---|---|
| | 样本 | % | 样本 | % | 样本 | % |
| 15～30 | 525 | 26.69 | 89 | 24.59 | 32 | 28.07 |
| 30～45 | 721 | 36.65 | 162 | 44.75 | 53 | 46.49 |
| 45～65 | 381 | 19.37 | 64 | 17.68 | 13 | 11.4 |
| 65～75 | 133 | 6.76 | 42 | 11.6 | 10 | 8.77 |
| 75～100 | 207 | 10.52 | 5 | 1.38 | 6 | 5.26 |

(二)缺硫症状与防治

作物缺硫时,其外观症状与缺氮相似,叶片呈现淡绿或黄色,缺素最先发生在幼叶叶片上,一般是幼芽先变黄色,心叶失绿黄化,植株黄化均匀,茎细弱,根细长而不分枝,开花结果推迟,果实减少。所不同的是缺硫时叶褪绿黄化,首先在幼叶片出现,而缺氮是先从下部老叶表现出来。对硫敏感的作物是十字花科如油菜等,其次为豆科、烟草和棉花,需硫较少的为禾本科作物。

防治:作物在临近生殖生长时,为需硫高峰期。随作物衰老,吸收硫能力下降。因此,硫肥应该在生殖生长之前施用,作基肥施用较好,可以和氮、磷、钾等肥料混合,结合耕地施入土壤。如在作物生长过程中发现缺硫,可用硫酸铵、过硫酸钙、硫酸钾等速效性硫肥作追肥或叶面喷施。

# 第四节　土壤微量元素状况

## 一、土壤有效锌

### (一)土壤有效锌分级和含量

为了掌握胶州市不同土壤的有效锌状况,按种植作物、土壤类型进行了土样采集。经2443个土样分析,有效锌含量为0.3~3mg/kg,平均值为1.07mg/kg。

按照山东省土壤有效锌分级标准,将胶州市耕作土壤有效锌分为3级,分别为1~3mg/kg、0.5~1mg/kg、0.3~0.5mg/kg。对试样在各级出现的百分率进行的统计表明,有效锌为0.3~0.5mg/kg的样本有434个,占总样本数的17.77%,主要分布在九龙镇、胶莱镇等;0.5~1mg/kg的样本有1084个,占总样本数的44.37%,主要分布在里岔镇、洋河镇等;1~3mg/kg的样本有925个,占总样本数的39.86%,主要分布在胶东街道办事处、杜村镇等。各级有效锌分级面积分布情况如表4-53所示,有效锌含量在0.5~1mg/kg的面积为66790.79hm$^2$,占总面积的55.2%,1~3mg/kg的面积为52244.17hm$^2$,占总面积的43.18%,0.3~0.5mg/kg的面积为1965.04hm$^2$,占总面积的1.62%。

**表4-53　胶州市土壤有效锌分级面积分布情况(0~20cm)**

| 分级标准(mg/kg) | 等级面积(hm$^2$) | 占土地总面积比例(%) |
|---|---|---|
| 1~3 | 52244.17 | 43.18 |
| 0.5~1 | 66790.79 | 55.2 |
| 0.3~0.5 | 1965.04 | 1.62 |

1. 不同土壤类型的有效锌

按照胶州市耕作土壤主要土壤类型,其有效锌分布情况如表4-54所示。棕壤有效锌含量平均为0.99mg/kg,潮土有效锌含量平均为1.17mg/kg,粗骨土有效锌含量平均为1.12mg/kg,砂姜黑土有效锌含量平均为0.99mg/kg。砂姜黑土、棕壤有效锌含量最低,潮土最高。将胶州市耕作土壤有效锌按照土壤类型分级,潮土中有效锌含量以1~3mg/kg为主,占样本的42.72%,主要分布在铺集镇、杜村镇等;棕壤土中以0.5~1mg/kg为主,占样本的43.94%,主要分布在洋河镇、胶北镇等;粗骨土中有效锌含量以0.5~1mg/kg为主,占样本的47.97%,主要分布在胶莱镇、胶西镇等;砂姜黑土中有效锌含量以0.5~1mg/kg为主,占样本的49.27%,主要分布在李哥庄镇、洋河镇等。分级情况如表4-55所示。

表 4-54　　胶州市土壤类型有效锌分布情况(0～20cm)

| 土壤类型 | 样本(个) | 最小(mg/kg) | 最大(mg/kg) | 平均(mg/kg) | 标准差 | 变异系数 |
|---|---|---|---|---|---|---|
| 潮土 | 412 | 0.34 | 3 | 1.17 | 0.11 | 0.09 |
| 棕壤 | 1254 | 0.31 | 2.91 | 0.99 | 0.09 | 0.09 |
| 砂姜黑土 | 481 | 0.3 | 2.94 | 0.99 | 0.05 | 0.05 |
| 粗骨土 | 296 | 0.32 | 2.99 | 1.12 | 0.1 | 0.09 |

表 4-55　　不同土壤类型有效锌含量分级情况(0～20cm)

| 分级(mg/kg) | 潮土 | | 棕壤 | | 粗骨土 | | 砂姜黑土 | |
|---|---|---|---|---|---|---|---|---|
| | 样本 | % | 样本 | % | 样本 | % | 样本 | % |
| 0.3～0.5 | 82 | 19.9 | 246 | 19.62 | 36 | 12.16 | 70 | 14.55 |
| 0.5～1 | 154 | 37.38 | 551 | 43.94 | 142 | 47.97 | 237 | 49.27 |
| 1～3 | 176 | 42.72 | 457 | 36.44 | 118 | 39.86 | 174 | 36.18 |

2. 不同利用方式的有效锌

按照胶州市耕作土壤主要利用方式,其有效锌分布情况如表 4-56 所示。粮田有效锌平均值为 1.03mg/kg,果园为 1.08mg/kg,菜田为 1.1mg/kg。粮田有效锌最低,果园次之,菜田最高。将胶州市耕作土壤有效锌按照种植作物分级,粮田中有效锌含量以 0.5～1mg/kg为主,占样本的 43.43%,主要分布在李哥庄镇、马店镇等;果园以 0.5～1mg/kg 为主,占样本的 45.03%,主要分布在杜村镇、九龙镇等;菜田以 0.5～1mg/kg 为主,占样本的 41.23%,主要分布在胶北镇、胶莱镇等。分级情况如表 4-57 所示。

表 4-56　　胶州市耕作土壤有效锌分布情况(0～20cm)

| 利用方式 | 样本(个) | 最小(mg/kg) | 最大(mg/kg) | 平均(mg/kg) | 标准差 | 变异系数 |
|---|---|---|---|---|---|---|
| 粮田 | 1967 | 0.31 | 2.98 | 1.03 | 0.11 | 0.11 |
| 果园 | 362 | 0.33 | 3 | 1.08 | 0.09 | 0.08 |
| 菜田 | 114 | 0.3 | 2.96 | 1.1 | 0.12 | 0.11 |

表 4-57　　不同利用方式土壤有效锌含量分级情况(0～20cm)

| 分级(mg/kg) | 粮田 | | 果园 | | 菜田 | |
|---|---|---|---|---|---|---|
| | 样本 | % | 样本 | % | 样本 | % |
| 0.3～0.5 | 351 | 17.84 | 57 | 15.75 | 26 | 22.81 |
| 0.5～1 | 874 | 44.43 | 163 | 45.03 | 47 | 41.23 |
| 1～3 | 742 | 37.72 | 142 | 39.23 | 41 | 35.96 |

(二)缺锌症状与防治

锌缺乏症状首先出现于新梢叶片,主要症状为叶片的脉间失绿或出现白化症状,叶小簇生,主脉两侧有叶斑,生育期缓慢,有顶枯现象。

防治:基肥,一般每公顷施用硫酸锌肥 15～30kg,可与复合肥或沙土混匀后施用;种肥,可选择拌种或浸种方式补充锌肥,将硫酸锌溶于少量水中搅匀后与种子拌在一起,晾干后播种,一般每千克种子用硫酸锌肥 4～10g 拌种,浸种时用 0.05%～0.1%的浓度浸12h 即可;叶面喷肥,一般果树喷施浓度为 0.5%～1%的硫酸锌溶液,蔬菜喷施浓度为0.1%～0.2%的硫酸锌溶液,早期出现缺锌症状后立即喷施,隔 7～10 天重喷一次,也可以喷施含锌液体微肥。

## 二、土壤有效铁

(一)土壤有效铁分级和含量

为了掌握胶州市不同土壤的有效铁状况,按种植作物、土壤类型进行了土样采集。胶州市耕层土样的有效铁含量为 2.5～20mg/kg,平均值为 9.66mg/kg。

按照山东省土壤有效铁分级标准,将胶州市耕作土壤有效铁分为 3 级,分别为10～20 mg/kg、4.5～10mg/kg、2.5～4.5mg/kg。对试样在各级出现的百分率进行的统计表明,有效铁为 2.5～4.5mg/kg 的样本有 174 个,占总样本数的 7.12%,主要分布在胶莱镇、张应镇等;4.5～10mg/kg 的样本有 1298 个,占总样本数的 53.13%,主要分布在胶东街道办事处、里岔镇等;10～20mg/kg 的样本有 971 个,占总样本数的 39.75%,主要分布在铺集镇、马店镇等。各级有效铁分级面积分布情况如表 4-58 所示,主要含量为 4.5～10mg/kg,面积为 75965hm$^2$,占总面积的 62.78%,10～20mg/kg 的面积为 44970.66hm$^2$,占总面积的37.17%,2.5～4.5mg/kg 的面积为 65.34hm$^2$,占总面积的 0.05%。

表 4-58　胶州市土壤有效铁分级面积分布情况(0～20cm)

| 分级标准(mg/kg) | 等级面积(hm$^2$) | 占土地总面积比例(%) |
|---|---|---|
| 10～20 | 44970.66 | 37.17 |
| 4.5～10 | 75965 | 62.78 |
| 2.5～4.5 | 65.34 | 0.05 |

1. 不同土壤类型的有效铁

按照胶州市耕作土壤主要土壤类型,其有效铁分布情况如表 4-59 所示。棕壤有效铁含量平均为 9.75mg/kg,潮土有效铁含量平均为 10.13mg/kg,粗骨土有效铁含量平均为9.66mg/kg,砂姜黑土有效铁含量平均为 9.08mg/kg。砂姜黑土有效铁含量最低,潮土最高。将胶州市耕作土壤有效铁按照土壤类型分级,潮土中有效铁含量以 4.5～10mg/kg 为主,占样本的 46.84%,主要分布马店镇、胶北镇等;棕壤土中有效铁含量以 4.5～10mg/kg为主,占样本的 53.35%,主要分布在胶莱镇、里岔镇等;粗骨土中有效铁含量以 4.5～10mg/kg 为主,占样本的 59.12%,主要分布在九龙镇、李哥庄镇等;砂姜黑土中有效铁含量以 4.5～10mg/kg 为主,占样本的 54.26%,主要分布在杜村镇等。分级情况如表 4-60 所示。

表 4-59 胶州市土壤类型有效铁分布情况(0～20cm)

| 土壤类型 | 样本(个) | 最小(mg/kg) | 最大(mg/kg) | 平均(mg/kg) | 标准差 | 变异系数 |
|---|---|---|---|---|---|---|
| 潮土 | 412 | 2.52 | 19.7 | 10.13 | 0.53 | 0.05 |
| 棕壤 | 1254 | 2.51 | 20 | 9.75 | 0.43 | 0.04 |
| 砂姜黑土 | 481 | 2.54 | 19.62 | 9.08 | 0.47 | 0.05 |
| 粗骨土 | 296 | 2.5 | 19.75 | 9.66 | 0.51 | 0.05 |

表 4-60 不同土壤类型有效铁含量分级情况(0～20cm)

| 分级(mg/kg) | 潮土 | | 棕壤 | | 粗骨土 | | 砂姜黑土 | |
|---|---|---|---|---|---|---|---|---|
| | 样本 | % | 样本 | % | 样本 | % | 样本 | % |
| 2.5～4.5 | 30 | 7.28 | 79 | 6.3 | 12 | 4.05 | 53 | 11.02 |
| 4.5～10 | 193 | 46.84 | 669 | 53.35 | 175 | 59.12 | 261 | 54.26 |
| 10～20 | 189 | 45.87 | 506 | 40.35 | 109 | 36.82 | 167 | 34.72 |

2. 不同利用方式的有效铁

按照胶州市耕作土壤主要利用方式，分为粮田、果园、菜田，其有效铁分布情况如表 4-61 所示。粮田有效铁平均值为 9.72mg/kg，果园有效铁平均值为 9.5mg/kg，菜田有效铁平均值为 9.76mg/kg。果园有效铁最低，粮田次之，菜田最高。

表 4-61 胶州市耕作土壤有效铁分布情况(0～20cm)

| 利用方式 | 样本(个) | 最小(mg/kg) | 最大(mg/kg) | 平均(mg/kg) | 标准差 | 变异系数 |
|---|---|---|---|---|---|---|
| 粮田 | 1967 | 2.5 | 20 | 9.72 | 1.13 | 0.162 |
| 果园 | 362 | 2.55 | 19.75 | 9.5 | 1.05 | 0.11 |
| 菜田 | 114 | 2.51 | 20 | 9.76 | 1.08 | 0.11 |

将胶州市耕作土壤有效铁按照种植作物分级，粮田中有效铁含量以 4.5～10mg/kg 为主，占样本的 54.35%，主要分布在九龙镇、杜村镇等；果园中有效铁含量以 4.5～10mg/kg为主，占样本的 47.51%，主要分布在铺集镇、胶莱镇等；菜田中有效铁含量以 4.5～10mg/kg 为主，占样本的 50%，主要分布在胶东街道办事处、洋河镇等。分级情况如表 4-62 所示。

表 4-62　　不同利用方式土壤有效铁含量分级情况(0～20cm)

| 分级(mg/kg) | 粮田 | | 果园 | | 菜田 | |
|---|---|---|---|---|---|---|
| | 样本 | % | 样本 | % | 样本 | % |
| 2.5～4.5 | 120 | 6.1 | 38 | 10.5 | 16 | 14.04 |
| 4.5～10 | 1069 | 54.35 | 172 | 47.51 | 57 | 50 |
| 10～20 | 778 | 39.55 | 152 | 41.99 | 41 | 35.96 |

(二)缺铁症状与防治

作物缺铁一般发生在新叶,症状表现为脉间失绿,严重时变白。双子叶植物形成网纹花叶,单子叶植物形成黄绿相间条纹花叶。果树缺铁,新梢黄白化,越近顶端越重,俗称"黄化花叶病";大豆缺铁时上叶黄白化,出现褐色斑点,新叶失绿呈清晰的羽状花纹;麦类、玉米等缺铁都呈清晰条纹花叶,严重时心叶不出。

防治:施用铁肥,可每公顷混合基施 15～30kg 硫酸亚铁与农家肥,也可用 0.2%～1%硫酸亚铁溶液叶面喷施 2～3 次,每次间隔 10 天以上,砧木选择,嫁接果树时利用耐缺铁树种作砧木,可以减轻或防止缺铁失绿。客土改良,以富铁的土壤如红黄壤进行客土,但限于就近有这一资源的地区。

## 三、土壤有效硼

(一)土壤有效硼分级和含量

为了掌握胶州市不同土壤的有效硼状况,按种植作物、土壤类型进行了土样采集。经 2443 个土样分析,胶州市耕层土样的有效硼含量为 0.1～1mg/kg,平均值为 0.36mg/kg。

按照山东省土壤有效硼分级标准,将胶州市耕作土壤有效硼分为 3 级,分别为 0.5～1mg/kg、0.2～0.5mg/kg、低于 0.2mg/kg。对试样在各级出现的百分率进行的统计表明,有效硼低于 0.2mg/kg 的样本有 539 个,占总样本数的 22.06%,主要分布在马店镇、胶西镇等;0.2～0.5mg/kg 的样本有 1412 个,占总样本数的 57.8%,主要分布在九龙镇、胶莱镇等;0.5～1mg/kg 的样本有 492 个,占总样本数的 20.14%,主要分布在胶东街道办事处、里岔镇等。各级有效硼分级面积分布情况如表 4-63 所示,主要含量为 0.2～0.5mg/kg,面积为 104726.71hm²,占总面积的 86.55%,0.5～1mg/kg 的面积为 11162.25hm²,占总面积的 9.23%;低于 0.2mg/kg 的面积为 5111.04hm²,占总面积的 4.22%。

表 4-63　　胶州市土壤有效硼分级面积分布情况(0～20cm)

| 分级标准(mg/kg) | 等级面积(hm²) | 占土地总面积比例(%) |
|---|---|---|
| 0.5～1 | 11162.25 | 9.23 |
| 0.2～0.5 | 104726.71 | 86.55 |
| <0.2 | 5111.04 | 4.22 |

1. 不同土壤类型的有效硼

按照胶州市耕作土壤主要土壤类型,其有效硼分布情况如表 4-64 所示。棕壤有效硼含量平均为 0.34mg/kg,潮土有效硼含量平均为 0.38mg/kg,粗骨土有效硼含量平均为

0.33mg/kg，砂姜黑土有效硼含量平均为0.39mg/kg。粗骨土有效硼含量最低，砂姜黑土最高。将胶州市耕作土壤有效硼按照土壤类型分级，潮土中有效硼含量以0.2～0.5mg/kg为主，占样本的58.01%，主要分布李哥庄镇、九龙镇等；棕壤土中有效硼含量以0.2～0.5 mg/kg为主，占样本的59.09%，主要分布在马店镇、胶莱等；粗骨土中有效硼含量以0.2～0.5mg/kg为主，占样本的58.11%，主要分布在洋河镇、张应镇等；砂姜黑土中有效硼含量以0.2～0.5mg/kg为主，占样本的54.05%，主要分布在张应镇、胶北镇等。分级情况如表4-65所示。

表4-64　胶州市土壤类型有效硼分布情况(0～20cm)

| 土壤类型 | 样本(个) | 最小(mg/kg) | 最大(mg/kg) | 平均(mg/kg) | 标准差 | 变异系数 |
|---|---|---|---|---|---|---|
| 潮土 | 412 | 0.11 | 0.96 | 0.38 | 0.04 | 0.11 |
| 棕壤 | 1254 | 0.1 | 1 | 0.34 | 0.11 | 0.32 |
| 砂姜黑土 | 481 | 0.13 | 0.98 | 0.39 | 0.09 | 0.23 |
| 粗骨土 | 296 | 0.12 | 0.91 | 0.33 | 0.07 | 0.21 |

表4-65　不同土壤类型有效硼含量分级情况(0～20cm)

| 分级 | 潮土 | | 棕壤 | | 粗骨土 | | 砂姜黑土 | |
|---|---|---|---|---|---|---|---|---|
| (mg/kg) | 样本 | % | 样本 | % | 样本 | % | 样本 | % |
| <0.2 | 78 | 18.93 | 296 | 23.6 | 75 | 25.34 | 90 | 18.71 |
| 0.2～0.5 | 239 | 58.01 | 741 | 59.09 | 172 | 58.11 | 260 | 54.05 |
| 0.5～1 | 95 | 23.06 | 217 | 17.3 | 49 | 16.55 | 131 | 27.24 |

2. 不同利用方式的有效硼

按照胶州市耕作土壤主要利用方式，分为粮田、果园、菜田，其有效硼分布情况如表4-66所示。粮田有效硼平均值为0.29mg/kg，果园有效硼平均值为0.43mg/kg，菜田有效硼平均值为0.36mg/kg。粮田有效硼最低，菜田次之，果园最高。将胶州市耕作土壤有效硼按照种植作物分级，粮田中有效硼含量以0.2～0.5mg/kg为主，占样本的57.3%，主要分布在胶东街道办事处、胶北镇等；果园中有效硼含量以0.2～0.5mg/kg为主，占样本的58.01%，主要分布在胶莱镇、杜村镇等；菜田中有效硼含量以0.2～0.5mg/kg为主，占样本的65.79%，主要分布在洋河镇、张应镇等。分级情况如表4-67所示。

表4-66　胶州市耕作土壤有效硼分布情况(0～20cm)

| 利用方式 | 样本(个) | 最小(mg/kg) | 最大(mg/kg) | 平均(mg/kg) | 标准差 | 变异系数 |
|---|---|---|---|---|---|---|
| 粮田 | 1967 | 0.1 | 0.96 | 0.29 | 0.07 | 0.24 |
| 果园 | 362 | 0.11 | 1 | 0.43 | 0.09 | 0.21 |
| 菜田 | 114 | 0.13 | 0.98 | 0.36 | 0.09 | 0.25 |

表 4-67 不同利用方式土壤有效硼含量分级情况(0～20cm)

| 分级(mg/kg) | 粮田 | | 果园 | | 菜田 | |
|---|---|---|---|---|---|---|
| | 样本 | % | 样本 | % | 样本 | % |
| <0.2 | 428 | 21.76 | 89 | 24.59 | 22 | 19.3 |
| 0.2～0.5 | 1127 | 57.3 | 210 | 58.01 | 75 | 65.79 |
| 0.5～1 | 412 | 20.95 | 63 | 17.4 | 17 | 14.91 |

(二)缺硼症状与防治

作物缺硼主要表现在生长点受到影响,如顶梢、根尖、茎尖的生长点停止生长。顶芽枯死,茎叶柄脆,繁殖器官发育不正常,生育期延长,果实畸形,发育缓慢,果皮或果肉局部呈水浸状,果皮增厚,果汁率低,种子发育不良。

防治:因土种植,选用耐性品种。因为不同作物品种对缺硼忍耐性差异较大,在缺硼地区应少种或不种敏感作物,选用耐性较大品种来减少损失。由于缺硼症状发生在后期,即使补充也很难恢复,所以应提前施用硼肥加以预防。生长期用硼砂 800～1000 倍叶面喷施(每公顷用量不能超过 1500g),可有效地防治缺硼症状的发生;干旱季节注意灌溉,保持土壤湿润;碱度偏高的土壤多施用生理酸性的肥料,以降低根圈 pH,从而提高硼的有效性。

## 四、土壤有效铜

(一)土壤有效铜分级和含量

经 2443 个土样分析,胶州市耕层土样的有效铜含量为 0.2～1.8mg/kg,平均值为 1.12mg/kg。

按照山东省土壤有效铜分级标准,将胶州市耕作土壤有效铜分为 2 级,分别为1～1.8 mg/kg、0.2～1mg/kg。对试样在各级出现的百分率进行的统计表明,其中有效铜为 0.2～1mg/kg 的样本有 924 个,占总样本数的 37.82%,主要分布在胶西镇、胶莱镇等;1～1.8mg/kg 的样本有 1519 个,占总样本数的 62.18%,主要分布在李哥庄镇、马店镇等。各级有效铜分级面积分布情况如表 4-68 所示,有效铜含量主要为 1～1.8mg/kg,面积为 91768.82$hm^2$,占总面积的 75.84%;0.2～1mg/kg 的面积为 29231.18$hm^2$,占总面积的 24.16%。

表 4-68 胶州市土壤有效铜分级面积分布情况(0～20cm)

| 分级标准(mg/kg) | 等级面积($hm^2$) | 占土地总面积比例(%) |
|---|---|---|
| 1～1.8 | 91768.82 | 75.84 |
| 0.2～1 | 29231.18 | 24.16 |

1. 不同土壤类型的有效铜

按照胶州市耕作土壤主要土壤类型,其有效铜分布情况如表 4-69 所示。棕壤有效铜含量平均为1.12mg/kg,潮土有效铜含量平均为1.15mg/kg,粗骨土有效铜含量平均为1.17mg/kg,砂姜黑土有效铜含量平均为1.03mg/kg。砂姜黑土有效铜含量最低,粗骨土最高。将胶州市耕作土壤有效铜按照土壤类型分级,潮土中有效铜含量以1～1.8mg/kg为主,占样本的68.2%,主要分布在胶莱镇、马店镇等;棕壤土中有效铜含量以1～1.8mg/kg为主,占样本的62.36%,主要分布在杜村镇、铺集镇等;粗骨土中有效铜含量以1～1.8mg/kg为主,占样本的68.24%,主要分布在九龙镇、洋河镇等;砂姜黑土中有效铜含量以1～1.8mg/kg为主,占样本的52.81%,主要分布在胶北镇、胶东街道办事处等。分级情况如表4-70所示。

**表4-69　　胶州市土壤类型有效铜分布情况(0～20cm)**

| 土壤类型 | 样本(个) | 最小(mg/kg) | 最大(mg/kg) | 平均(mg/kg) | 标准差 | 变异系数 |
|---|---|---|---|---|---|---|
| 潮土 | 412 | 0.21 | 1.77 | 1.15 | 0.14 | 0.12 |
| 棕壤 | 1254 | 0.26 | 1.75 | 1.12 | 0.09 | 0.08 |
| 砂姜黑土 | 481 | 0.2 | 1.68 | 1.03 | 0.11 | 0.11 |
| 粗骨土 | 296 | 0.3 | 1.8 | 1.17 | 0.12 | 0.1 |

**表4-70　　不同土壤类型有效铜含量分级情况(0～20cm)**

| 分级(mg/kg) | 潮土 | | 棕壤 | | 粗骨土 | | 砂姜黑土 | |
|---|---|---|---|---|---|---|---|---|
| | 样本 | % | 样本 | % | 样本 | % | 样本 | % |
| 0.2～1 | 131 | 31.8 | 472 | 37.64 | 94 | 31.76 | 227 | 47.19 |
| 1～1.8 | 281 | 68.2 | 782 | 62.36 | 202 | 68.24 | 254 | 52.81 |

2. 不同利用方式的有效铜

按照胶州市耕作土壤主要利用方式,分为粮田、果园、菜田,其有效铜分布情况如表4-71所示。粮田有效铜平均值为1.14mg/kg,果园有效铜平均值为1.09mg/kg,菜田有效铜平均值为1.13mg/kg。果园有效铜最低,菜田次之,粮田最高。

**表4-71　　胶州市耕作土壤有效铜分布情况(0～20cm)**

| 利用方式 | 样本(个) | 最小(mg/kg) | 最大(mg/kg) | 平均(mg/kg) | 标准差 | 变异系数 |
|---|---|---|---|---|---|---|
| 粮田 | 1967 | 0.2 | 1.8 | 1.14 | 0.21 | 0.18 |
| 果园 | 362 | 0.24 | 1.79 | 1.09 | 0.17 | 0.16 |
| 菜田 | 114 | 0.22 | 1.72 | 1.13 | 0.12 | 0.11 |

将胶州市耕作土壤有效铜按照种植作物分级,粮田中有效铜含量以1～1.8mg/kg为主,占样本的55.92%,主要分布在张应镇、马店镇等;果园有效铜含量以1～1.8mg/kg为主,占样本的88.4%,主要分布在铺集镇、九龙镇等;菜田有效铜含量以1～1.8mg/kg为主,占样本的86.84%,主要分布在杜村镇、胶莱镇等。分级情况如表4-72所示。

表 4-72 不同利用方式土壤有效铜含量分级情况(0～20cm)

| 分级(mg/kg) | 粮田 | | 果园 | | 菜田 | |
|---|---|---|---|---|---|---|
| | 样本 | % | 样本 | % | 样本 | % |
| 0.2～1 | 867 | 44.08 | 42 | 11.6 | 15 | 13.16 |
| 1～1.8 | 1100 | 55.92 | 320 | 88.4 | 99 | 86.84 |

(二)缺铜症状与防治

作物缺铜时,一般表现为新叶片失绿发黄,结构畸形,呈凋萎干枯状,出现白色叶斑;果树常发生树皮开裂,有胶状物流出,称“枝枯病”;后期果穗发育不正常,表现为花粉“不育症”,果实小,果肉僵硬有时开裂。

防治:土壤施用与叶面施肥均可提高土壤中铜元素含量,通常以农用硫酸铜作为铜肥的主要来源。大田作物如麦类用量为 15～30kg/hm$^2$,可基施,也可于拔节前后喷施两次(0.1%～0.2%);果树一般采用喷施,也可结合波尔多液一并使用。由于作物每年吸收铜量很少,且铜淋失量甚微,故施用一次后,可多年发挥效果,因此不需要每年施用,避免产生铜中毒。

## 五、土壤有效锰

(一)土壤有效锰分级和含量

为了掌握胶州市不同土壤的有效锰状况,按种植作物、土壤类型进行了土样采集。经 2443 个土样分析,胶州市耕层土样的有效锰含量为 5～30mg/kg,平均值为 21.14mg/kg。

按照山东省土壤有效锰分级标准,将胶州市耕作土壤有效锰分为 2 级,分别为 15～30mg/kg、5～15mg/kg。对试样在各级出现的百分率进行的统计表明,有效锰为 5～15mg/kg的样本有 421 个,占总样本数的 17.23%,主要分布在胶北镇、马店镇等;15～30mg/kg的样本有 2022 个,占总样本数的 82.77%,主要分布在李哥庄镇、胶莱镇等。各级有效锰分级面积分布情况如表 4-73 所示,主要含量为 15～30mg/kg,面积为 112779.26hm$^2$,占总面积的 93.21%,5～15mg/kg 的面积为 8220.74hm$^2$,占总面积的 6.79%。

表 4-73 胶州市土壤有效锰分级面积分布情况(0～20cm)

| 分级标准(mg/kg) | 等级面积(hm$^2$) | 占土地总面积比例(%) |
|---|---|---|
| 15～30 | 112779.26 | 93.21 |
| 5～15 | 8220.74 | 6.79 |

1. 不同土壤类型的有效锰

按照胶州市耕作土壤主要土壤类型,其有效锰分布情况如表 4-74 所示。棕壤有效锰含量平均为 21.63mg/kg,潮土平均为 20.45mg/kg,粗骨土平均为 22.39mg/kg,砂姜黑土平均为 20.07mg/kg。砂姜黑土有效锰含量最低,粗骨土最高。将胶州市耕作土壤有效锰按照土壤类型分级，潮土中有效锰含量以15～30mg/kg为主，占样本的77.43%，主要分布在九龙镇、马店镇等；棕壤土以15～30mg/kg为主，占样本的84.61%，主要分布在里岔镇、李哥庄镇等；粗骨土以15～30mg/kg为主，占样本的88.85%，主要分布在铺集镇、洋河镇等；砂姜黑土以15～30mg/kg为主，占样本的78.79%，主要分布在张应镇、胶东街道办事处等。分级情况如表4-75所示。

表4-74　胶州市土壤类型有效锰分布情况(0～20cm)

| 土壤类型 | 样本(个) | 最小(mg/kg) | 最大(mg/kg) | 平均(mg/kg) | 标准差 | 变异系数 |
|---|---|---|---|---|---|---|
| 潮土 | 412 | 5.02 | 29.88 | 20.45 | 2.41 | 0.12 |
| 棕壤 | 1254 | 5.01 | 30 | 21.63 | 2.66 | 0.12 |
| 砂姜黑土 | 481 | 5.03 | 29.91 | 20.07 | 1.85 | 0.09 |
| 粗骨土 | 296 | 5 | 29.9 | 22.39 | 3.12 | 0.14 |

表4-75　不同土壤类型有效锰含量分级情况(0～20cm)

| 分级(mg/kg) | 潮土 | | 棕壤 | | 粗骨土 | | 砂姜黑土 | |
|---|---|---|---|---|---|---|---|---|
| | 样本 | % | 样本 | % | 样本 | % | 样本 | % |
| 5～15 | 93 | 22.57 | 193 | 15.39 | 33 | 11.15 | 102 | 21.21 |
| 15～30 | 319 | 77.43 | 1061 | 84.61 | 263 | 88.85 | 379 | 78.79 |

2. 不同利用方式的有效锰

按照胶州市耕作土壤主要利用方式，分为粮田、果园、菜田，其有效锰分布情况如表4-76所示。粮田有效锰平均值为21.23mg/kg，果园为20.98mg/kg，菜田为21.21mg/kg。果园有效锰最低，菜田次之，粮田最高。

表4-76　胶州市耕作土壤有效锰分布情况(0～20cm)

| 利用方式 | 样本(个) | 最小(mg/kg) | 最大(mg/kg) | 平均(mg/kg) | 标准差 | 变异系数 |
|---|---|---|---|---|---|---|
| 粮田 | 1967 | 5 | 19.76 | 21.23 | 1.86 | 0.09 |
| 果园 | 362 | 5.05 | 20 | 20.98 | 2.1 | 0.1 |
| 菜田 | 114 | 5.02 | 19.96 | 21.21 | 2.06 | 0.1 |

将胶州市耕作土壤有效锰按照种植作物分级，粮田中有效锰含量以15～30mg/kg为主，占样本的81.34%，主要分布在胶西镇、马店镇等；果园以15～30mg/kg为主，占样本的91.16%，主要分布在胶北镇、里岔镇等；菜田以15～30mg/kg为主，占样本的88.6%，土要分布在张应镇、李哥庄镇等。分级情况如表4-77所示。

表 4-77　　不同利用方式土壤有效锰含量分级情况(0～20cm)

| 分级(mg/kg) | 粮田 | | 果园 | | 菜田 | |
|---|---|---|---|---|---|---|
| | 样本 | % | 样本 | % | 样本 | % |
| 5～15 | 367 | 18.66 | 32 | 8.84 | 13 | 11.4 |
| 15～30 | 1600 | 81.34 | 330 | 91.16 | 101 | 88.6 |

(二)缺锰症状与防治

缺锰症状首先出现在新梢叶,叶肉失绿,叶脉间黄化呈淡绿色,严重时,失绿小片扩大并出现细小褐色斑点,呈烧灼状且生长停止。作物的成熟叶片锰含量若低于20mg/kg,即为锰缺乏。

防治:施用锰肥,含锰肥料有硫酸锰、氯化锰、碳酸锰、二氧化锰、锰矿渣等,其中硫酸锰、氯化锰见效较快。对于大田作物,一般选用硫酸锰较多,每公顷基施 15kg,喷施溶液浓度为 0.1%～0.2%,也可拌种,每公顷用 750～1500g,基施效果一般优于追施,果树一般以喷施为主。施用硫黄和酸性肥料,硫黄和酸性肥料(如硫酸铵等)入土后产生酸,可酸化土壤,提高土壤锰的有效性,用量一般为 22.5～30kg/$hm^2$。

## 六、土壤有效钼

(一)土壤有效钼分级和含量

为了掌握胶州市不同土壤的有效钼状况,按种植作物、土壤类型进行了土样采集。经 2443 个土样分析,胶州市耕层土样的有效钼含量为 0.1～0.34mg/kg,平均值为 0.27mg/kg。

按照山东省土壤有效钼分级标准,将胶州市耕作土壤有效钼分为 4 级,分别为高于 0.3mg/kg、0.2～0.3mg/kg、0.15～0.2mg/kg、0.1～0.15mg/kg。对试样在各级出现的百分率进行的统计表明,有效钼为 0.1～0.15mg/kg 的样本有 855 个,占总样本数的 35%,主要分布在张应镇、马店镇等;0.15～0.2mg/kg 的样本有 705 个,占总样本数的 28.86%,主要分布在胶莱镇、胶西镇等;0.2～0.3mg/kg 的样本有 807 个,占总样本数的 33.03%,主要分布在张应镇、里岔镇等;高于 0.3mg/kg 的样本有 76 个,占总样本数的 3.11%,主要分布在李哥庄镇、胶西镇等。各级有效钼分级面积分布情况如表 4-78 所示,主要含量为 0.15～0.2mg/kg,面积为 65540.65$hm^2$,占总面积的 54.16%,0.2～0.3mg/kg 的面积为 38090.8$hm^2$,占总面积的 31.48%,0.1～0.15mg/kg 的面积为 17104.56$hm^2$,占总面积的 14.14%,高于0.3mg/kg的面积为 264.99$hm^2$,占总面积的 0.22%。

表 4-78　　胶州市土壤有效钼分级面积分布情况(0～20cm)

| 分级标准(mg/kg) | 等级面积($hm^2$) | 占土地总面积比例(%) |
|---|---|---|
| >0.3 | 264.99 | 0.22 |
| 0.2～0.3 | 38090.8 | 31.48 |
| 0.15～0.2 | 65540.65 | 54.16 |
| 0.1～0.15 | 17104.56 | 14.14 |

1. 不同土壤类型的有效钼

按照胶州市耕作土壤主要土壤类型，其有效钼分布情况如表 4-79 所示。棕壤有效钼含量平均为 0.21mg/kg，潮土有效钼含量平均为 0.27mg/kg，粗骨土有效钼含量平均为 0.31mg/kg，砂姜黑土有效钼含量平均为 0.28mg/kg。棕壤有效钼含量最低，粗骨土最高。将胶州市耕作土壤有效钼按照土壤类型分级，潮土中有效钼含量以 0.2～0.3mg/kg 为主，占样本的 43.2%，主要分布在李哥庄镇、胶北镇等；棕壤土中有效钼含量以 0.1～0.15mg/kg 为主，占样本的 38.52%，主要分布在马店镇、李哥庄镇等；粗骨土中有效钼含量以 0.2～0.3mg/kg 为主，占样本的 40.2%，主要分布在张应镇、铺集镇等；砂姜黑土中有效钼含量以 0.1～0.15mg/kg 为主，占样本的 35.55%，主要分布在里岔镇、胶东街道办事处等。分级情况如表 4-80 所示。

表 4-79　　胶州市土壤类型有效钼分布情况(0～20cm)

| 土壤类型 | 样本(个) | 最小(mg/kg) | 最大(mg/kg) | 平均(mg/kg) | 标准差 | 变异系数 |
|---|---|---|---|---|---|---|
| 潮土 | 412 | 0.11 | 0.32 | 0.27 | 0.06 | 0.22 |
| 棕壤 | 1254 | 0.1 | 0.34 | 0.21 | 0.09 | 0.43 |
| 砂姜黑土 | 481 | 0.13 | 0.34 | 0.28 | 0.11 | 0.39 |
| 粗骨土 | 296 | 0.14 | 0.31 | 0.31 | 0.13 | 0.42 |

表 4-80　　不同土壤类型有效钼含量分级情况(0～20cm)

| 分级(mg/kg) | 潮土 | | 棕壤 | | 粗骨土 | | 砂姜黑土 | |
|---|---|---|---|---|---|---|---|---|
| | 样本 | % | 样本 | % | 样本 | % | 样本 | % |
| 0.1～0.15 | 107 | 25.97 | 483 | 38.52 | 94 | 31.76 | 171 | 35.55 |
| 0.15～0.2 | 102 | 24.76 | 359 | 28.63 | 79 | 26.69 | 165 | 34.3 |
| 0.2～0.3 | 178 | 43.2 | 369 | 29.43 | 119 | 40.2 | 141 | 29.31 |
| >0.3 | 25 | 6.07 | 43 | 3.43 | 4 | 1.35 | 4 | 0.84 |

2. 不同利用方式的有效钼

按照胶州市耕作土壤主要利用方式，分为粮田、果园、菜田，其有效钼分布情况如表 4-81 所示。粮田有效钼平均值为 0.27mg/kg，果园有效钼平均值为 0.25mg/kg，菜田有效钼平均值为 0.29mg/kg。果园有效钼最低，粮田次之，菜田最高。将胶州市耕作土壤有效钼按照种植作物分级，粮田中有效钼含量以 0.2～0.3mg/kg 为主，占样本的 35.43%，主要分布在胶西镇、里岔镇等；果园有效钼含量以 0.1～0.15mg/kg 为主，占样本的 35.08%，主要分布在马店镇、洋河镇等；菜田有效钼含量以 0.1～0.15mg/kg 为主，占样本的 35.96%，主要分布在九龙镇、杜村镇等。分级情况如表 4-82 所示。

表 4-81　　胶州市耕作土壤有效钼分布情况(0～20cm)

| 利用方式 | 样本(个) | 最小(mg/kg) | 最大(mg/kg) | 平均(mg/kg) | 标准差 | 变异系数 |
|---|---|---|---|---|---|---|
| 粮田 | 1967 | 0.12 | 0.3 | 0.27 | 0.17 | 0.3 |
| 果园 | 362 | 0.1 | 0.32 | 0.25 | 0.19 | 0.36 |
| 菜田 | 114 | 0.13 | 0.34 | 0.29 | 0.21 | 0.39 |

表 4-82　　不同利用方式土壤有效钼含量分级情况(0～20cm)

| 分级(mg/kg) | 粮田 | | 果园 | | 菜田 | |
|---|---|---|---|---|---|---|
| | 样本 | % | 样本 | % | 样本 | % |
| 0.1～0.15 | 687 | 34.93 | 127 | 35.08 | 41 | 35.96 |
| 0.15～0.2 | 539 | 27.4 | 126 | 34.81 | 40 | 35.09 |
| 0.2～0.3 | 697 | 35.43 | 81 | 22.38 | 29 | 25.44 |
| ＞0.3 | 44 | 2.24 | 28 | 7.73 | 4 | 3.51 |

(二)缺钼症状与防治

植物缺钼所呈现的症状有两种类型。一种是脉间叶色变淡、发黄,类似于缺氮和缺硫的症状,但缺钼时叶片易出现斑点,边缘发生焦枯并向内卷曲,并由于组织失水而呈萎蔫。一般老叶先出现症状,新叶在相当长时间内仍表现正常。另一种类型是十字花科植物常见的症状,即表现为叶片瘦长畸形,螺旋状扭曲,老叶变厚、焦枯。

防治:土壤施用钼酸铵或钼酸钠等,每公顷 150～300g;以 0.05%～0.1%钼酸铵或钼酸钠溶液叶面喷施,每周一次至症状消失。

## 七、土壤有效硅

(一)土壤有效硅分级和含量

为了掌握胶州市不同土壤的有效硅状况,按种植作物、土壤类型进行了土样采集。经 2443 个土样分析,胶州市耕层土样的有效硅含量为 15.6～200mg/kg,平均值为 86.09mg/kg。

按照山东省土壤有效硅分级标准,将胶州市耕作土壤有效硅分为 4 级,分别为 150～200mg/kg、100～150mg/kg、50～100mg/kg、低于 50mg/kg。对试样在各级出现的百分率进行的统计表明,有效硅低于 50mg/kg 的样本有 674 个,占总样本数的 27.59%,主要分布在九龙镇、李哥庄镇等;50～100mg/kg 的样本有 1059 个,占总样本数的 43.34%,主要分布在铺集镇、洋河镇等;100～150mg/kg 的样本有 353 个,占总样本数的 14.45%,主要分布在胶莱镇、里岔镇等;150～200mg/kg 的样本有 357 个,占总样本数的 14.62%,主要分布在杜村镇、马店镇等。各级有效硅分级面积分布情况如表 4-83 所示,主要含量在 50～100mg/kg 的面积为 97115.81hm$^2$,占总面积的 80.26%,150～200mg/kg 的面积为 1051.49hm$^2$,占总面积的 0.87%,100～150mg/kg 的面积为 18671.51hm$^2$,占总面积的

15.43%,低于 50mg/kg 的面积为 4161.19hm²,占总面积的 3.44%。

表 4-83 胶州市土壤有效硅分级面积分布情况(0~20cm)

| 分级标准(mg/kg) | 等级面积(hm²) | 占土地总面积比例(%) |
|---|---|---|
| 150~200 | 1051.49 | 0.87 |
| 100~150 | 18671.51 | 15.43 |
| 50~100 | 97115.81 | 80.26 |
| <50 | 4161.19 | 3.44 |

1. 不同土壤类型的有效硅

按照胶州市耕作土壤主要土壤类型,其有效硅分布情况如表 4-84 所示。棕壤有效硅含量平均为 81.31mg/kg,潮土有效硅含量平均为 81.8mg/kg,粗骨土有效硅含量平均为 86.21mg/kg,砂姜黑土有效硅含量平均为 95.03mg/kg。棕壤有效硅含量最低,砂姜黑土最高。将胶州市耕作土壤有效硅按照土壤类型分级,潮土中有效硅含量以 50~100mg/kg 为主,占样本的 43.2%,主要分布马店镇、胶北镇等;棕壤土中有效硅含量以 50 ~100mg/kg 为主,占样本的 45.37%,主要分布在胶莱镇、九龙镇等;粗骨土中有效硅含量以 50~100mg/kg 为主,占样本的 50.34%,主要分布在张应镇、李哥庄镇等;砂姜黑土中有效硅含量以 50~100mg/kg 为主,占样本的 33.89%,主要分布在杜村镇、胶西镇等。分级情况如表 4-85 所示。

表 4-84 胶州市土壤类型有效硅分布情况(0~20cm)

| 土壤类型 | 样本(个) | 最小(mg/kg) | 最大(mg/kg) | 平均(mg/kg) | 标准差 | 变异系数 |
|---|---|---|---|---|---|---|
| 潮土 | 412 | 21.55 | 198 | 81.8 | 7.52 | 0.092 |
| 棕壤 | 1254 | 15.6 | 200 | 81.31 | 7.11 | 0.087 |
| 砂姜黑土 | 481 | 20.9 | 200 | 95.03 | 8.31 | 0.087 |
| 粗骨土 | 296 | 19.5 | 200 | 86.21 | 8.11 | 0.094 |

表 4-85 不同土壤类型有效硅含量分级情况(0~20cm)

| 分级(mg/kg) | 潮土 | | 棕壤 | | 粗骨土 | | 砂姜黑土 | |
|---|---|---|---|---|---|---|---|---|
| | 样本 | % | 样本 | % | 样本 | % | 样本 | % |
| 150~200 | 57 | 25.97 | 153 | 12.21 | 24 | 8.11 | 123 | 25.57 |
| 100~150 | 52 | 24.76 | 189 | 15.07 | 39 | 13.17 | 73 | 15.18 |
| 50~100 | 178 | 43.2 | 569 | 45.37 | 149 | 50.34 | 163 | 33.89 |
| <50 | 125 | 6.07 | 343 | 27.35 | 84 | 28.38 | 122 | 25.36 |

2. 不同利用方式的有效硅

按照胶州市耕作土壤主要利用方式,分为粮田、果园、菜田,其有效硅分布情况如表

4-86 所示。粮田有效硅平均值为 84.33mg/kg，果园有效硅平均值为 85.21mg/kg，菜田有效硅平均值为 88.72mg/kg。粮田有效硅最低，果园次之，菜田最高。将胶州市耕作土壤有效硅按照种植作物分级，粮田中有效硅含量以 50～100mg/kg 为主，占样本的 42.14%，主要分布在马店镇、胶莱镇等；果园有效硅含量以 50～100mg/kg 为主，占样本的 47.24%，主要分布在胶北镇、洋河镇等；菜田有效硅含量以 50～100mg/kg 为主，占样本的 51.75%，主要分布在胶西镇、里岔镇等。分级情况如表 4-87 所示。

**表 4-86　　胶州市耕作土壤有效硅分布情况(0～20cm)**

| 利用方式 | 样本(个) | 最小(mg/kg) | 最大(mg/kg) | 平均(mg/kg) | 标准差 | 变异系数 |
|---|---|---|---|---|---|---|
| 粮田 | 1967 | 15.6 | 188 | 84.33 | 7.17 | 0.085 |
| 果园 | 362 | 17.66 | 198.46 | 85.21 | 7.79 | 0.091 |
| 菜田 | 114 | 16.33 | 200 | 88.72 | 8.21 | 0.092 |

**表 4-87　　不同利用方式土壤有效硅含量分级情况(0～20cm)**

| 分级(mg/kg) | 粮田 | | 果园 | | 菜田 | |
|---|---|---|---|---|---|---|
| | 样本 | % | 样本 | % | 样本 | % |
| 150～200 | 330 | 16.78 | 19 | 5.25 | 8 | 7.02 |
| 100～150 | 314 | 15.96 | 26 | 7.18 | 13 | 11.4 |
| 50～100 | 829 | 42.14 | 171 | 47.24 | 59 | 51.75 |
| ＜50 | 494 | 25.12 | 146 | 40.33 | 34 | 29.83 |

(二)缺硅症状与防治

硅素对于禾谷类作物特别是水稻的生长有良好的作用。当水稻硅素不足时，茎叶生长软弱，易倒伏。植株易感染稻瘟病和其他病害。麦类作物硅素不足，抗寒能力差，遭遇严寒时，下部叶片下垂，甚至茎叶枯萎，叶片上有时出现黑褐色斑点，叶柔软易感病倒伏。硅素对甘蔗、甜菜等作物都有良好的作用。在田间条件下，当甘蔗叶片中 $SiO_2$ 的含量低于 3%时，生长明显降低，进一步缺硅则表现出叶雀斑病的典型症状。黄瓜、番茄对硅的需求也很明显，缺硅时，生长点停滞，新生叶畸形，甚至凋落，植株枯萎，叶片黄化，开花少，授粉差，花药退化，出现“花而不孕”。

防治：增加硅肥的施用，一类是水溶性硅肥，如硅酸钙、硅酸钠、偏硅酸钠和硅酸钾等，主要用于叶面施肥，另一类是利用各种工业固体矿物加工而成的硅肥，是一种含硅酸钙为主的枸溶性矿物肥料，主要用于土壤施肥。

## 第五节　土壤主要物理性状

物理性状直接影响土壤的水、肥、气、热，是决定耕地地力的重要因素，主要包括土壤质地、土层厚度、剖面构型、土壤容重、总孔隙度、田间持水量等方面。胶州市选取各种土壤类型的代表剖面共100个，分别测定了土壤容重、总孔隙度、毛管孔隙度、田间持水量等项目，并计算了非毛管孔隙度（通气孔隙度），基本摸清了土壤的物理状况。

## 一、土壤质地

土壤质地是指土壤中各粒级土粒的配合比例，是反映土壤物理特性的一个综合指标，直接影响着土壤肥力的高低、耕性的好坏、生产性能的优劣。耕层土壤质地不仅影响着水、肥、气、热状况，而且决定着适耕性、宜种性等农业生产特性的好坏。胶州市耕层土壤质地共分为轻壤土、沙壤土、中壤土、石渣土、壤质土五种。不同质地类型土壤面积如表4-88所示。

表4-88 不同质地类型土壤面积状况

| 质地类型 | 轻壤土 | 沙壤土 | 中壤土 | 石渣土 | 壤质土 |
|---|---|---|---|---|---|
| 面积（$hm^2$） | 50637.53 | 1355.13 | 55274.53 | 1244.93 | 11513.87 |

轻壤土，面积为50637.53$hm^2$，主要分布在丘陵中下部，包括河流两岸平原地区的棕壤、潮棕壤、河潮土等土壤类型，主要特点是耕层深厚，适耕期长，具有较好的保水、保肥、通气性能，水、肥、气、热状况比较协调，是胶州市农业生产性能比较好的一种土壤质地。

沙壤土，面积为1355.13$hm^2$，主要分布在丘陵的中部及河流两岸的棕壤土和河潮土上，主要特点是质地疏松，气多水少，适耕性、通透性虽好，但肥力低，易渗透，是生产性能仅次于轻壤土的一种质地。改良的方向是增强蓄水、保肥能力。

中壤土，又分为中壤、中壤偏重两种类型，面积共55274.53$hm^2$，其中中壤土面积为305090.4$hm^2$，耕性较好，保水、保肥能力较高；中壤偏重面积为24684.13$hm^2$，机械分析虽属中壤，因土壤黏重，质地细密，因此透水、透气性差，耕性不良，易造成内涝，改良关键是提高土壤透水、通气能力。

石渣土，面积为1244.93$hm^2$，主要分布在丘陵中上部极薄层硬石底棕壤性土上，含沙粒多。

壤质土，面积为11513.87$hm^2$，主要分布在山丘上部的薄层、中层硬石底棕壤性土上，土质瘠薄，漏肥、漏水，不耐旱涝，水土流失特别严重。改良关键是保持水土，防止降水的剥蚀和冲刷。

## 二、土体构型

土体构型是指各土壤发生层有规律的组合、有序的排列状况，也称为“土壤剖面构型”，是土壤剖面最重要的特征。胶州市共有沙土、壤土两个均质，夹砂层、夹黏层、夹黑土、双夹层、均质盐土七种类型。

良好的土体构型有壤土均质、厚黏腰两种，面积为18247.07$hm^2$，特点是土层深厚，无障碍层，厚黏腰且有保水、保肥作用，此种构型为胶州市的高产土壤。

较好的土体构型有薄砂心、薄砂腰、厚砂腰等，面积为1110.87$hm^2$，特点是在心部（20～60cm）和腰部（60～100cm）有一层薄砂层或黏层，障碍作物生长，沙壤均质漏肥、漏水较重，由于障碍层次的厚度小，易于改良，亦为胶州市较好的土壤。

较差的土体构型有厚砂心、厚黏心、中层酥石硼三种，面积为 34829.27hm$^2$，特点是在心部有一层厚的（>30cm）砂层、黏层或酥石硼，是作物生长的障碍层次，且影响较大，在短期内难以彻底改良。

差的土体构型有薄层酥石棚、中层硬石底两种，面积为 2997.4hm$^2$，特点是耕层以下便出现障碍层次，严重影响作物根系下扎，为胶州市低产农田。

极差的土体构型有薄层硬石底和沙土均质，面积为 1666.27hm$^2$，特点是土层极薄，无法改良，农业不能利用，宜发展林牧业。

### 三、土壤容重

土壤容重是土壤松紧程度和耕性好坏的主要标志，是土壤质地、结构、空隙、松紧状况的综合反映。土壤容重指自然状态下单位体积的干土重，通常以 g/cm$^3$ 表示。土壤容重的大小与土壤结构、质地、有机质含量等有关，疏松、黏质、有机质含量高的土壤容重小，紧实、砂质、有机质含量低的土壤容重大，一般耕层土壤容重以 1.1～1.3g/cm$^3$ 为宜。据胶州市 300 个土样测定，胶州市土壤容重为 1.03～1.83g/cm$^3$，平均为 1.39g/cm$^3$，较适宜标准偏大，容重在 1.35g/cm$^3$ 以上的占 62.1%。容重大小与土壤肥力有着密切关系，肥沃土壤容重小，瘠薄土壤容重大，表层土壤容重小，表层以下容重大。土壤类型不同，容重有很大差异（见表 4-89）。

表 4-89　不同土壤类型耕层容重状况（0～20cm）

| 土 类 | 容重（g/cm$^3$） | 亚 类 | 容重（g/cm$^3$） |
|---|---|---|---|
| 砂姜黑土 | 1.38 | 砂姜黑土 | 1.38 |
| 棕壤 | 1.38 | 潮棕壤 | 1.39 |
| | | 棕壤 | 1.37 |
| 潮土 | 1.39 | 盐化潮土 | 1.41 |
| | | 河潮土 | 1.37 |
| 粗骨土 | 1.4 | 酸性粗骨土 | 1.39 |
| | | 中性粗骨土 | 1.41 |

### 四、土壤孔隙度

土壤孔隙的大小、多少直接影响到土壤的透水、通气性，以及整个土体各层次水、肥、气、热的动态变化和土壤微生物的分布与活动，还影响土壤有机质矿质化和腐殖质化的方向及速率。土壤中孔隙的多少，一般以总孔隙度和非毛管孔隙表示，对作物生长来说，土壤总孔隙度以 50%～56%、非毛管孔隙大于 10% 比较适宜。土壤类型不同，孔隙度有很大差异（见表 4-90）。

表 4-90 不同土壤类型耕层孔隙度状况(0～20cm)

| 土 类 | 孔隙度(%) | 亚 类 | 孔隙度(%) |
|---|---|---|---|
| 砂姜黑土 | 48.58 | 砂姜黑土 | 48.58 |
| 棕壤 | 46.79 | 潮棕壤 | 46.86 |
| | | 棕壤 | 45.72 |
| 潮土 | 49.71 | 盐化潮土 | 49.64 |
| | | 河潮土 | 49.78 |
| 粗骨土 | 40.68 | 酸性粗骨土 | 40.66 |
| | | 中性粗骨土 | 40.7 |

土壤的通透性主要通过土壤孔隙状况来衡量。对作物生长来讲,较适宜的土壤总孔隙度一般为50%～55%、通气孔隙为10%～20%,非毛管孔隙和毛管孔隙比(大小孔隙比)为1∶2.4。据胶州市300个土样测定,胶州市耕层平均土壤总孔隙度为46.98%左右,变幅为41.6%～61.9%,其中大于50%的为高,占18.67%,45%～50%的为中等水平,占53.33%,小于45%的为低,占28%。

土壤孔隙状况与土壤质地密切相关,轻壤土土壤容重小,通气状况最好,总孔隙度和通气孔隙度较大;重壤土土壤容重较大,土质黏重,通气状况不良,总孔隙度和通气孔隙度较小;中壤土容重中等,孔隙度介于轻壤土与重壤土之间。

# 第五章 耕地地力评价

耕地是土地的精华，是农业生产中不可替代的重要生产资料，是保持社会和国民经济可持续发展的重要资源。保护耕地是我国的基本国策之一，因此，及时掌握耕地资源的数量、质量及其变化，对于合理规划和利用耕地、切实保护耕地有十分重要的意义。在全面的野外调查和室内化验分析并获取大量耕地地力相关信息的基础上，进行了胶州市耕地地力的综合评价，评价结果对于摸清胶州市耕地地力的现状及问题有巨大作用，而且也为耕地资源的高效和可持续利用提供了重要的科学依据。

## 第一节 耕地地力评价方法

### 一、评价的原则、依据

（一）评价的原则

耕地地力就是耕地的生产能力，是在一定区域内、一定的土壤类型上耕地的土壤理化性状、所处自然环境条件、农田基础设施及耕作施肥管理水平等因素的总和。根据评价的目的要求，在胶州市耕地地力评价中，遵循的基本原则有四条。

1. 综合因素研究与主导因素分析相结合原则

土地是一个自然经济综合体，是人们利用的对象，对土地质量的鉴定涉及自然和社会经济多个方面，耕地地力也是各类要素的综合体现。所谓综合因素研究是指对地形地貌、土壤理化性状、相关社会经济因素之总体进行全面的研究、分析与评价，以全面了解耕地地力状况。主导因素是指对耕地地力起决定作用的、相对稳定的因子，在评价中要着重对其进行研究分析。因此，把综合因素与主导因素结合起来进行评价则可以对耕地地力作出科学准确的评定。

2. 共性评价与专题研究相结合原则

胶州市耕地利用存在菜地、农田等多种类型，土壤理化性状、环境条件、管理水平等不一，因此，耕地地力水平有较大的差异。考虑胶州市内耕地地力的系统性、可比性，针对不同的耕地利用等状况，应选用统一的共同的评价指标和标准，即耕地地力的评价不针对某一特定的利用类型。另外，为了了解不同利用类型的耕地地力状况及其内部的差异情况，应对有代表性的主要类型如蔬菜地等进行专题的深入研究。这样，共性的评价与专题研究相结合，使整个的评价和研究具有更大的应用价值。

3. 定量和定性相结合原则

土地系统是一个复杂的灰色系统，定量和定性要素共存，相互作用，相互影响。因此，为了保证评价结果的客观合理，宜采用定量和定性评价相结合的方法。在总体上，为了保证评价结果的客观合理，尽量采用定量评价方法，对可定量化的评价因子如有机质等养分含量、土层厚度等按其数值参与计算，对非数量化的定性因子如土壤表层质地、土体构型等则进行量化处理，确定其相应的指数，并建立评价数据库，以计算机进行运算和处理，尽量避免人为随意性因素影响。在评价因素筛选、权重确定、评价标准、等级确定等评价过程中，尽量采用定量化的数学模型，在此基础上则充分运用人工智能和专家知识，对评价的中间过程和评价结果进行必要的定性调整，定量与定性相结合，从而保证了评价结果的准确合理。

4. 采用卫星遥感和 GIS 支持的自动化评价方法原则

自动化、定量化的土地评价技术方法是当前土地评价的重要方向之一。近年来，随着计算机技术，特别是 GIS 技术在土地评价中的不断应用和发展，基于 GIS 技术进行自动定量化评价的方法已不断成熟，使土地评价的精度和效率大大提高。本次的耕地地力评价工作将采用最新 SPOT5 卫星遥感数据提取和更新耕地资源现状信息，通过数据库建立、评价模型及其与 GIS 空间叠加等分析模型的结合，实现了全数字化、自动化的评价流程，在一定程度上代表了当前土地评价的最新技术方法。

（二）评价的依据

耕地地力是耕地本身的生产能力，因此，耕地地力的评价依据与此相关的各类自然和社会经济要素，具体包括三个方面。

（1）耕地地力的自然环境要素：包括耕地所处的地形地貌条件、水文地质条件、成土母质条件以及土地利用状况等。

（2）耕地地力的土壤理化要素：包括土壤剖面与土体构型、耕层厚度、质地、容重等物理性状，有机质、N、P、K、微量元素、pH、交换量等化学性状。

（3）耕地地力的农田基础设施条件：包括耕地的灌排条件、水土保持工程建设、培肥管理条件等。

## 二、评价的流程

整个评价可分为三个方面的主要内容，按先后的次序分别为：

（1）资料工具准备及数据库建立：即根据评价的目的、任务、范围、方法，收集准备与评价有关的各类自然及社会经济资料，进行资料的分析处理。选择适宜的计算机硬件和 GIS 等分析软件，建立耕地地力评价基础数据库。

（2）耕地地力评价：划分评价单元，提取影响地力的关键因素并确定权重，选择相应评价方法，制定评价标准，确定耕地地力等级。

（3）评价结果分析：依据评价结果，量算各等级耕地面积，编制耕地地力分布图，分析耕地地力问题，提出耕地资源可持续利用的措施建议。

评价的工作流程如图 5-1 所示。

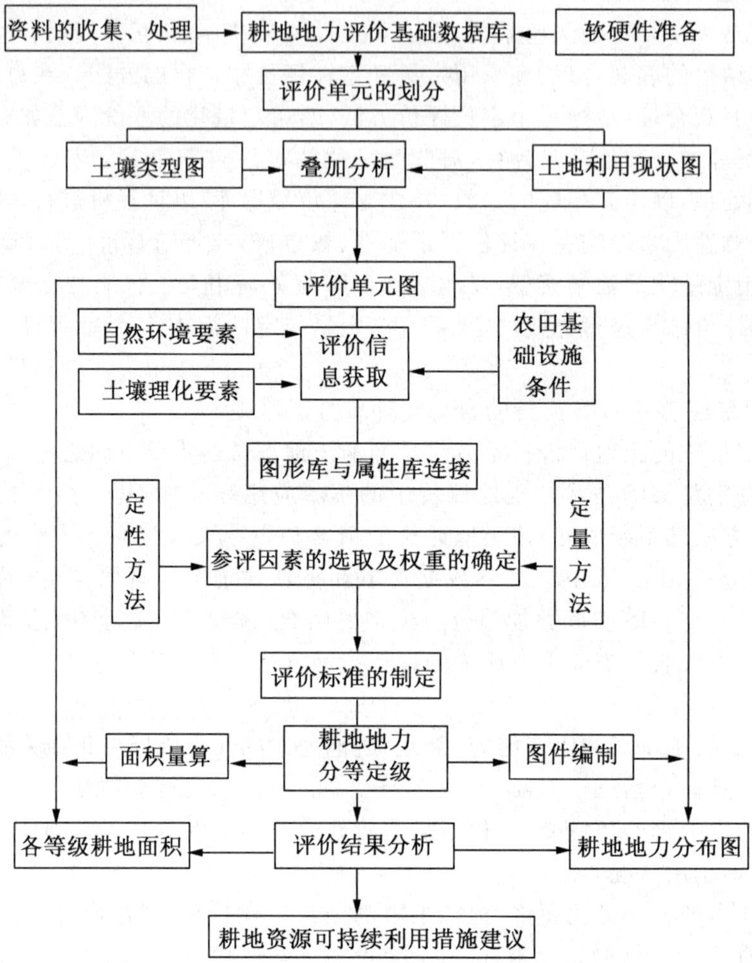


图 5-1 胶州市耕地地力评价流程图

## 三、软硬件准备

(一)硬件准备

硬件主要包括高配置计算机、A0 幅面数字化仪、A0 幅面扫描仪、喷墨绘图仪等。计算机主要用于数据和图件的处理分析,数字化仪、扫描仪用于图件的输入,喷墨绘图仪用于成果图的输出。

(二)软件准备

首先是 Windows 操作系统软件,其次是 FOXPRO 数据库管理、SPSS 数据统计分析/ACCESS 数据管理系统等应用软件,再次是 MAPGIS、ARCVIEW、ARCMAP 等 GIS 软件。

## 四、资料的收集、处理

(一)资料的收集

耕地地力评价以耕地的各性状要素为基础,因此,必须广泛地收集与评价有关的各类自然和社会经济因素资料，为评价工作做好数据的准备。本次耕地地力评价收集获取的资料主要包括四个方面。

(1)野外调查资料：按野外调查点获取，主要包括地形地貌、土壤母质、水文、土层厚度、表层质地、耕地利用现状、灌排条件、作物长势产量、管理措施水平等。

(2)室内化验分析资料：包括有机质、全氮、碱解氮、全磷、速效磷、速效钾等大量养分含量，交换性钙、交换性镁等中量养分含量，有效锌、有效硼、有效钼等微量养分含量，以及 pH 等。

(3)社会经济统计资料：以行政区划为基本单位的人口、土地面积、作物及蔬菜瓜果面积，以及各类投入产出等社会经济指标数据。

(4)基础及专题图件资料：比例尺为 1∶50000 的地形图、行政区划图、土地利用现状图、地貌图、土壤图等。

(二)资料的处理

获取的评价资料可以分为定量和定性资料两大部分。为了采用定量化的评价方法和自动化的评价手段，减少人为因素的影响，需要对其中的定性因素进行定量化处理，根据因素的级别状况赋予其相应的分值或数值。除此，对于各类养分等按调查点获取的数据，则需要进行插值处理，生成各类养分图。

1. 定性因素的量化处理

土壤质地：考虑不同质地类型的土壤肥力特征，以及与植物生长发育的关系，赋予不同质地类别以相应的分值(见表 5-1)。

表 5-1　土壤表层质地的量化处理

| 质地类别 | 中壤 | 轻壤 | 重壤 | 沙壤 | 沙土 |
|---|---|---|---|---|---|
| 分值 | 100 | 95 | 80 | 70 | 55 |

土体构型：首先以土层质地类别和其在土体中的部位对各类土体构型进行归纳，根据不同的土体构型对植物生长发育的影响，赋予不同土体构型以相应的分值(见表 5-2)。

表 5-2　土体构型的量化处理

| 土体构型 | 中壤均质 | 中壤黏腰 | 轻壤黏腰 | 轻壤均质 | 中壤黏心 | 中壤砂姜腰 | 中壤砂腰 | 重壤均质 | 轻壤砂心 | 沙壤砂心 | 中层 | 薄层 |
|---|---|---|---|---|---|---|---|---|---|---|---|---|
| 分值 | 100 | 95 | 95 | 90 | 85 | 85 | 80 | 60 | 60 | 50 | 30 | 10 |

地貌类型：根据不同的地貌类型对耕地地力及作物生长的影响，赋予其相应的分值(见表 5-3)。

表 5-3　地貌类型的量化处理

| 地貌类型 | 缓平坡地 | 山前倾斜平地 | 山前缓平地 | 缓岗 | 浅平洼地 | 槽状洼地 | 河谷高地 | 河漫滩 | 河谷梯田 | 近山阶地 | 坡麓梯田 | 荒坡岭 |
|---|---|---|---|---|---|---|---|---|---|---|---|---|
| 分值 | 100 | 97 | 95 | 93 | 90 | 87 | 84 | 80 | 60 | 40 | 20 | 10 |

障碍状况：考虑影响胶州市耕地地力的主要障碍状况，将其障碍状况归纳为不同的类型，并根据其对耕地地力的影响程度进行量化处理(见表 5-4)。

表 5-4 障碍状况的量化处理

| 障碍状况 | 无障碍 | 浅黏 | 夹砂或砂姜 | 砾质 | 石渣土 |
|---|---|---|---|---|---|
| 分值 | 100 | 90 | 80 | 60 | 40 |

2. 各类养分专题图层的生成

对于土壤有机质、氮、磷、钾、锌、硼、钼等养分数据，首先按照野外实际调查点进行整理，建立了以各养分为字段、以调查点为记录的数据库。之后，进行了土壤采样样点图与分析数据库的连接，在此基础上对各养分数据进行自动的插值处理。

对比了分别在 MAPGIS 和 ARCVIEW 环境中的插值结果，发现 ARCVIEW 环境中的插值结果线条更为自然圆滑，符合实际。因此，本研究中所有养分采样点数据均在 ARCVIEW 环境下操作。利用其空间分析模块功能对各养分数据进行自动的插值处理，经编辑处理，自动生成各土壤养分专题栅格图层。后续的耕地地力评价也以栅格形式进行，与矢量形式相比，能够将各评价要素信息精确到栅格(像元)水平，保证了评价结果的准确性。图 5-2 和图 5-3 为在 ARCVIEW 下插值生成的胶州土壤有机质、全氮含量分布栅格图。

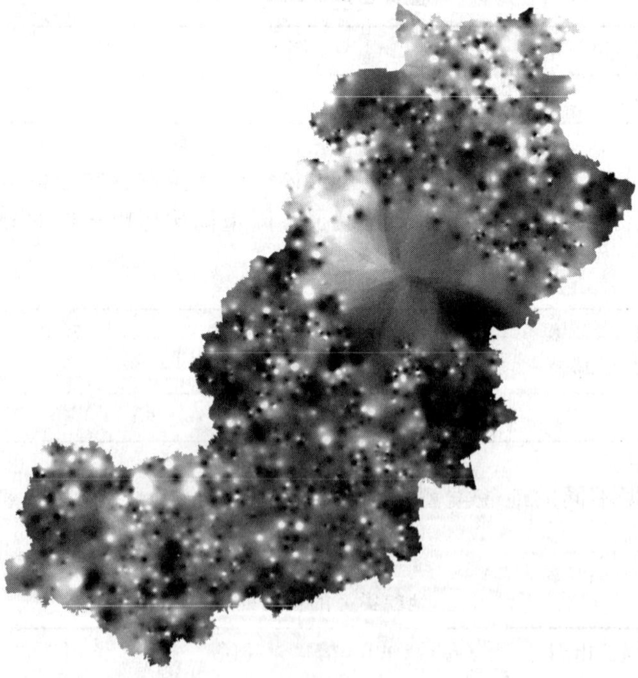

图 5-2 胶州市土壤有机质含量栅格图

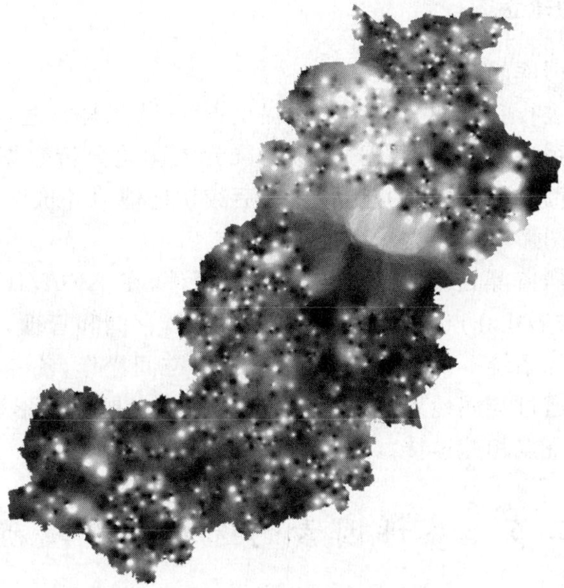

图 5-3 胶州市土壤全氮含量栅格图

3. 胶州市数字高程模型和坡度图的生成

利用胶州市 1∶50000 地形图，扫描输入后进行矢量化，获得等高线及高程信息，自动插值生成胶州市数字高程模型(DEM)，在此基础上生成胶州市地形坡度，经编辑处理后形成坡度图和三维地势图(见图 5-4)。

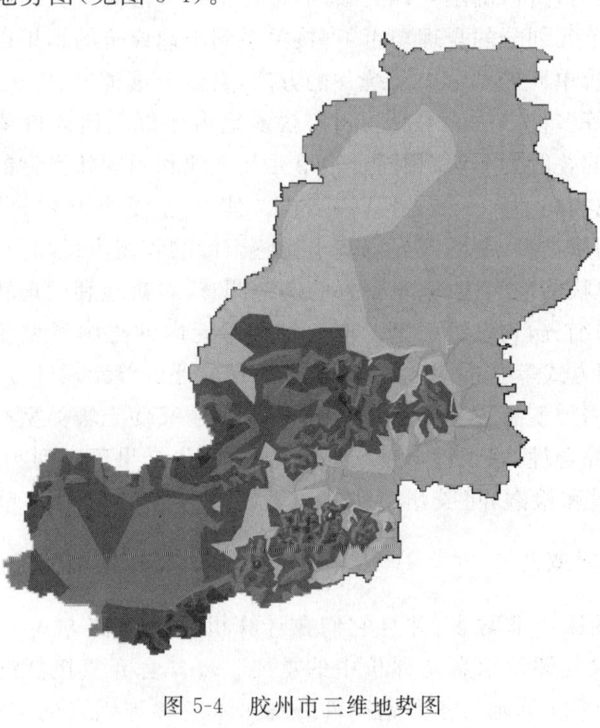

图 5-4 胶州市三维地势图

### 五、基础数据库的建立

（一）基础属性数据库的建立

为更好地对数据进行管理和为后续工作提供方便，将采样点基本情况信息、农业生产情况信息、土壤理化性状化验分析数据、土壤污染元素化验分析数据等信息，以调查点为基本数据库记录，进行属性数据库的建立，作为后续耕地地力评价工作的基础。

（二）基础专题图图形库的建立

将扫描矢量化及插值等处理生成的各类专题图件，在 ARCVIEW 和 MAPGIS 软件的支持下，分别以栅格形式和点、线、区文件的形式进行存储和管理，同时将所有图件统一转换到相同的地理坐标系统下，以进行图件的叠加等空间操作，各专题图图斑属性信息通过键盘交互式输入或通过与属性库挂接读取，构成基本专题图图形数据库。图形库与基础属性库之间通过调查点相互连接。

## 第二节　参评因素的选取及权重确定

### 一、评价单元的划分

评价单元是由对土地质量具有关键影响的各土地要素组成的空间实体，是土地评价的最基本单位、对象和基础图斑。同一评价单元内的土地自然基本条件、土地的个体属性和经济属性基本一致，不同土地评价单元之间，既有差异性，又有可比性。耕地地力评价就是要通过对每个评价单元的评价，确定其地力级别，把评价结果落实到实地和编绘的土地资源图上。因此，土地评价单元划分的合理与否，直接关系到土地评价的结果以及工作量的大小。

目前，对土地评价单元的划分尚无统一的方法，有以土壤类型、以土地利用类型、以行政区划单位、以方里网等多种方法。本次胶州市耕地地力评价土地评价单元的划分采用土壤图、土地利用现状图的叠置划分法，相同土壤单元及土地利用现状类型的地块组成一个评价单元，即“土地利用现状类型－土壤类型”的格式。其中，土壤类型划分到土种，土地利用现状类型划分到二级利用类型，制图区界以基于遥感影像的胶州市最新土地利用现状图为准。为了保证土地利用现状的现实性，基于野外的实地调查，对耕地利用现状进行了修正，其中，菜地进行了进一步的细分，到三级类型。同一评价单元内的土壤类型相同，利用方式相同，交通、水利、经营管理方式等基本一致，用这种方法划分评价单元，可以反映单元之间的空间差异性，既使土地利用类型有了土壤基本性质的均一性，又使土壤类型有了确定的地域边界线，使评价结果更具综合性、客观性，可以较容易地将评价结果落实到实地。

通过图件的叠置和检索，将胶州市耕地地力划分为 7393 个评价单元。

### 二、评价信息的提取

影响耕地地力的因子非常多，并且它们在计算机中的存储方式也不相同，因此，如何准确地获取各评价单元评价信息是评价中的重要一环。舍弃直接从键盘输入参评因子值的传统方式，采取将评价单元与各专题图件叠加采集各参评因素的信息。具体的做法是：

按唯一标志原则为评价单元编号；在 ARCVIEW 环境下生成评价信息空间库和属性数据库；在 ARCMAP 环境下从图形库中调出各化学性状评价因子的专题图，与评价单元图进行叠加，计算出各因子的均值；保持评价单元几何形状不变，在耕地资源管理信息系统中直接对叠加后形成的图形的属性库进行“属性提取”操作，以评价单元为基本统计单位，按面积加权平均汇总评价单元立地条件评价因子的分值。由此，得到图形与属性相连的、以评价单元为基本单位的评价信息，为后续耕地地力的评价奠定了基础。

正确地进行参评因素的选取并确定其权重，是科学地评价耕地地力的前提，直接关系到评价结果的正确性、科学性和社会可接受性。

## 三、参评因素的选取

参评因素是指参与评定耕地地力等级的耕地的诸属性。影响耕地地力的因素很多，在胶州市耕地地力评价中，根据胶州市的区域特点，遵循主导因素原则、差异性原则、稳定性原则、敏感性原则，采用定量和定性方法结合，进行了参评因素的选取。

(一)系统聚类方法

系统聚类方法用于筛选影响耕地地力的理化性质等定量指标，通过聚类将类似的指标进行归并，辅助选取相对独立的主导因子。利用 SPSS 统计软件进行了土壤养分等化学性状的系统聚类。

从图 5-5 中可以看出，氯离子、全盐、硝态氮、全氮、交换性钙、有效硅、交换性镁、有效硼、有效钼、有效铁、有效锰、有效锌、有效铜、有效硫聚为一组，有效磷、速效钾、碱解氮、缓效钾聚为一组，有机质为一组，pH 为一组。

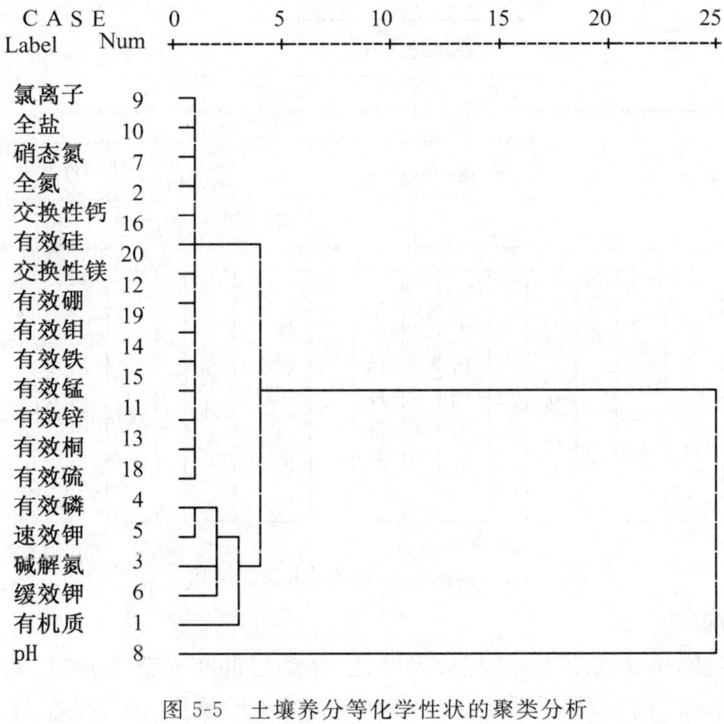


图 5-5 土壤养分等化学性状的聚类分析

（二）DELPHI 法

用 DELPHI 法进行了影响耕地地力的立地条件、物理性状等定性指标的筛选。确定了由省、市土肥专家、教授及胶州市土肥站专业人员组成的专家组，首先对指标进行分类，在此基础上进行指标的选取，并讨论确定最终的选择方案。

综合以上两种方法，在定量因素中根据各因素对耕地地力影响的稳定性，以及营养元素的全面性，在聚类分析第一组中选取有效锌、有效硼为参评因素，第二组中选取有效磷、速效钾为参评因素，第三组中选取有机质为参评因素。结合专家组选择结果，最后确定灌溉保证率、坡度、地形地貌、耕层质地、剖面构型、障碍层状况、土层厚度、有机质、大量元素（速效钾、有效磷）、微量元素（有效锌、有效硼）等 12 项因素作为耕地地力评价的参评指标。

## 四、权重的确定

在耕地地力评价中，需要根据各参评因素对耕地地力的贡献确定权重，确定权重的方法很多，本评价中采用层次分析法（AHP）来确定各参评因素的权重。

层次分析法是在定性方法基础上发展起来的定量确定参评因素权重的一种系统分析方法，这种方法可将人们的经验思维数量化，用以检验决策者判断的一致性，有利于实现定量化评价。层次分析法确定参评因素的步骤如下：

（一）建立层次结构

耕地地力为目标层（G 层），影响耕地地力的立地条件、物理性状、化学性状为准则层（C 层），再把影响准则层中各元素的项目作为指标层（A 层），其结构关系如图 5-6 所示。

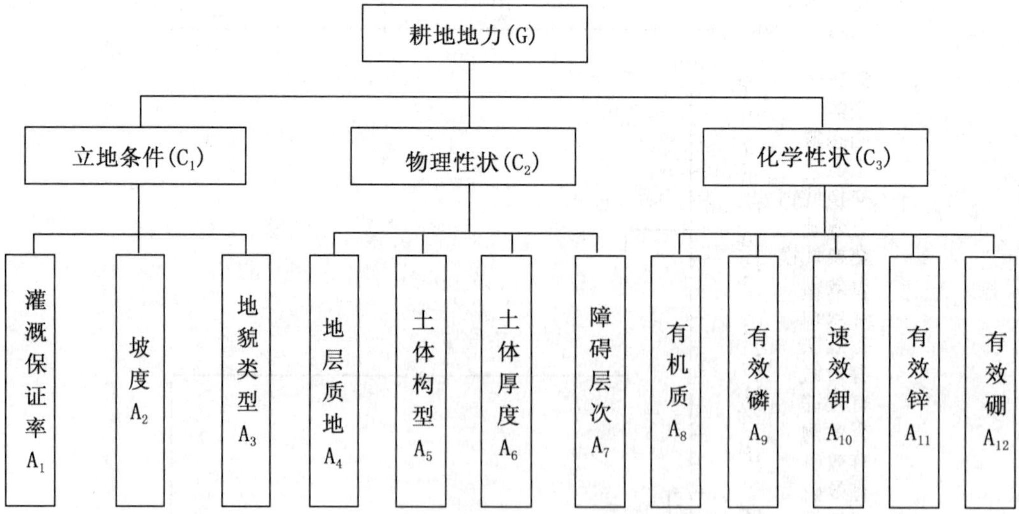


图 5-6 耕地地力影响因素层次结构

（二）构造判断矩阵

根据专家经验，确定 C 层对 G 层以及 A 层对 C 层的相对重要程度，构成 A、$C_1$、$C_2$、$C_3$ 共 4 个判断矩阵。例如，耕层质地、土体构型、有效土层厚度、障碍层次状况对耕地物理性状的判断矩阵表示为：

$$C_2=\begin{pmatrix} a_{11} & a_{12} & a_{13} & a_{14} \\ a_{21} & a_{22} & a_{23} & a_{24} \\ a_{31} & a_{32} & a_{33} & a_{34} \\ a_{41} & a_{42} & a_{43} & a_{44} \end{pmatrix}=\begin{pmatrix} 1 & 1.25 & 0.7143 & 1.6667 \\ 0.8 & 1 & 0.5714 & 1.3333 \\ 1.4 & 1.75 & 1 & 2.3333 \\ 0.6 & 0.75 & 0.4286 & 1 \end{pmatrix}$$

其中，$a_{ij}$（$i$ 为矩阵的行号，$j$ 为矩阵的列号）表示对 $C_2$ 而言，$a_i$ 对 $a_j$ 的相对重要性的数值。

（三）层次单排序及一致性检验

即求取 A 层对 C 层的权数值，可归结为计算判断矩阵的最大特征根对应的特征向量。利用 SPSS 等统计软件，得到的各权数值及一致性检验的结果如表 5-5 所示。

表 5-5 权数值及一致性检验结果

| 矩阵 | 特征向量 | | | | | $C_I$ | $C_R$ |
|---|---|---|---|---|---|---|---|
| 矩阵 $A$ | | 0.4186 | 0.3488 | 0.2326 | | −0.00000537 | 0.00000926<0.1 |
| 矩阵 $C_1$ | | 0.198 | 0.3564 | 0.4455 | | −0.00000369 | 0.00000575<0.1 |
| 矩阵 $C_2$ | 0.2159 | 0.2699 | 0.1542 | 0.3599 | | 0.00000621 | 0.0000069<0.1 |
| 矩阵 $C_3$ | 0.0787 | 0.0945 | 0.1181 | 0.2362 | 0.4724 | 0.00000549 | 0.00000491<0.1 |

可以看出，$C_R<0.1$，具有很好的一致性。

（四）层次总排序及一致性检验

经层次总排序，并进行一致性检验，结果为 $C_I=0.00000369$，$C_R=0.00000402$，具有满意的一致性，最后计算 A 层对 G 层的组合权数值，得到各因子的权重，最终结果如表 5-6 所示。

表 5-6 各因子的权重

| 因子 | 权重 | 因子 | 权重 | 因子 | 权重 | 因子 | 权重 |
|---|---|---|---|---|---|---|---|
| 灌溉保证率 | 0.2248 | 耕层质地 | 0.079 | 有机质 | 0.0834 | 有效锌 | 0.0278 |
| 坡度 | 0.1252 | 土体构型 | 0.0632 | 有效磷 | 0.0694 | 有效硼 | 0.0139 |
| 地貌类型 | 0.0996 | 障碍层 | 0.0474 | 速效钾 | 0.0556 | | |

## 第三节 耕地地力等级的确定

土地是一个灰色系统，系统内部各要素之间与耕地的生产能力之间关系十分复杂，此外，评价中也存在着许多不严格、模糊性的概念，因此，在评价中引入了模糊数学方法，采用模糊评价方法来进行耕地地力等级的确定。

## 一、参评因素隶属函数的建立

用DELPHI法根据一组分布均匀的实测值，评估出对应的一组隶属度，然后在计算机中绘制这两组数值的散点图，再根据散点图进行曲线模拟，寻求参评因素实际值与隶属度关系方程，从而建立起隶属函数。各参评因素的分级及其相应的专家赋值和隶属度如表5-7所示。

表5-7　参评因素的分级及其分值

| 参评因素 | | 分级及分值 | | | | | | | | | | | |
|---|---|---|---|---|---|---|---|---|---|---|---|---|---|
| 地貌类型 | 分级 | 缓平坡地 | 山前倾斜平地 | 山前缓平地 | 缓岗 | 浅平洼地 | 槽状洼地 | 河谷高地 | 河漫滩 | 河谷梯田 | 近山阶地 | 坡麓梯田 | 荒坡岭 |
| | 分值 | 100 | 97 | 95 | 93 | 90 | 87 | 84 | 80 | 60 | 40 | 20 | 10 |
| | 隶属度 | 1.00 | 0.97 | 0.95 | 0.93 | 0.90 | 0.87 | 0.84 | 0.80 | 0.60 | 0.40 | 0.20 | |
| 灌溉保证率 | 分级 | 80 | 70 | 60 | 50 | 30 | 10 | 0 | | | | | |
| | 分值 | 100 | 90 | 80 | 65 | 40 | 10 | 0 | | | | | |
| | 隶属度 | 1.00 | 0.90 | 0.80 | 0.65 | 0.40 | 0.10 | 0.00 | | | | | |
| 坡度 | 分级 | 0 | 0.2 | 0.5 | 1 | 3 | 5 | 7 | 10 | 15 | 25 | | |
| | 分值 | 98 | 100 | 98 | 95 | 90 | 80 | 60 | 30 | 10 | 1 | | |
| | 隶属度 | 0.98 | 1.00 | 0.98 | 0.95 | 0.90 | 0.80 | 0.60 | 0.30 | 0.10 | 0.01 | | |
| 有机质 | 分级 | 2.0 | 1.8 | 1.6 | 1.4 | 1.2 | 1.0 | 0.8 | 0.6 | | | | |
| | 分值 | 100 | 98 | 95 | 90 | 84 | 78 | 65 | 50 | | | | |
| | 隶属度 | 1.00 | 0.98 | 0.95 | 0.90 | 0.84 | 0.78 | 0.65 | 0.50 | | | | |
| 有效磷 | 分级 | 400 | 300 | 200 | 110 | 80 | 60 | 40 | 30 | 20 | 15 | 10 | 5 |
| | 分值 | 70 | 80 | 90 | 100 | 98 | 96 | 92 | 90 | 85 | 80 | 60 | 40 |
| | 隶属度 | 0.70 | 0.80 | 0.90 | 1.00 | 0.98 | 0.96 | 0.92 | 0.90 | 0.85 | 0.80 | 0.60 | 0.40 |
| 速效钾 | 分级 | 400 | 320 | 240 | 160 | 120 | 100 | 80 | 60 | | | | |
| | 分值 | 100 | 98 | 93 | 85 | 82 | 78 | 70 | 50 | | | | |
| | 隶属度 | 1.00 | 0.98 | 0.93 | 0.85 | 0.82 | 0.78 | 0.70 | 0.50 | | | | |
| 有效锌 | 分级 | 2.0 | 1.5 | 1.2 | 1.0 | 0.8 | 0.5 | 0.3 | | | | | |
| | 分值 | 100 | 92 | 87 | 85 | 80 | 70 | 55 | | | | | |
| | 隶属度 | 1.00 | 0.92 | 0.87 | 0.85 | 0.80 | 0.70 | 0.55 | | | | | |
| 有效硼 | 分级 | 1.8 | 1.5 | 1.2 | 1.0 | 0.8 | 0.5 | 0.2 | | | | | |
| | 分值 | 100 | 95 | 87 | 85 | 80 | 70 | 55 | | | | | |
| | 隶属度 | 1.00 | 0.95 | 0.87 | 0.85 | 0.80 | 0.70 | 0.55 | | | | | |
| 耕层质地 | 分级 | 中壤 | 轻壤 | 重壤 | 沙壤 | 沙土 | | | | | | | |
| | 分值 | 100 | 95 | 80 | 70 | 55 | | | | | | | |
| | 隶属度 | 1.00 | 0.95 | 0.80 | 0.70 | 0.55 | | | | | | | |
| 障碍层 | 分级 | 其他 | 浅黏 | 夹砂黏腰 | 砾质 | 石渣土 | | | | | | | |
| | 分值 | 100 | 90 | 80 | 60 | 40 | | | | | | | |
| | 隶属度 | 1.00 | 0.90 | 0.80 | 0.60 | 0.40 | | | | | | | |

续表

| 参评因素 | | 分级及分值 | | | | | | | | | | | |
|---|---|---|---|---|---|---|---|---|---|---|---|---|---|
| 土体构型 | 分级 | 中壤均质 | 中壤黏腰 | 轻壤黏腰 | 轻壤均质 | 中壤黏心 | 中壤砂姜腰 | 中壤砂腰 | 重壤均质 | 轻壤砂心 | 沙壤砂心 | 中层 | 薄层 |
| | 分值 | 100 | 95 | 95 | 90 | 85 | 85 | 80 | 60 | 60 | 50 | 30 | 10 |
| | 隶属度 | 1.00 | 0.95 | 0.95 | 0.90 | 0.85 | 0.85 | 0.80 | 0.60 | 0.60 | 0.50 | 0.30 | 0.10 |
| 有效土层 | 分级 | 150 | 130 | 110 | 90 | 70 | 50 | 30 | | | | | |
| | 分值 | 100 | 95 | 88 | 70 | 55 | 35 | 10 | | | | | |
| | 隶属度 | 1.00 | 0.95 | 0.88 | 0.70 | 0.55 | 0.35 | 0.10 | | | | | |

通过模拟，共得到正直线型、戒上型、戒下型三种类型的隶属函数，其中有效磷属于以上两种或两种以上的复合型隶属函数，地貌类型、质地等描述性的因素属于正直线型隶属函数，然后根据隶属函数计算各参评因素的单因素评价评语。以有机质为例绘制的散点图和模拟曲线如图 5-7 和图 5-8 所示。

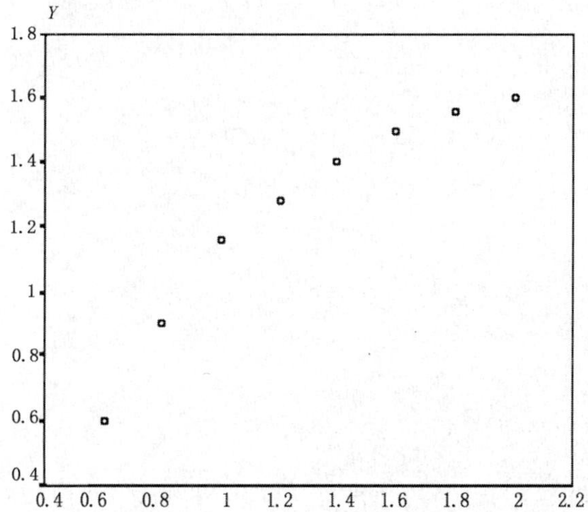


图 5-7　有机质与隶属度关系散点图

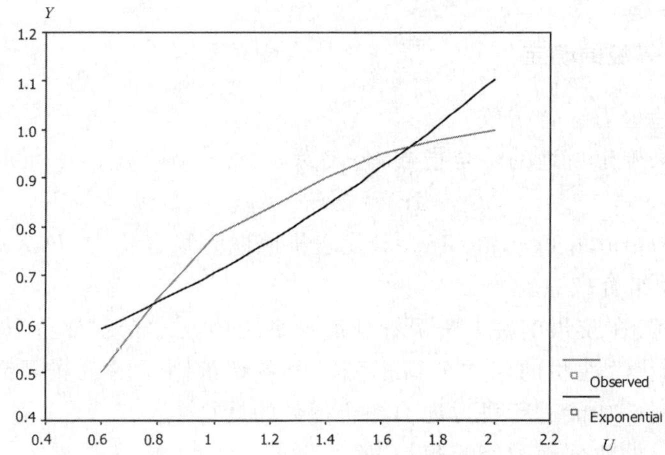


图 5-8　有机质与隶属度关系曲线

其隶属函数为戒上型，形式为：

$$y=\begin{cases}0 & (x\leqslant x_t)\\ 1/[1+A(x-C)^2] & (x_t<x<C)\\ 1 & (C\leqslant x)\end{cases}$$

各参评因素类型及其隶属函数如表 5-8 所示。

表 5-8 参评因素类型及其隶属函数

| 函数类型 | 参评因素 | 隶属函数 | $A$ | $C$ | $U_t$ |
|---|---|---|---|---|---|
| 戒上型 | 有机质(g/kg) | $y=1/[1+A(x-C)^2]$ | 0.543 | 1.822 | 0.35 |
| 戒上型 | 速效钾(mg/kg) | $y=1/[1+A(x-C)^2]$ | 0.0000076 | 327.836 | 15 |
| 戒上型 <110 | 有效磷(mg/kg) | $y=1/[1+A(x-C)^2]$ | 0.0000992 | 80.159 | 3 |
| 戒下型 >110 | | | 0.00000742 | 111.967 | 450 |
| 戒上型 | 有效锌(mg/kg) | $y=1/[1+A(x-C)^2]$ | 0.245 | 1.924 | 0.1 |
| 戒上型 | 有效硼(mg/kg) | $y=1/[1+A(x-C)^2]$ | 0.251 | 1.879 | 0.1 |
| 正直线型 | 地貌类型(分值) | $y=Ax$ | 0.01 | 100 | 0 |
| 正直线型 | 剖面构型(分值) | $y=Ax$ | 0.01 | 100 | 0 |
| 正直线型 | 障碍层状况(分值) | $y=Ax$ | 0.01 | 100 | 0 |
| 正直线型 | 耕层质地(分值) | $y=Ax$ | 0.01 | 100 | 0 |
| 正直线型 | 坡度(分值) | $y=Ax$ | 0.01 | 100 | 0 |
| 正直线型 | 灌溉保证率(分值) | $y=Ax$ | 0.01 | 100 | 0 |
| 正直线型 | 有效土层(分值) | $y=Ax$ | 0.01 | 100 | 0 |

## 二、耕地地力等级的确定

(一)计算耕地地力综合指数

用指数和法来确定耕地的综合指数，公式为：

$$\text{IFI}=\sum F_i\times C_i$$

其中，IFI(Integrated Fertility Index)代表耕地地力综合指数，$F_i$为第 $i$ 个因素评语，$C_i$为第 $i$ 个因素的组合权重。

具体操作过程：在胶州市耕地资源管理信息系统中，在“专题评价”模块中，编辑立地条件、物理性状和化学性状的层次分析模型以及各评价因子的隶属函数模型，然后选择“耕地生产潜力评价”功能进行耕地地力综合指数的计算。

(二)确定最佳的耕地地力等级数目

计算耕地地力综合指数之后，在耕地资源管理信息系统中选择累积曲线分级法进行评价，根据曲线斜率的突变点（拐点）来确定等级的数目和划分综合指数的临界点，将胶州耕地地力共划分为6个级别，各等级耕地地力综合指数分布如表5-9和图5-9所示。

表5-9　胶州市耕地地力等级综合指数

| IFI | >0.83 | 0.74～0.83 | 0.67～0.74 | 0.6～0.67 | 0.51～0.6 | <0.51 |
|---|---|---|---|---|---|---|
| 耕地地力等级 | 一级地 | 二级地 | 三级地 | 四级地 | 五级地 | 六级地 |

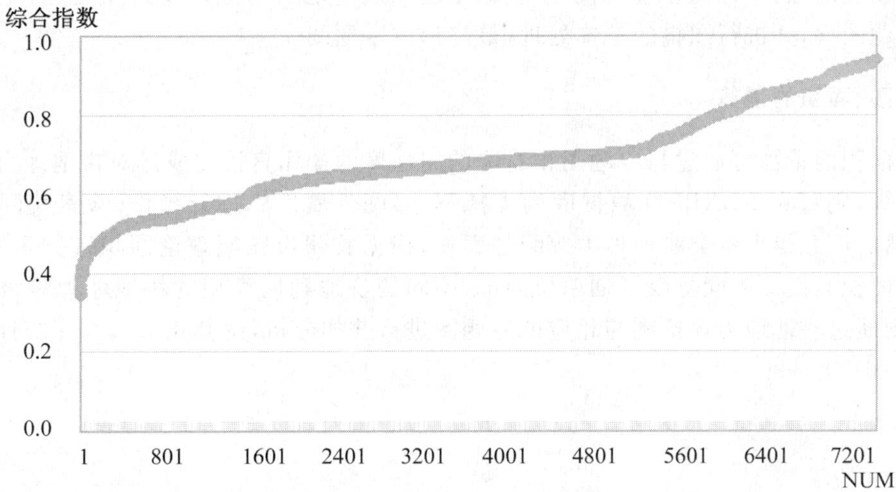


图5-9　胶州市综合指数分布图

## 三、图件的编制

为了提高制图的效率和准确性，在地理信息系统软件MAPGIS的支持下，进行胶州市耕地地力评价图及相关图件的自动编绘处理，其步骤大致分以下几步：扫描矢量化各基础图件→编辑点、线→点、线校正处理→统一坐标系→区编辑并对其赋属性→根据属性赋颜色→根据属性加注记→图幅整饰输出。另外，还充分发挥MAPGIS强大的空间分析功能，用评价图与其他图件进行叠加，从而生成其他专题图件，如评价图与行政区划图叠加，进而计算各行政区划单位内的耕地地力等级面积等。

（一）专题图地理要素底图的编制

专题地图的地理要素内容是专题图的重要组成部分，用于反映专题内容的地理分布，并作为图幅叠加处理等的分析依据。地理要素的选择应与专题内容相协调，考虑图面的负载量和清晰度，应选择基本的、主要的地理要素。

以胶州市最新的土地利用现状图为基础，对此图进行了制图综合处理，选取主要的居民点、交通道路、水系、境界线等及其相应的注记，进而编辑生成1∶50000各专题图地理要素底图。

（二）耕地地力评价图的编制

以耕地地力评价单元为基础，根据各单元的耕地地力评价等级结果，对相同等级的相邻评价单元进行归纳处理，得到各耕地地力等级图斑。在此基础上，分两个层次进行图面耕地地力等级的表示：一是颜色表示，即赋予不同耕地地力等级以相应的颜色。二是代号表示，用罗马数字Ⅰ、Ⅱ、Ⅲ、Ⅳ、Ⅴ、Ⅵ表示不同的耕地地力等级，并在评价图相应的耕地地力图斑上注明。将评价专题图与以上的地理要素图复合、整饰，得到胶州市 1∶50000 耕地地力评价图。

（三）其他专题图的编制

对于有机质、速效钾、有效磷、有效锌等其他专题要素地图，则按照各要素的分级分别赋予相应的颜色，标注相应的代号，生成专题图层。之后与地理要素图复合，编辑处理生成专题图件，并进行图幅的整饰处理，最终形成专题图。

## 四、面积的量算

面积的量算可通过与专题图相对应的属性库的操作直接完成。对耕地地力等级面积的量算，则可在 FOXPRO 数据库的支持下，对图件属性库进行操作，检索相同等级的面积，然后汇总得出各类耕地地力等级的面积，根据胶州市图幅理论面积进行平差，得到准确的面积数值。不同行政区划单位内部、不同的耕地利用类型的耕地地力等级面积的统计，则通过耕地地力评价图与相应的专题图进行叠加分析，由其相应属性库统计获得。

# 第六章　耕地地力分析

本次耕地地力分析，按照农业部耕地质量调查和评价的规程及相关标准，结合当地实际情况，选取了对耕地地力影响较大，区域内变异明显，在时间序列上具有相对稳定性，与农业生产有密切关系的12个因素，建立评价指标体系。以土壤图与土地利用现状图叠加形成评价单元，应用模糊综合评判方法，通过综合分析，将胶州市耕地共划分为6个等级，根据评价结果进行耕地地力的系统分析。

## 第一节　耕地地力等级及空间分布

### 一、耕地地力等级面积

利用MAPGIS软件，对评价图属性库进行操作，检索统计耕地各等级的面积和图幅总面积。以2008年胶州市耕地总面积66579.03$hm^2$为基准，按面积比例平差，计算出各耕地地力等级面积。

胶州市耕地总面积为66579.03$hm^2$，其中一级地和二级地占耕地总面积的30.49%，三级地和四级地占耕地总面积的49.26%，五级地和六级地占耕地总面积的20.25%。以三级地分布面积最大，占耕地总面积的27.32%，四级地比三级地略少，占耕地总面积的21.94%，五级地分布面积最小，约占耕地总面积的3.19%。

农业部于1997年颁布了“全国耕地类型区、耕地地力等级划分”农业行业标准。该标准根据粮食单产水平将全国耕地地力划分为10个等级。因此，为便于和农业部分级标准相衔接，将耕地地力综合指数转换为概念型产量，给各级地赋予了产量指标。根据耕地地力评价等级图，在与之相对应的每一个地力等级内共随机选取了210个农户(在每个地力等级内选取35户)，根据农户基本情况调查表，计算出每个农户近三年实际的年平均产量(按照两年三作，花生—小麦—玉米；经济作物统一折算为谷类作物产量，换算系数：小麦1.07、玉米1.1、花生2.11)，将数据进行相关分析，统计出各级地的产量指标。

耕地地力等级面积、比例、产量指标如表6-1所示。

表 6-1　　胶州市耕地地力等级面积、比例、产量指标

| 等 级 | 一级地 | 二级地 | 三级地 | 四级地 | 五级地 | 六级地 | 总 计 |
|---|---|---|---|---|---|---|---|
| 面积($hm^2$) | 13576.96 | 6724.66 | 18187.2 | 14608.12 | 11356.04 | 2126.05 | 66579.03 |
| 百分比(%) | 20.39 | 10.1 | 27.32 | 21.94 | 17.06 | 3.19 | 100 |
| 产量($kg/hm^2$) | 106114.2 | 8631.44 | 6315.25 | 5135.68 | 4024.41 | 2978.62 | |

## 二、耕地地力空间分布分析

(一)耕地地力等级分布

一级地和二级地是胶州市耕地中最好的一类地，分布较为集中，主要分布于胶州市的北部和南部地区，中部地区也有零星分布，微地貌类型为沿河洼地、沿河平地、微斜平地、浅平洼地、坡麓梯田、岭坡梯田、埠岭坡地、滨海低地。这一区域耕地地力情况较好，农业基础设施均配套成型。三级地和四级地在胶州市所有耕地中所占的比例最大，分布比较广泛，除北部地区基本没有分布，其他地区或多或少均有所分布，属于只要加大资金投入，完善基础设施，改善生产条件，产量就能大幅提高的中产田类型，有一定的开发潜力。五级地和六级地主要分布在中部地区，这部分耕地有效耕层薄，肥力低，基本无灌溉条件，还有部分未利用土地，属于低产田类型。

从等级的分布地域特征可以看出，等级的高低与地貌类型、土壤类型及海拔高度之间存在着密切的关系，呈现明显的地域分布规律：随着耕地地力等级的提高，地貌类型沿着沿河平地—沿河洼地—微斜平地—坡麓梯田—滨海低地—荒坡岭方向变化，土壤类型由壤土、潮土向着砂姜黑土、盐化潮土转化。

(二)耕地地力等级的行政区域划分

将胶州市耕地地力等级分布图与胶州市行政区划图进行叠置分析，从耕地地力等级行政区域分布数据库中，按权属字段检索出各等级的记录，统计出各级地在各镇(街道办事处)的分布状况(见表 6-2)。

表 6-2　　胶州市耕地地力等级行政区域分布

| 镇(街道办事处) | | 一级地 | 二级地 | 三级地 | 四级地 | 五级地 | 六级地 | 合计 |
|---|---|---|---|---|---|---|---|---|
| 胶莱镇 | 面积($hm^2$) | 3822.82 | 766.44 | 703.37 | 60.69 | 0 | 0 | 5353.33 |
| | 百分比(%) | 71.41 | 14.32 | 13.14 | 1.13 | 0 | 0 | 100 |
| 马店镇 | 面积($hm^2$) | 1728.5 | 568.78 | 2559.04 | 820.04 | 0 | 0 | 5676.36 |
| | 百分比(%) | 30.45 | 10.02 | 45.08 | 14.45 | 0 | 0 | 100 |
| 李哥庄镇 | 面积($hm^2$) | 2213.82 | 0 | 105.45 | 1023.23 | 0 | 0 | 3342.5 |
| | 百分比(%) | 66.23 | 0 | 3.15 | 30.62 | 0 | 0 | 100 |
| 胶北镇 | 面积($hm^2$) | 615.59 | 154.25 | 2062.02 | 1495.68 | 0 | 0 | 4327.54 |
| | 百分比(%) | 14.22 | 3.56 | 47.65 | 34.57 | 0 | 0 | 100 |

续表

| 镇(街道办事处) | | 一级地 | 二级地 | 三级地 | 四级地 | 五级地 | 六级地 | 合计 |
|---|---|---|---|---|---|---|---|---|
| 胶东街道办事处 | 面积($hm^2$) | 1069.36 | 185.27 | 2307.91 | 417.43 | 0 | 0 | 3979.97 |
| | 百分比(%) | 26.87 | 4.66 | 57.99 | 10.48 | 0 | 0 | 100 |
| 北关街道办事处 | 面积($hm^2$) | 0 | 0 | 1065.48 | 115.26 | 0 | 0 | 1180.74 |
| | 百分比(%) | 0 | 0 | 90.24 | 9.76 | 0 | 0 | 100 |
| 胶西镇 | 面积($hm^2$) | 2009.51 | 353.66 | 2508.18 | 426.85 | 1379.13 | 235.28 | 6912.61 |
| | 百分比(%) | 29.07 | 5.12 | 36.28 | 6.17 | 19.95 | 3.41 | 100 |
| 阜安街道办事处 | 面积($hm^2$) | 0 | 0 | 64.99 | 0 | 0 | 0 | 64.99 |
| | 百分比(%) | 0 | 0 | 100 | 0 | 0 | 0 | 100 |
| 云溪街道办事处 | 面积($hm^2$) | 0 | 0 | 151.34 | 593.28 | 0 | 0 | 744.62 |
| | 百分比(%) | 0 | 0 | 20.32 | 79.68 | 0 | 0 | 100 |
| 中云街道办事处 | 面积($hm^2$) | 0 | 0 | 256.23 | 26.15 | 0 | 0 | 282.38 |
| | 百分比(%) | 0 | 0 | 90.74 | 9.26 | 0 | 0 | 100 |
| 三里河街道办事处 | 面积($hm^2$) | 0 | 0 | 254.86 | 395.38 | 255.71 | 338.94 | 1244.89 |
| | 百分比(%) | 0 | 0 | 20.47 | 31.76 | 20.54 | 27.23 | 100 |
| 营海街道办事处 | 面积($hm^2$) | 0 | 39.64 | 224.26 | 1046.68 | 1580.32 | 349.49 | 3240.39 |
| | 百分比(%) | 0 | 1.22 | 6.92 | 32.3 | 48.77 | 10.79 | 100 |
| 九龙镇 | 面积($hm^2$) | 2.72 | 277.94 | 301.5 | 629.97 | 2408.68 | 375.42 | 3996.23 |
| | 百分比(%) | 0.07 | 6.96 | 7.54 | 15.76 | 60.28 | 9.39 | 100 |
| 杜村镇 | 面积($hm^2$) | 72.16 | 39.7 | 416.83 | 732.73 | 2036.89 | 115.53 | 3413.84 |
| | 百分比(%) | 2.11 | 1.16 | 12.21 | 21.46 | 59.67 | 3.39 | 100 |
| 铺集镇 | 面积($hm^2$) | 1173.26 | 2095.46 | 2731.32 | 632.76 | 339.13 | 0 | 6971.93 |
| | 百分比(%) | 16.83 | 30.06 | 39.18 | 9.08 | 4.85 | 0 | 100 |
| 张应镇 | 面积($hm^2$) | 106.53 | 196.61 | 619.85 | 2851.48 | 1694.31 | 247.99 | 5716.77 |
| | 百分比(%) | 1.86 | 3.44 | 10.84 | 49.88 | 29.64 | 4.34 | 100 |
| 洋河镇 | 面积($hm^2$) | 0 | 1007.61 | 983.84 | 2424.68 | 1279.38 | 424.39 | 6119.9 |
| | 百分比(%) | 0 | 16.46 | 16.08 | 39.62 | 20.91 | 6.93 | 100 |
| 里岔镇 | 面积($hm^2$) | 762.7 | 1039.31 | 870.72 | 915.81 | 382.49 | 39.01 | 4010.04 |
| | 百分比(%) | 19.02 | 25.92 | 21.71 | 22.84 | 9.54 | 0.97 | 100 |

可以看出，除去市区耕地较少的街道办事处，一级地、二级地所占比例较高的为胶莱镇、铺集镇、胶西镇、马店镇、里岔镇、李哥庄镇、胶东街道办事处，三级地、四级地所占比例较高的主要为张应镇、胶北镇、铺集镇、马店镇、洋河镇、胶西镇，五级地、六级地所占比例

较大的为九龙镇、杜村镇、张应镇、营海街道办事处、胶西镇、洋河镇。

## 第二节　耕地地力等级分述

### 一、一级地

（一）面积与分布

一级地综合评价指数高于0.83，耕地面积为13576.96hm²，占胶州市耕地总面积的20.4%，是胶州市耕地面积中较大的一个等级。其中水浇地为5551.91hm²，占一级地面积的40.89%；菜地为6934.83hm²，占一级地面积的51.08%；旱地为1090.22hm²，占一级地面积的8.03%（见表6-3）。

表6-3　一级地各利用类型面积

| 利用类型 | 评价单元（个） | 面积（hm²） | 占耕地总面积（%） | 占一级地面积（%） |
|---|---|---|---|---|
| 水浇地 | 465 | 5551.91 | 8.34 | 40.89 |
| 菜地 | 614 | 6934.83 | 10.42 | 51.08 |
| 旱地 | 148 | 1090.22 | 1.64 | 8.03 |
| 总计 | 1227 | 13576.96 | 20.4 | 100 |

一级地主要分布于胶莱镇、李哥庄镇、胶西镇、马店镇、铺集镇、胶东街道办事处、里岔镇、胶北镇等，其中以胶莱镇分布面积最大，为3822.82hm²，占该镇耕地面积的71.41%。张应镇、杜村镇、九龙等镇有少量或零星分布。

（二）主要属性分析

一级地土壤类型以河潮土、棕壤土为主，有少量砂姜黑土。土壤表层质地为轻壤和中壤。土体构型以轻壤厚均质、轻壤厚黏腰、中壤厚黑土心、中壤厚黏心为主，有少量轻壤厚黑土心、沙壤薄砂腰、轻壤厚黏心、沙壤厚均质、沙壤厚砂心、中壤薄黏心。大部分地区无明显障碍层次，少数地区存在夹砂、浅黏等障碍性层次。微地貌类型主要为沿河洼地、沿河平地、浅平洼地。坡度为0°～5°，容重为1.1g/cm³，土壤理化性状良好，可耕性强。农田水利设施较为完善，灌排条件好，大部分地区的灌溉保证率达到80%，少数地区的灌溉水平在50%左右。土壤养分含量较高，如表6-4和表6-5所示。

表6-4　一级地大量元素养分含量

| 项　目 | pH | 有机质（g/kg） | 有效磷（mg/kg） | 速效钾（mg/kg） | 全氮（g/kg） | 碱解氮（mg/kg） |
|---|---|---|---|---|---|---|
| 平均值 | 6.8 | 12.3 | 31 | 103 | 1.03 | 100 |
| 范围值 | 4.5～8.5 | 5.6～18 | 10.2～81.3 | 43～183 | 0.62～1.2 | 88～220 |
| 含量水平 | 中性 | 中偏上 | 中偏上 | 中偏上 | 中等 | 中等 |

表 6-5　　一级地中微量元素养分含量

| 项 目 | 交换性钙(mg/kg) | 交换性镁(mg/kg) | 有效硫(mg/kg) | 有效锌(mg/kg) | 有效硼(mg/kg) | 有效钼(mg/kg) |
|---|---|---|---|---|---|---|
| 平均值 | 1425 | 367 | 48.3 | 1.21 | 0.38 | 0.28 |
| 范围值 | 521～3000 | 200～600 | 152～100.4 | 0.5～3 | 0.13～1 | 0.15～0.31 |
| 含量水平 | 丰富 | 丰富 | 丰富 | 丰富 | 中等 | 中偏上 |

(三)存在问题

该地区属胶州市农业发达地区，常年以种植经济作物为主，农业经济效益明显，因而人们在农业投入品上舍得花钱，不计成本，为了确保产量，普遍存在过量施肥的现象，但土壤肥力与高产、高效农业的需求还有一定差距，未能合理利用土壤养分，而且施肥种类与比例不合理，缺乏针对性，造成部分养分的流失浪费。

(四)合理利用

一级地是胶州市综合性能最好的耕地，各项评价指标均属良好型。土层厚，排灌性好，易于耕作，养分含量高，保肥、保水，适于各种作物生长，是胶州市的丰产耕地。利用方向是发展高产、优质、高效农业。为此，应搞好以下工作：

(1)农业部门应结合科技入户和各惠农项目，转变观念，提高认识，加大宣传力度，加大农业投入，积极提升农业综合生产能力。

(2)增施钾肥，增加土壤中钾的含量；实施平衡施肥，防止土壤污染，适量补施微肥，提高耕地质量。

(3)加大检测力度，确保农业灌溉、施肥安全，搞好标准化生产。

利用方向：应科学规划，严格控制建设用地，加强保护，做到用地养地，可持续利用。

## 二、二级地

(一)面积与分布

二级地综合评价指数为 0.74～0.83，是胶州市分布面积较小的一级土地，耕地面积为 6724.66hm$^2$，占胶州市耕地总面积的 10.1%。其中水浇地为 3056.42hm$^2$，占二级地面积的 45.45%；菜地为 701.46hm$^2$，占二级地面积的 10.43%；旱地为 2966.78hm$^2$，占二级地面积的 44.12%(见表 6-6)。

表 6-6　　二级地各利用类型面积

| 利用类型 | 评价单元(个) | 面积(hm$^2$) | 占耕地总面积(%) | 占二级地面积(%) |
|---|---|---|---|---|
| 水浇地 | 336 | 3056.42 | 4.59 | 45.45 |
| 菜地 | 93 | 701.46 | 1.05 | 10.43 |
| 旱地 | 327 | 2966.78 | 4.46 | 44.12 |
| 总计 | 756 | 6724.66 | 10.1 | 100 |

二级耕地主要分布在铺集镇、里岔镇、洋河镇、胶莱镇、马店镇、胶西镇，其中以铺集镇分布面积最大，为 2095.46hm$^2$，占该镇耕地面积的 30.06%。九龙镇、张应镇、胶东街道办事处、胶北镇、杜村镇、营海街道办事处等有少量或零星分布。

（二）主要属性分析

二级地土壤类型以棕壤土、河潮土、砂姜黑土为主。土壤表层质地为轻壤和中壤，有少量的沙壤。土体构型以中壤厚黑土心、轻壤厚黏心、轻壤厚黏腰、轻壤厚均质为主，有少量中壤厚砂心、中壤厚砂姜心、沙壤厚砂心、轻壤厚黑土心、轻壤薄黏心。大部分耕地的耕层存在夹砂、浅黏等障碍层次。微地貌类型以沿河平地、浅平洼地、岭坡梯田为主，有少量的微斜平地、坡麓梯田、埠岭坡地、滨海低地。坡度为 0°～7°，容重为 1.1g/cm$^3$，土壤理化性状良好，可耕性较强。农田水利设施缺乏，灌排条件一般，少数地区的灌溉保证率达到 70%，大部分地区的灌溉水平只有 50%左右。土壤养分含量均比较理想（见表 6-7 和表 6-8）。

表 6-7　二级地大量元素养分含量

| 项 目 | pH | 有机质 (g/kg) | 有效磷 (mg/kg) | 速效钾 (mg/kg) | 全氮 (g/kg) | 碱解氮 (mg/kg) |
|---|---|---|---|---|---|---|
| 平均值 | 6.2 | 11.5 | 30.2 | 96 | 0.88 | 91 |
| 范围值 | 4.5～8.3 | 5.9～17.4 | 12.5～85.4 | 37～172 | 0.61～1.16 | 83～210 |
| 含量水平 | 中性偏酸 | 中等 | 中偏上 | 中偏上 | 中等 | 中等 |

表 6-8　二级地中微量元素养分含量

| 项 目 | 交换性钙 (mg/kg) | 交换性镁 (mg/kg) | 有效硫 (mg/kg) | 有效锌 (mg/kg) | 有效硼 (mg/kg) | 有效钼 (mg/kg) |
|---|---|---|---|---|---|---|
| 平均值 | 1411 | 352 | 44.5 | 0.96 | 0.33 | 0.28 |
| 范围值 | 515～2890 | 204～579 | 16.2～99.5 | 0.32～2.61 | 0.12～0.99 | 0.15～0.31 |
| 含量水平 | 丰富 | 丰富 | 丰富 | 中等 | 中等 | 中偏上 |

（三）存在问题

主要是部分地区耕层中存在夹砂、浅黏等障碍性层次，灌溉水平一般，大部分地区的灌溉水平较低。

（四）合理利用

一是增施有机肥料，实行秸秆直接还田或过腹还田，不断培肥地力；二是采取深耕等措施，破除犁底层，改良土壤质地和构型，以利于作物根系伸展；三是加大对农田水利设施的投入，改善灌溉条件，提高灌溉保证率；四是平整土地，改良作物种植条件，在坚持因地制宜的基础上，着重补施微肥。

## 三、三级地

### （一）面积与分布

三级地综合评价指数为0.67～0.74，耕地面积为18187.2hm²，占全市耕地总面积的27.32%，是胶州市耕地面积中所占比例最大的一个等级。其中水浇地为11553.59hm²，占三级地面积的63.53%；菜地为1268.61hm²，占三级地面积的6.98%；旱地为5365hm²，占三级地面积的29.5%（见表6-9）。

表6-9　　三级地各利用类型面积

| 利用类型 | 评价单元（个） | 面积（hm²） | 占耕地总面积（%） | 占三级地面积（%） |
|---|---|---|---|---|
| 水浇地 | 1227 | 11553.59 | 17.35 | 63.53 |
| 菜地 | 213 | 1268.61 | 1.91 | 6.98 |
| 旱地 | 557 | 5365 | 8.06 | 29.5 |
| 总计 | 1997 | 18187.20 | 27.32 | 100 |

三级地主要分布在铺集镇、马店镇、胶西镇、胶东街道办事处、胶北镇、北关街道办事处、洋河镇、里岔镇、胶莱镇、张应镇、杜村镇，其中以铺集镇分布面积最大，为2731.32hm²，占该镇耕地面积的39.18%。九龙镇、李哥庄镇、三里河街道办事处、中云街道办事处、云溪街道办事处、阜安街道办事处、营海街道办事处等有少量或零星分布。

### （二）主要属性分析

三级地土壤类型以砂姜黑土、棕壤土、河潮土为主，兼有少量盐化潮土、粗骨土。土壤表层质地为轻壤和中壤，有少量的沙壤。土体构型以中壤厚黑土心、中壤厚黏心、轻壤厚黏腰、轻壤厚黏心为主，有少量沙壤薄砂腰、轻壤厚均质、轻壤厚黑土心、轻壤薄黏心。大部分地区的耕层中存在夹砂、浅黏等障碍层次，少数地区无明显的障碍层次。微地貌类型主要是沿河洼地、沿河平地、微斜平地、浅平洼地，有少量的坡麓梯田、岭坡梯田、埠岭坡地、滨海低地，坡度为0°～10°，容重为1.13g/cm³。少数地区的灌溉保证率达到50%左右，大部分无灌溉条件。土壤养分除有效锌含量偏低，相对比较理想（见表6-10和表6-11）。

表6-10　　三级地大量元素养分含量

| 项 目 | pH | 有机质（g/kg） | 有效磷（mg/kg） | 速效钾（mg/kg） | 全氮（g/kg） | 碱解氮（mg/kg） |
|---|---|---|---|---|---|---|
| 平均值 | 5.7 | 12.1 | 27.8 | 99 | 0.81 | 87 |
| 范围值 | 4.5～8 | 6.3～20.2 | 10.7～71.4 | 31～182 | 0.6～1.18 | 80～179 |
| 含量水平 | 酸性 | 中偏上 | 中等 | 中偏上 | 中等 | 中偏下 |

表 6-11　　三级地中微量元素养分含量

| 项 目 | 交换性钙 (mg/kg) | 交换性镁 (mg/kg) | 有效硫 (mg/kg) | 有效锌 (mg/kg) | 有效硼 (mg/kg) | 有效钼 (mg/kg) |
|---|---|---|---|---|---|---|
| 平均值 | 1378 | 347 | 41.3 | 0.95 | 0.37 | 0.26 |
| 范围值 | 521～3000 | 200～600 | 15～100 | 0.33～2.53 | 0.12～1.14 | 0.15～0.31 |
| 含量水平 | 丰富 | 丰富 | 丰富 | 中偏下 | 中等 | 中偏上 |

(三)存在问题

三级地是平原向山区过渡的等级类型，各种属性介于两者之间，耕地大平小不平，地块微有倾斜；耕地养分存在不平衡现象，其中有效锌的含量水平较低；灌溉水平极差。

(四)合理利用

一是平田整地，深翻改土，加深耕层厚度，改善土壤物理性状；二是增施钾肥和微肥；三是加大对农田水利设施的投入，兴修水渠、水库等，改善灌溉状况，提高灌溉保证率。

## 四、四级地

(一)面积与分布

四级地综合评价指数为 0.6～0.67，耕地面积为 14608.12hm²，占全市耕地总面积的 21.94%，在胶州市耕地面积 6 个等级中所占的比例仅次于三级地，是胶州市第二大的一级地。其中水浇地为 6200.61hm²，占四级地面积的 42.45%；菜地为 251.81hm²，仅占四级地面积的 1.72%；旱地为 8155.71hm²，占四级地面积的 55.83%(见表 6-12)。

表 6-12　　四级地各利用类型面积

| 利用类型 | 评价单元(个) | 面积(hm²) | 占耕地总面积(%) | 占四级地面积(%) |
|---|---|---|---|---|
| 水浇地 | 815 | 6200.61 | 9.31 | 42.45 |
| 菜地 | 85 | 251.81 | 0.38 | 1.72 |
| 旱地 | 947 | 8155.71 | 12.25 | 55.83 |
| 总计 | 1847 | 14608.12 | 21.94 | 100 |

四级地主要分布于张应镇、洋河镇、胶北镇、营海街道办事处、李哥庄镇、里岔镇、马店镇、杜村镇、铺集镇、九龙镇、云溪街道办事处，其中以张应镇分布面积最大，为 2851.48hm²，占该镇耕地面积的 49.88%。胶西镇、胶东街道办事处、三里河街道办事处、中云街道办事处、北关街道办事处、胶莱镇、阜安街道办事处等有少量或零星分布。

(二)主要属性分析

四级地土壤类型以棕壤土为主，兼有少量砂姜黑土、粗骨土、盐化潮土。土壤表层质地主要是轻壤和中壤，有少量沙壤。土体构型以中壤厚黏心、中壤薄黏心、轻壤厚黏心为主，有少量中壤厚黑土心、沙壤厚砂心、沙壤厚砂腰、轻壤均质、轻壤厚黏腰、轻壤厚均质、轻壤薄黏心、轻壤薄砂心。绝大部分的耕层含有夹砂、浅黏等明显障碍性层次，极少数地区的耕层中没有明显的障碍层次。微地貌类型以沿河平地、坡麓梯田、岭坡梯田、埠岭坡地、滨海低地为主，有少量沿河洼地、微斜平地、浅平洼地、荒坡岭、海滩地。地形坡度为0°～15°，容重为1.14g/cm³。极少数耕地的灌溉保证率在40％左右，绝大部分为无灌溉区。土壤养分中速效钾、有效磷含量较低，其他养分含量比较理想（见表6-13和表6-14）。

表6-13 四级地大量元素养分含量

| 项目 | pH | 有机质(g/kg) | 有效磷(mg/kg) | 速效钾(mg/kg) | 全氮(g/kg) | 碱解氮(mg/kg) |
|---|---|---|---|---|---|---|
| 平均值 | 5.6 | 11.4 | 25.9 | 92 | 0.75 | 82 |
| 范围值 | 4.5～7.9 | 5.6～19.2 | 6.5～61.1 | 38～181 | 0.6～1.18 | 80～179 |
| 含量水平 | 酸性 | 中等 | 中偏下 | 中偏下 | 中等 | 中偏下 |

表6-14 四级地中微量元素养分含量

| 项目 | 交换性钙(mg/kg) | 交换性镁(mg/kg) | 有效硫(mg/kg) | 有效锌(mg/kg) | 有效硼(mg/kg) | 有效钼(mg/kg) |
|---|---|---|---|---|---|---|
| 平均值 | 1366 | 335 | 41.3 | 1.09 | 0.35 | 0.18 |
| 范围值 | 514～2946 | 200～535 | 15.2～93.4 | 0.34～2.59 | 0.13～1.26 | 0.15～0.31 |
| 含量水平 | 丰富 | 丰富 | 丰富 | 中等 | 中等 | 中偏上 |

（三）存在问题

该级地耕层中存在明显的障碍性层次，砾石较多，阻碍作物的正常发育；养分含量偏低，对作物生长不利；灌溉水平极低。

（四）改良利用

一是修筑梯田，平整土地，增施有机肥，改善土壤环境；二是调整种植业结构，大力发展旱作农业，利用区域环境好、无污染的特点，引导鼓励农民发展果品生产；三是增施磷肥、钾肥和微肥，改善土壤养分状况；四是加大对农田水利设施的投入，兴修水渠、水库等，改善灌溉状况，提高灌溉保证率。

利用方向：向生产优质果品方向发展，生产绿色无公害农产品。

## 五、五级地

（一）面积与分布

五级地综合评价指数为0.51～0.6，耕地面积为11356.04hm²，占全市耕地总面积的17.06％，是胶州市中占耕地面积较小的一个等级。其中水浇地为964.05hm²，占五级地面积的8.49％；菜地为276.78hm²，仅占五级地面积的2.44％；旱地为10115.21hm²，占五级地面积的89.07％（见表6-15）。

表 6-15　五级地各利用类型面积

| 利用类型 | 评价单元(个) | 面积($hm^2$) | 占耕地总面积(%) | 占五级地面积(%) |
|---|---|---|---|---|
| 水浇地 | 170 | 964.05 | 1.45 | 8.49 |
| 菜地 | 23 | 276.78 | 0.42 | 2.44 |
| 旱地 | 1036 | 10115.21 | 15.19 | 89.07 |
| 总计 | 1229 | 11356.04 | 17.06 | 100 |

五级地主要分布在九龙镇、杜村镇、张应镇、营海街道办事处、胶西镇、洋河镇，其中以九龙镇分布面积最大，为 396.56$hm^2$，占该镇耕地面积的 18.23%。里岔镇、铺集镇、三里河街道办事处等有少量或零星分布。

(二)主要属性分析

五级地土壤类型以棕壤性土为主，含有少量棕壤土和盐化潮土。土壤表层质地以中壤和轻壤为主，有少量沙壤。土体构型以中层和薄层为主，有少量沙壤厚砂心、沙壤薄砂腰、轻壤厚黏腰、轻壤厚黏心、轻壤厚黏腰。耕层中含有夹砂、浅黏等明显障碍性层次。微地貌类型以沿河平地、岭坡梯田为主，有少量微斜平地、浅平洼地、坡麓梯田、荒坡岭、滨海低地。地形坡度为 0°～18°，容重为 1.14g/$cm^3$。整个五级地几乎全是无灌溉区，较少数地区灌溉保证率达到 30%。土壤养分含量除有效磷、有效锌、中量元素含量较为理想，其他养分含量均偏低(见表 6-16 和表 6-17)。

表 6-16　五级地大量元素养分含量

| 项 目 | pH | 有机质(g/kg) | 有效磷(mg/kg) | 速效钾(mg/kg) | 全氮(g/kg) | 碱解氮(mg/kg) |
|---|---|---|---|---|---|---|
| 平均值 | 5.5 | 11.1 | 28.6 | 87 | 0.68 | 82 |
| 范围值 | 4.5～7.9 | 6.8～21.3 | 11.7～78 | 39～195 | 0.6～1.18 | 80～179 |
| 含量水平 | 酸性 | 中偏下 | 中等 | 中偏下 | 中偏下 | 中偏下 |

表 6-17　五级地中微量元素养分含量

| 项 目 | 交换性钙(mg/kg) | 交换性镁(mg/kg) | 有效硫(mg/kg) | 有效锌(mg/kg) | 有效硼(mg/kg) | 有效钼(mg/kg) |
|---|---|---|---|---|---|---|
| 平均值 | 1156 | 335 | 26.4 | 1.07 | 0.34 | 0.1 |
| 范围值 | 510～2962 | 200～526 | 15.3～87.5 | 0.38～2.54 | 0.12～1.18 | 0.15～0.31 |
| 含量水平 | 中等 | 丰富 | 中等 | 中等 | 中偏下 | 中偏下 |

（三）存在问题

该级地的土层厚度很薄，耕层中存在明显的障碍性层次，砾石较多，阻碍作物的正常发育；养分含量偏低，对作物生长不利；灌溉水平极低。

（四）改良利用

近年来，这部分耕地一直是胶州市中低产田改造的重点。该级地主要分布在山丘地区的倾斜地和山坡上，耕层中存在夹砂等障碍性层次，地形坡度较大，不宜大面积开发整理成耕地，应根据实际情况发展林果业，种植桃、板栗等果品。同时加大荒山治理力度，综合整治山水林田路。

利用方向：整修梯田，营造水土保持林，提高综合控制水土的能力；因土制宜调整农业种植结构，发展耐旱耐土壤贫瘠作物；发展经济林，实行多种经营，增加收入。

## 六、六级地

（一）面积与分布

六级地综合评价指数低于 0.51，耕地面积为 2126.05$hm^2$，占全市耕地总面积的 3.19%，是胶州市 6 个等级中所占比例最小的一个等级。其中水浇地为 100.89$hm^2$，占六级地面积的 4.75%；菜地为 6.86$hm^2$，仅占六级地面积的 0.32%；旱地为 2018.31$hm^2$，占六级地面积的 94.93%（见表 6-18）。

表 6-18　六级地各利用类型面积

| 利用类型 | 评价单元（个） | 面积（$hm^2$） | 占耕地总面积（%） | 占六级地面积（%） |
|---|---|---|---|---|
| 水浇地 | 33 | 100.89 | 0.15 | 4.75 |
| 菜地 | 4 | 6.86 | 0.01 | 0.32 |
| 旱地 | 301 | 2018.31 | 3.03 | 94.93 |
| 总计 | 338 | 2126.05 | 3.19 | 100 |

六级地主要分布在洋河镇、九龙镇、营海街道办事处、三里河街道办事处、张应镇、胶西镇，其中洋河镇分布面积最大，为 424.39$hm^2$，占该镇耕地面积的 6.93%。杜村镇、里岔镇等有零星分布。

（二）主要属性分析

六级地土壤类型主要为粗骨土。土壤表层质地以沙壤为主，有少量中壤和轻壤。土体构型以薄层为主，兼有少量中层。耕层中含有夹砂等明显障碍性层次。微地貌类型以岭坡梯田为主，有少量的荒坡岭、坡麓梯田、浅平洼地、沿河平地。地形坡度为 0.5°～20°，容重为 1.14$g/cm^3$。六级地几乎全是无灌溉区。土壤养分除有效锌、中量元素含量水平较为理想，其余养分含量水平很低（见表 6-19 和表 6-20）。

表 6-19 六级地大量元素养分含量

| 项 目 | pH | 有机质 (g/kg) | 有效磷 (mg/kg) | 速效钾 (mg/kg) | 全氮 (g/kg) | 碱解氮 (mg/kg) |
|---|---|---|---|---|---|---|
| 平均值 | 5.5 | 10.7 | 27.3 | 85 | 0.68 | 82 |
| 范围值 | 4.5～7.9 | 6.3～18.7 | 11.5～68.1 | 35～139 | 0.6～1.18 | 80～179 |
| 含量水平 | 酸性 | 中偏下 | 中偏下 | 中偏下 | 中偏下 | 中偏下 |

表 6-20 六级地中微量元素养分含量

| 项 目 | 交换性钙 (mg/kg) | 交换性镁 (mg/kg) | 有效硫 (mg/kg) | 有效锌 (mg/kg) | 有效硼 (mg/kg) | 有效钼 (mg/kg) |
|---|---|---|---|---|---|---|
| 平均值 | 1133 | 301 | 21.5 | 1.13 | 0.34 | 0.1 |
| 范围值 | 510～2962 | 200～526 | 14.5～87.5 | 0.38～2.57 | 0.13～1.24 | 0.15～0.31 |
| 含量水平 | 中等 | 丰富 | 中等 | 中偏上 | 中偏下 | 中偏下 |

（三）存在问题

该级地的土层厚度极薄，耕层中存在明显的障碍性层次，砾石较多，阻碍作物的正常发育；坡度很大，不利于土壤的保水、保肥；养分含量偏低，对作物生长不利；整个地区没有人工灌溉，灌溉水平极低。

（四）改良利用

六级地土壤物理条件较差，大部分存在夹砂等障碍性层次，较大的地形坡度使得灌溉水平极低，都是无灌溉区，只能靠天吃饭，不宜种植大田作物。改良利用上应重点因地制宜地充分利用山沟自然条件，修筑塘坝，大力开辟水源，克服干旱威胁。

利用方向：调整种植业结构，适当发展经济林、用材林，实行多种经营，同时起到改善土壤环境条件、防止水土流失、保护自然植被的作用。

## 第三节 耕地地力等级的符合性检验

评价工作完成以后，及时把等级划分归入农业部等级标准，以便于各级部门统计合并，同时为验证评价结果的科学性和准确性，胶州市进行了符合性验证和产量水平调查。

### 一、符合性检验方法

本次耕地地力评价中，胶州市共划分耕地评价单元 7394 个。根据耕地地力水平划分 6 个等级，其中一级地 1227 个、二级地 756 个、三级地 1979 个、四级地 1847 个、五级地 1229 个、六级地 338 个。根据胶州市实际情况和符合性检验的需要，本次符合性验证选取 150 个评价单元进行验证，其中一级地 25 个、二级地 15 个、三级地 40 个、四级地 36 个、五级地 25 个、六级地 9 个。检验选取评价单元按照随机原则在本级地中选取，根据地理位置和经纬度进行调查验证。

2011 年 6～9 月，胶州市农业局成立了室内工作小组和野外调查小组，由室内工作小组对土体构型、耕层质地、矿化度、地貌类型等图件与第二次土壤普查成果图件进行认真核对；野外调查小组通过实地调查环境条件、管理水平，核对理化属性，同时深入农户调查常年产量，每个评价单元调查 5 户，调查产量范围和平均产量。对各评价指标的验证方法如表 6-21 所示。

表 6-21 符合性检验和产量调查方法表

| 评价指标 | 验证和调查方法 |
|---|---|
| 灌溉保证率 | 技术人员实地调查 |
| 土体构型 | 核对第二次土壤普查成果图件 |
| 耕层质地 | 核对第二次土壤普查成果图件 |
| 矿化度 | 核对第二次土壤普查成果图件 |
| 地貌类型 | 核对地貌类型图 |
| 盐碱化程度 | 实地调查 |
| 有机质<br>有效磷<br>速效钾<br>有效锌<br>有效硼 | 与 2009～2011 年测土配方施肥项目在评价单元内采样分析结果平均值比较验证，考虑土壤养分含量不稳定性，变化范围在 5%以内为符合，5%～10%为基本符合，超出 10%为不符合 |
| 产量调查 | 农户调查 |

## 二、符合性检验结果

通过图件核对、实地调查，耕地地力评价结果基本符合胶州市实际情况，粮食产量符合验证结果如表 6-22 所示。

表 6-22 各级地产量调查统计表

| 地力等级 | 调查单元(个) | 产量($kg/hm^2$) | |
|---|---|---|---|
| | | 产量范围 | 平均产量 |
| 一级地 | 25 | 9736～14000 | 11250 |
| 二级地 | 15 | 7000～10050 | 9000 |
| 三级地 | 40 | 6000～8000 | 6640 |
| 四级地 | 36 | 4500～6500 | 5015 |
| 五级地 | 25 | 2800-6000 | 4000 |
| 六级地 | 9 | 1050～3300 | 2800 |

(一)一级地符合性验证结果

通过实地调查和农户调查表核实,可以看出:一级地沟渠配套,灌溉条件良好,大部分地区的灌溉保证率达到80%,无环境污染;土壤养分含量较高,土壤表层质地为轻壤和中壤,无不良土体构型,土壤耕性良好;一级地产量水平在9736~14000kg/$hm^2$范围内,平均产量为11250kg/$hm^2$,处于胶州市较高水平。总体看,一级地地力水平在全市处于最高水平,评价结果符合实际情况。

(二)二级地符合性验证结果

通过实地调查和农户调查表核实,可以看出:二级地沟渠基本配套,灌溉条件较好,无环境污染;土壤理化性状良好,土壤养分处于较高水平,质地以轻壤和中壤为主,可耕性较强;农田设施基本配套,种植新技术推广面积大;二级地产量水平在7000~10050kg/$hm^2$范围内,平均产量为9000kg/$hm^2$,处于胶州市较高水平。总体看,二级地地力水平在全市处于较高水平,评价结果符合实际情况。

(三)三级地符合性验证结果

通过实地调查和农户调查表核实,可以看出:三级地土壤养分处于胶州市平均水平,质地以轻壤和中壤为主,有少量重壤和沙壤,部分地区的耕层中存在夹砂、浅黏等障碍层次;极少数地区的灌溉保证率在50%左右;三级地产量水平在6000~8000kg/$hm^2$范围内,平均产量为6640kg/$hm^2$,处于较高水平。总体看,三级地地力水平处在全市平均水平,评价结果符合实际情况。

(四)四级地符合性验证结果

通过实地调查和农户调查表核实,可以看出:四级地土壤养分含量低于一级地、二级地,质地以轻壤和中壤为主,有少量重壤和沙壤,绝大部分的耕层含有夹砂、浅黏等明显障碍性层次,极少数地区的耕层中没有明显的障碍层次;四级地产量水平在4500~6500kg/$hm^2$范围内,平均产量为5015kg/$hm^2$,稍低于全市平均水平。总体看,四级地地力低于胶州市平均水平,评价结果符合实际情况。

(五)五级地符合性验证结果

通过实地调查和农户调查表核实,可以看出:五级地土壤养分含量较低,质地以轻壤和中壤为主,有少量沙壤,耕层中含有夹砂、浅黏等明显障碍性层次;部分地块沟渠不配套,灌溉保证率偏低;农田设施较落后,管理粗放,种植技术落后;五级地产量水平在2800~6000kg/$hm^2$范围内,平均产量为4000kg/$hm^2$,处于较高水平。总体看,五级地地力水平较低,评价结果符合实际情况。

(六)六级地符合性验证结果

通过实地调查和农户调查表核实,可以看出:六级地土壤表层质地以沙壤为主,土体构型以薄层为主,耕层中含有夹砂等明显障碍性层次;沟渠不配套,井水含量较差,灌溉保证率极低;农田设施不完善,技术落后,管理粗放,土壤养分处于全市最低;六级地产量水平在1050~3300kg/$hm^2$范围内,平均产量为2800kg/$hm^2$,产量水平最低。总体看,六级地地力水平全市最低,评价结果符合实际情况。

总体来看,胶州市北部和南部地区微地貌类型多为滨海低地、沿河平地、岭坡梯田、山前缓平地,肥力高,有效耕层厚,土壤类型多为棕壤、砂姜黑土、潮土,农业基础设施均配套成型，灌溉条件较好，而胶州市中部地区土壤贫瘠，微地貌类型为荒坡岭、滨海滩地等，有效耕层薄，肥力低，基本无灌溉条件，还有部分未利用土地，属于低产田类型。评价结果为：一级地、二级地多分布在胶州市北部和西南部地区，五级地、六级地分布在胶州市中部，可见，评价结果较符合胶州市实际情况。

# 第七章　耕地资源合理利用与改良

## 第一节　利用与改良的耕地资源的现状、特征

### 一、耕地资源的现状

耕地资源的生产情况由地理位置和地形地貌决定，胶州市光热资源较好，降水较多且水、热及生物生长季节配合较为协调；土壤类型多且理化性较好，宜耕作，适种性广，有利于多种作物生长。

胶州市土地总面积为 131300$hm^2$，实有耕地总面积为 66579.03$hm^2$，未利用土地面积为 2962.96$hm^2$，占总面积的 2.26%，除石质山岭、裸岩、沙地、盐土地无法利用，平原地区由于农业发展历史悠久，耕地资源基本都已开发利用。从当前土地利用现状来看，由于城市拓展、工业发展、道路及林网建设占用部分土地，与 1982 年第二次土壤普查时的 78375.47$hm^2$ 相比，耕地面积减少 11796.44$hm^2$，减少 15.05%。

### 二、耕地土壤养分状况

胶州市土壤各种养分含量的变幅较大，土壤 pH 较低，酸化比较严重，氮、钾相对不足，有机质含量适中，较以往有所改善，磷较丰富，微量元素含量差异悬殊，缺素面积大。胶州市耕层土壤的 pH 众数为 6.2，土壤酸化相对严重；有机质含量平均为 11.7g/kg，较适中；全氮含量平均为 0.82g/kg，碱解氮含量平均为 88mg/kg，氮含量相对较低；有效磷含量平均为 28.6mg/kg，含量较丰富；速效钾含量平均为 97mg/kg，缓效钾含量平均为 494mg/kg，钾含量相对不足。

### 三、利用与改良的耕地资源的特征

一级地土壤类型以河潮土、棕壤土为主，有少量砂姜黑土。土壤表层质地为轻壤和中壤。土体构型以轻壤厚均质、轻壤厚黏腰、中壤厚黑土心、中壤厚黏心为主，有少量轻壤厚黑土心、沙壤薄砂腰、轻壤厚黏心、沙壤厚均质、沙壤厚砂心、中壤薄黏心。大部分地区无明显障碍层次，少数地区存在夹砂、浅黏等障碍性层次。微地貌类型主要为沿河洼地、沿河平地、浅平洼地。坡度为 0°～5°，土壤理化性状良好，可耕性强。农田水利设施较为完善，灌排条件好，大部分地区的灌溉保证率达到 80%，少数地区的灌溉水平在 50%左右。土壤养分含量较高。

二级地土壤类型以棕壤土、河潮土、砂姜黑土为主。土壤表层质地为轻壤和中壤，有少量的沙壤。土体构型以中壤厚黑土心、轻壤厚黏心、轻壤厚黏腰、轻壤厚均质为主，有少量中壤厚砂心、中壤厚砂姜心、沙壤厚砂心、轻壤厚黑土心、轻壤薄黏心。大部分耕地的耕层存在夹砂、浅黏等障碍层次。微地貌类型以沿河平地、浅平洼地、岭坡梯田为主，有少量的微斜平地、坡麓梯田、埠岭坡地、滨海低地。坡度为0°～7°，土壤理化性状良好，可耕性较强。农田水利设施缺乏，灌排条件一般，少数地区的灌溉保证率达到70%，大部分地区的灌溉水平都在50%左右。土壤养分含量均比较理想。

三级地土壤类型以砂姜黑土、棕壤土、河潮土为主，兼有少量盐化潮土、粗骨土。土壤表层质地为轻壤和中壤，有少量的沙壤。土体构型以中壤厚黑土心、中壤厚黏心、轻壤厚黏腰、轻壤厚黏心为主，有少量沙壤薄砂腰、轻壤厚均质、轻壤厚黑土心、轻壤薄黏心。大部分地区的耕层中存在夹砂、浅黏等障碍层次，少数地区无明显的障碍层次。微地貌类型主要是沿河洼地、沿河平地、微斜平地、浅平洼地，有少量的坡麓梯田、岭坡梯田、埠岭坡地、滨海低地，坡度为0°～10°。少数地区的灌溉保证率达到50%左右，大部分为无灌溉区。土壤养分除有效锌含量偏低，相对比较理想。

四级地土壤类型以棕壤土、河潮土为主，兼有少量砂姜黑土、粗骨土、盐化潮土。土壤表层质地主要是轻壤和中壤，有少量沙壤。土体构型以中壤厚黏心、中壤薄黏心、轻壤厚黏心为主，有少量中壤厚黑土心、沙壤厚砂心、沙壤厚砂腰、轻壤均质、轻壤厚黏腰、轻壤厚均质、轻壤薄黏心、轻壤薄砂心。绝大部分的耕层含有夹沙、浅黏等明显障碍性层次，极少数地区的耕层中没有明显的障碍层次。微地貌类型以沿河平地、坡麓梯田、岭坡梯田、埠岭坡地、滨海低地为主，有少量沿河洼地、微斜平地、浅平洼地、荒坡岭、海滩地。地形坡度为0°～15°。极少数耕地的灌溉保证率在40%左右，绝大部分为无灌溉区。土壤养分中速效钾、有效磷含量较低，其他养分含量比较理想。

## 第二节 耕地改良的实践与效果

### 一、存在的主要问题及原因分析

(一)耕地地力不足，耕地生产率低

虽然经过排、灌、路、林等综合治理，农田生态环境不断改善，耕地单产、总产呈上升趋势。但近年来，农业生产资料价格一再上涨，农业成本较高，加之我国已加入世界贸易组织后，农产品要和国际市场接轨，价格持续下滑，所以，一些农民通过增施氮肥取得产量，且耕作粗放，结果使土壤有机质含量下降，土壤结构变差，耕地生产率低。

(二)施肥方法不当，养分不平衡

耕地养分不平衡主要表现在养分含量悬殊，由于20世纪70年代以来重施化肥，轻农家肥投入，重用地，轻养地，和连续多年的高水平产出，致使土壤养分超支，耕层有机质急剧减少。多数地片常年施肥不合理，在施肥种类上重视无机肥料，特别是重视氮素肥料，在化肥品种上重氮、轻磷，忽视钾肥施用，氮、磷、钾施用比例失调，养分不平衡。

(三)重用地、轻养地

多年来,对土地只管种,不管养,种养失调,肥力下降。重施化肥,轻施有机肥和绿肥;在耕作制度的改革上,片面强调高复种指数,土地得不到培养和休息,造成了土壤有机质的下降;单一施用化肥,造成土壤板结,耕性变劣,肥力下降,直接形成了耕地可持续利用障碍。一些原本高产、稳产的耕地也出现了地力衰退的现象,破坏了土壤物理属性,改变了土体构造,造成土壤板结,通气、透气、保肥性能下降,降低了土壤肥力。

耕地质量下降导致诸多问题产生:一是粮食生产能力低而不稳;二是农产品成本高、效益低,生产同样多的产品,低肥力土壤要施用更多的肥料,土壤含盐量高,或耕性不良,或缺水干旱,也都需要增加劳力、机械或水的投入;三是科技进步的作用削减,许多优良品种由于土壤肥力低下,难以发挥生产潜力达到预期产量;四是农产品的质量安全受影响;五是生态环境恶化加速,如土壤结构不良,抗蚀力弱,风蚀、水蚀严重,土壤保肥力差,肥料易流失,污染水体和空气。

## 二、耕地改良的措施实践与效果

(一)土壤改良培肥,改善土壤质量

1. 大力发展畜牧业,广开肥源,增加土壤有机质

发展畜牧业是积造农家肥的基础。土壤有机质含量的高低,是衡量土壤肥力的重要指标。一般来说,有机质含量高,其他养分含量也高。它不但具备作物需要的各种营养元素,而且是土壤微生物营养和能源的供给者,经分解缩合形成的腐殖质,是团粒结构的胶结剂,有机质丰富的土壤,团粒结构数量多,质量好,吸收容量大,物理性状好,水、肥、气、热状况容易得到协调。因而能够稳、匀、适地供给作物所需的各种养分,这是化学肥料不能代替的,是高产、稳产的基础。

2. 增施氮、钾肥,合理施用磷肥,调节营养比例

氮、磷、钾是作物生长发育所需要的主要元素,三者比例协调,才能充分发挥其增产作用。按高产土壤要求,养分含量:有机质高于15g/kg,全氮1g/kg左右,碱解氮80~120mg/kg,速效磷15~40mg/kg(纯磷)。胶州市部分区域水土流失较严重,土壤表层质地粗,通气性大,养分分解快,积累少,容易脱肥,这是胶州市土壤含氮普遍低的主要原因之一。因此,必须坚持继续重视施用氮素肥料。在肥料施用上,应掌握“两个为主”“三个结合”“四个配合”的原则。即要以有机肥和底肥为主;上下结合,土肥与化肥结合,迟效与速效结合;有机肥、氮肥、磷肥和钾肥配合施用。在施用方法上变浅施为适当深施,对漏肥的地块改一次施用为少量多次施用,改地面撒施为沟施或穴施,做到科学施肥、经济用肥,提高肥效。

(二)科学利用水资源,合理灌溉

胶州市有多处大型引水灌溉工程,如山洲水库蓄输水工程、胶莱河蓄输水工程、洋河蓄输水工程,这都是保证农业持续稳定增产的有利条件。要合理灌溉,严禁大水漫灌,严格控制灌水量。要充分抓住国家重视农田水利建设的有利时机,在完善水资源保护设施建设的前提下,大力发展管网工程,争取处处地头有水管,随需随用,同时还要尽可能地争取资金,发展节水灌溉,促进水肥一体化技术的普及。

## 第三节 耕地资源合理利用的对策

土地是宝贵而有限的资源，是农业最基本的生产资料，珍惜和节约每寸土地是我国的重要国策。随着农村、城市建设的不断扩大，人口不断增多，人多地少的矛盾将会越来越来突出。为此，在今后的建设中，必须采取强有力的措施，坚持水、田、林、路、村镇统筹安排，全面规划。对各项建设用地，应严格掌握不占用或少占用耕地，有薄地不占用好地，并注重节约。

### 一、增施有机肥，培肥地力

增施有机肥料，不仅是补充地力消耗，保证作物养分的吸收利用，同时还是养地培肥、提高土壤生产力。

增加土壤有机质的途径：一是大搞秸秆还田，实现小麦、玉米秸秆大部分还田；二是大力发展畜牧业，饲养食草动物，增积厩肥；三是推广种植绿肥作物，改良土壤理化性状，加速土壤熟化，促进土壤有机质、氮、磷、钾等营养元素的转化，提高有效性，同时可改良盐碱地，降低含盐量；四是大力发展城市有机垃圾的科学利用，对城市有机废弃物进行有效分检，剔除有害物质，生产商品有机肥，变废为宝。

### 二、深耕改土，加厚活土层

每 2～3 年深耕、深翻一次，耕深 30cm 以上。通过深耕、深翻打破犁底层，能够熟化土壤，加厚活土层，提高土壤通透性和蓄水性。深耕，尤其是配合增施有机肥，有利于好气性微生物活动，促进团粒结构形成，提高土壤肥力，扩大作物根系吸收利用营养的面积。深翻，结合整平地面，有利于合理用水，提高灌水质量，防止土壤的侵蚀。深翻不要打乱土层，深耕要逐年加深，一般以每次加深 3cm 为宜。深耕、深翻时间为冬前最好，利用冻融交替，散碎土垡，破除坷垃，有利于春季保墒和适时播种。若行春耕，宜早不宜晚，耕后耙透耢平，提高耕作质量。

### 三、测土配方施肥，节本增效

目前，根据土壤检测结果，对缺肥区给予重点补肥，使用测土配方实施技术，使耕地地力评价结果得到应用，从而达到经济、合理施肥和提高经济效益的结果。

### 四、广开水源，充分发挥水利效益

水是植物生长的基本条件，水利是农业的命脉。充分利用水利资源，进一步发挥水利重要作用，是确保农业生产丰收的重要环节。根据胶州市水源的特点，必须抓好如下措施：一是要清理原有灌溉排水渠道，做好整修疏挖和清淤，做到灌排畅通；二是胶州市统一规划，新建灌排渠道，使灌排渠分布合理，灌排分设；三是搞好田间水利工程，开挖平塘集水，修建堤坝蓄水，配套节水灌溉，做到合理灌溉，节约用水；四是建立健全管水用水制度，加强灌排工程的维护和管理，最大限度延长设施的使用时间。

## 五、因土制宜，优化种植业结构

种植业是农牧副业发展的基础，有了它，才有畜牧业的发展，以及沿着食物链和加工链的各种农业生产的发展。为此，种植业需改变片面、单一的发展，要注重经济效益和生态效益的综合发展，并把改善生态环境作为重要的战略目标。即因土种植，优化种植业结构，合理利用土地资源，提高生产能力。

## 六、治理和防范农田污染

运用物理、化学等农业综合治理措施，有效防治化肥、农药对部分农田的污染。加大市场监管力度，加大新优农资应用力度，减少污染，提高效益。建立和完善耕地质量监测网络，坚持重点监控与系统监测相结合，及时了解分析不同区域、不同土壤类型的土壤养分、土壤耕作管理和土壤污染等环节的动态。密切关注和研究土壤养分状况，提前做好各种应对准备，以便及时采用有效措施，确保胶州市耕地质量的不断提高。

## 七、加强农业综合技术培训

针对农民群众在施肥、耕作、种地养地等过程中存在的问题，积极开展多种层次、多种形式的技术培训，特别要重视实用技术(如土壤培训技术、合理灌溉技术、平衡施肥技术、耕作管理技术等)的培训，最终达到提高农民对保护耕地的认识和科学种田技术水平的目的。

总之，根据胶州市耕地资源和利用现状，制定了合理开发利用及保护土壤资源的总体意见和耕地改良措施。这些开发利用和保护土壤资源的战略措施，如果得到有效的落实，就一定能够使胶州市的耕地质量得到根本改善。

# 第八章　耕地资源管理信息系统

胶州市耕地资源管理信息系统数据库建设工作，是耕地地力评价工作的重要组成部分，是国家实现科学种田，促进粮食稳定生产，实现农业科学施肥经常化、普及化的重要工作，也是实现农业耕地地力评价成果资料统一化、标准化的重要计划，是实现农业信息资料共享的技术手段。胶州市耕地资源管理信息系统数据库建设工作是对最新的土地利用现状调查成果，第二次土壤普查的土壤、地貌等成果，本次耕地地力评价工作采集土壤样品的检测分析等成果进行汇总，是建立一个集空间数据库和属性数据库的存储、管理、查询、分析、显示为一体的数据库，是为科学施肥管理、促进农业的可持续发展管理、深化农业科学管理工作服务的。

## 第一节　基本情况

### 一、建库单位组成

为加快胶州市耕地资源管理信息系统数据库建设工作，依据农业部县域耕地资源管理信息系统数据库建设工作要求，胶州市农业局邀请具有丰富工作经验的专家、教授组成联合工作组，指导胶州市开展测土配方施肥研究、耕地地力评价、数据库建设工作。

山东省土壤肥料总站：负责评价及建库工作组织、协调、标准制定、土壤图成果资料的归属核查处理等；山东农业大学资源与环境学院：负责耕地地力评价图、土壤化学以及微量元素系列图及研究报告编制等；山东天地亚太国土遥感有限公司：负责土地、土壤、矿化度、地貌、灌溉分区等图件扫描矢量化及几何校正处理等编图工作，耕地地力评价所有建库资料统一化、标准化处理，空间数据库和属性数据库建设，耕地地力评价成果图件修改编辑及图件输出、数据库建设报告编制等工作。

### 二、建库工作的软硬件环境

(一)主要硬件

P4 3.0 计算机 10 台，HP5000 和 HP3500 绘图仪各 1 台。

(二)软件

MAPGIS 6.7 软件 10 套，ARCGIS 9.2 软件 2 套，县域耕地资源管理信息系统软件 2 套，ENVI 4.6 遥感图像处理与分析软件 1 套。

## 第二节　建库内容及建库工作中主要问题的处理

### 一、建库内容

依据农业部耕地地力评价工作数据库建设的要求，胶州市耕地资源管理信息系统数据库建设工作包括空间数据库和属性数据库两部分内容。属性数据库严格按照县域耕地资源管理信息系统数据字典及胶州市农业局提供的有关数据、资料编制。空间数据库包括土地利用现状图、土壤图、坡度图、灌溉分区图、地貌图、耕地地力调查点点位图、耕地地力评价等级图、土壤化学以及微量元素系列图等。

### 二、建库工作中的主要问题

胶州市耕地资源管理信息系统数据库建设工作由于涉及的内容多，加之部分资料为第二次土壤普查的资料，与县域耕地资源管理信息系统数据字典的要求对比存在以下问题：

(1)第二次土壤普查的成果均为纸介质图，因图纸折叠和自然伸缩的影响，图件变形大，形成较大的误差。

(2)土地利用现状图为2006年以前的现状，近年交通用地和蔬菜地等出现变化。

(3)胶州市土壤图中的土种名称和编码与山东省土种归属要求、全国土种标准名称与编码等不一致。

(4)胶州市的地貌图为微地貌图，与县域耕地资源管理信息系统数据字典中地貌划分的名称不能一一对应。

### 三、建库工作中有关问题的处理

(1)依据1∶50000标准分幅地形图，对所有建库的纸介质成果图全部进行几何校正处理，以消除纸介质成果图的误差。

(2)依据较新的航天卫星资料，对近年来变化的公路、铁路等进行了修改补充。

(3)为使胶州市土种的名称及代码与省标和国标相对应，在耕地资源管理信息系统数据库建设前，首先对土壤图中所有图斑内容进行了检查统计，对错漏问题，交胶州市农业局修改及编制土种归属表，最后由省土壤肥料总站进行土种归属复查处理。在此基础上编制了国标、省标、县土壤名称及代码对比表。为方便县域土壤图的使用和对比，建库后的图中仍保留了原县域土壤图的土种代码，属性挂接为国标代码。

(4)由于县域耕地资源管理信息系统数据字典中划分的地貌名称少，其地貌名称不能一一对应，在建库时尽量选择与数据字典中相近的地貌名称进行编码，为方便地貌图的使用和对比，在地貌图中保留了原地貌图的名称和代码，图例中增加了建库数据字典中规定的地貌名称、代码与县原地貌名称、代码的对比表，属性挂接为数据字典中规定的地貌名称和代码。

(5)对已有资料坐标系不统一问题，依据数据库建设要求，所有成果全部统一到高斯一克吕格投影,6 度分带,1954 年北京坐标系中。

## 第三节　数据库标准化

### 一、标准引用

县域耕地资源管理信息系统数据字典中规定的国标及行业有关技术标准:

(1)GB/T 2260－2002　《中华人民共和国行政区划代码》

(2)NY/T 309－1996　《全国耕地类型区、耕地地力等级划分》

(3)NY/T 310－1996　《全国中低产田类型划分与改良技术规范》

(4)GB/T 17296－2000　《中国土壤分类与代码》

(5)全国农业区划委员会　《土地利用现状调查技术规程》

(6)国土资源部　《土地利用现状变更调查技术规程》

(7)GB/T 13989－1992　《国家基本比例尺地形图分幅与编号》

(8)GB/T 13923－1992　《国土基础信息数据分类与代码》

(9)GB/T 17798－1999　《地球空间数据交换格式》

(10)GB 3100－1993　《国际单位制及其应用》

(11)GB/T 16831－1997　《地理点位置的纬度、经度和高程的标准表示方法》

(12)GB/T 10113－2003　《分类与编码通用术语》

(13)GB/T 10114－2003　《县级以下行政区划代码编制规则》

(14)GB/T 9648－1988　《国际单位制代码》

(15)农业部　《全国耕地地力调查与评价技术规程》

(16)农业部　《测土配方施肥技术规范(试行)》(2008 年)

(17)农业部　《测土配方施肥专家咨询系统编制规范(试行)》

(18)山东省县域土种归属标准

(19)山东省县域耕地地力评价标准等

### 二、空间坐标系及建库平台

(一)空间数据坐标系

投影:高斯—克吕格,6 度分带。1954 年北京坐标系,1956 年黄海高程系。比例尺:1∶50000。

(二)数据库采集模板和数据库文件格式

为使所有建库资料达到统一化和标准化,以及满足所有成果图件的输出和耕地资源地力评价工作的需要,对建库资料的扫描矢量化和几何校正处理工作均采用 MAPGIS 平台,数据库的文件格式为 MAPGIS 的点、线、面文件。待数据库成果评审验收和修改后,将 MAPGIS 的点、线、面格式转换为 shape 格式,由 ARCGIS 平台进行数据库规范化处理,最后将数据库资料导入县域耕地资源管理信息系统。

# 第四节　数据库结构

## 一、空间数据库图层划分

空间数据库图层划分是严格按照县域耕地资源管理信息系统数据字典要求分层的，每层只反映属性相同的内容。胶州市耕地资源管理信息系统数据库建设包括土地利用现状图、第二次土壤普查成果和耕地地力评价等三部分内容，其全省空间数据库图层划分情况如表 8-1 所示。

表 8-1　　耕地资源管理信息系统空间数据库分层表

| 序号 | 图层代码 | 图层名称 | 序号 | 图层代码 | 图层名称 |
|---|---|---|---|---|---|
| 1 | AD101 | 行政区划图 | 18 | SP103 | 耕层土壤有效磷等值线图 |
| 2 | AD102 | 县镇村位置图 | 19 | SP104 | 耕层土壤速效钾等值线图 |
| 3 | AD103 | 行政界线图 | 20 | SP105 | 耕层土壤缓效钾等值线图 |
| 4 | AD201 | 辖区边界图 | 21 | SP106 | 耕层土壤有效锌等值线图 |
| 5 | AD202 | 装饰边界图 | 22 | SP108 | 耕层土壤有效钼等值线图 |
| 6 | GE103 | 面状水系图 | 23 | SP109 | 耕层土壤有效铜等值线图 |
| 7 | GE104 | 线状水系图 | 24 | SP110 | 耕层土壤有效硅等值线图 |
| 8 | GE105 | 道路图 | 25 | SP111 | 耕层土壤有效锰等值线图 |
| 9 | GE201 | 坡度图 | 26 | SP112 | 耕层土壤有效铁等值线图 |
| 10 | GE203 | 地貌类型分区图 | 27 | SP201 | 耕层土壤 pH 等值线图 |
| 11 | LM102 | 灌溉分区图 | 28 | SP113 | 耕层土壤交换性钙等值线图 |
| 12 | LU101 | 土地利用现状图 | 29 | SP114 | 耕层土壤交换性镁等值线图 |
| 13 | SB101 | 土壤图 | 30 |  | 耕层土壤有效硫等值线图 |
| 14 | SB203 | 地下水矿化度等值线图 | 31 |  | 耕层土壤水解性氮等值线图 |
| 15 | SB302 | 耕地地力调查点点位图 | 32 |  | 耕地地力评价等级图 |
| 16 | SP101 | 耕层土壤有机质等值线图 | 33 |  | 耕层土壤有效硼等值线图 |
| 17 | SP102 | 耕层土壤全氮等值线图 |  |  |  |

## 二、属性数据库结构

属性数据结构内容严格按县域耕地资源管理信息系统数据字典及建库县提供的资料编制。属性数据库结构如表 8-2 所示。

表 8-2　　耕地资源信息系统属性数据库结构表

| 图名 | 属性数据结构 | 字段类型 |
| --- | --- | --- |
| 行政区划图 | 内部标识码:系统内部 ID 号 | 长整型,9 |
| | 实体类型:point,polyline,polygon | 文本型,8 |
| | 实体面积:系统内部自带 | 双精度,19,2 |
| | 实体长度:系统内部自带 | 长整型,10 |
| | 县内行政码:根据国家统计局"统计上使用的县以下行政区划代码编制规则"编制 | 长整型,6 |
| 县镇村位置图 | 内部标识码:系统内部 ID 号 | 长整型,9 |
| | 实体类型:point,polyline,polygon | 文本型,8 |
| | $X$ 坐标:无,$Y$ 坐标:无 | 双精度,19,2 |
| | 县内行政码:根据国家统计局"统计上使用的县以下行政区划代码编制规则"编制 | 长整型,6 |
| | 标注类型:村标注,镇标注,县标注 | 字符串,6 |
| 行政界线图 | 内部标识码:系统内部 ID 号 | 长整型,9 |
| | 实体类型:point,polyline,polygon | 文本型,8 |
| | 实体长度:系统内部自带 | 长整型,10 |
| | 界线类型:根据国家基础信息标准(GB 13923—92)填写 | 文本型,40 |
| 辖区边界图 | 内部标识码:系统内部 ID 号 | 长整型,9 |
| | 实体类型:point,polyline,polygon | 文本型,8 |
| | 实体面积:系统内部自带 | 双精度,19,2 |
| | 实体长度:系统内部自带 | 长整型,10 |
| | 要素代码:依据《国家基础地理信息数据分类与代码》编制要素代码 | 长整型,5 |
| | 要素名称:依据《国家基础地理信息数据分类与代码》编制要素名称 | 文本型,40 |
| | 行政单位名称:单位的实际名称填写 | 文本型,20 |
| 装饰边界图 | 内部标识码:系统内部 ID 号 | 长整型,9 |
| 面状水系图 | 内部标识码:系统内部 ID 号 | 长整型,9 |
| | 实体类型:point,polyline,polygon | 文本型,8 |
| | 实体面积:系统内部自带 | 双精度,19,2 |
| | 实体长度:系统内部自带 | 长整型,10 |
| | 要素代码:依据《国家基础地理信息数据分类与代码》编制要素代码 | 长整型,5 |
| | 要素名称:依据《国家基础地理信息数据分类与代码》编制要素名称 | 文本型,40 |
| | 面状水系码:自定义编码 | 字符串,5 |
| | 面状水系名称:依据 2006 年 10 月版山东省地图册编制 | 字符串,20 |
| | 湖泊储水量:依据 1∶50000 地形图 | 字符串,8 |

续表

| 图名 | 属性数据结构 | 字段类型 |
|---|---|---|
| 线状水系图 | 内部标识码:系统内部ID号 | 长整型,9 |
| | 实体类型:point,polyline,polygon | 文本型,8 |
| | 实体长度:系统内部自带 | 长整型,10 |
| | 要素代码:依据《国家基础地理信息数据分类与代码》编制要素代码 | 长整型,5 |
| | 要素名称:依据《国家基础地理信息数据分类与代码》编制要素名称 | 文本型,40 |
| | 线状水系码:自定义编码 | 长整型,4 |
| | 线状水系名称:依据2006年10月版山东省地图册编制 | 文本型,20 |
| | 河流流量:无 | 长整型,6 |
| 道路图 | 内部标识码:系统内部ID号 | 长整型,9 |
| | 实体类型:point,polyline,polygon | 文本型,8 |
| | 实体长度:系统内部自带 | 长整型,10 |
| | 要素代码:依据《国家基础地理信息数据分类与代码》编制要素代码 | 长整型,5 |
| | 要素名称:依据《国家基础地理信息数据分类与代码》编制要素名称 | 文本型,40 |
| | 公路代码:根据国家标准《公路路线命名编号和编码规则命名和编号规则》编制 | 文本型,11 |
| | 公路名称:根据国家标准《公路路线命名编号和编码规则命名和编号规则》编制 | 文本型 20 |
| 地貌类型分区图 | 内部标识码:系统内部ID号 | 长整型,9 |
| | 实体类型:point,polyline,polygon | 文本型,8 |
| | 实体面积:系统内部自带 | 双精度,19,2 |
| | 实体长度:系统内部自带 | 长整型,10 |
| | 地貌类型:数据引用自"中国科学院生物多样性委员会 地貌类型代码库"(四类码) | 文本型,18 |
| 灌溉分区图 | 内部标识码:系统内部ID号 | 长整型,9 |
| | 实体类型:point,polyline,polygon | 文本型,8 |
| | 实体面积:系统内部自带 | 双精度,19,2 |
| | 实体长度:系统内部自带 | 长整型,10 |
| | 灌溉水源:县局提供数据 | 文本型,10 |
| | 灌溉水质:无 | 文本型,4 |
| | 灌溉方法:县局提供数据 | 文本型,18 |
| | 年灌溉次数:县局提供数据 | 文本型,2 |
| | 灌溉条件:无 | 文本型,4 |
| | 灌溉保证率:无 | 长整型,3 |
| | 灌溉模数:无 | 双精度,5,2 |
| | 抗旱能力:无 | 长整型,3 |
| 土地利用现状图 | 内部标识码:系统内部ID号 | 长整型,9 |
| | 实体类型:point,polyline,polygon | 文本型,8 |
| | 实体面积:系统内部自带 | 双精度,19,2 |
| | 实体长度:系统内部自带 | 长整型,10 |
| | 地类号:国土资源部发布的《全国土地分类》三级类编码 | 长整型,3 |
| | 平差面积:无 | 双精度,7,2 |

续表

| 图名 | 属性数据结构 | 字段类型 |
|---|---|---|
| 土壤图 | 内部标识码:系统内部 ID 号 | 长整型,9 |
| | 实体类型:point,polyline,polygon | 文本型,8 |
| | 实体面积:系统内部自带 | 双精度,19,2 |
| | 实体长度:系统内部自带 | 长整型,10 |
| | 土壤国标码:土壤类型国标分类系统编码 | 长整型,8 |
| 地下水矿化度等值线图 | 内部标识码:系统内部 ID 号 | 长整型,9 |
| | 实体类型:point,polyline,polygon | 文本型,8 |
| | 实体长度:系统内部自带 | 长整型,10 |
| | 地下水矿化度:依据县级矿化度图实际数据填写 | 双精度,5,1 |
| 耕地地力调查点点位图 | 内部标识码:系统内部 ID 号 | 长整型,9 |
| | 实体类型:point,polyline,polygon | 文本型,8 |
| | *X* 坐标:北京 54 坐标系 | 双精度,19,2 |
| | *Y* 坐标:北京 54 坐标系 | 双精度,19,2 |
| | 点县内编号 AP310102:自定义编号 | 长整型,8 |
| 行政区基本情况数据表 | 县内行政码 SH110102:根据国家统计局"统计上使用的县以下行政区划代码编制规则"编制 | 长整型,6 |
| | 省名称:山东省 | 字符串,6 |
| | 县名称:××市,××区,××县 | 字符串,8 |
| | 镇名称:××镇,××街道办事处 | 字符串,18 |
| | 村名称:××村,××委员会 | 字符串,18 |
| | 行政单位名称:××市,××区,××县,××镇,××街道办事处,××村,××委员会 | 字符串 20 |
| | 总人口:无 | 字符串 7 |
| | 农业人口:无 | 字符串 7 |
| | 非农业人口:无 | 双精度,11,2 |
| | 国民生产总值 GNP:无 | 字符串,20 |
| 县级行政区划代码表 | 行政单位名称:××市,××区,××县,××镇××街道办事处××村××委员会 | 长整型,6 |
| | 县内行政码 SH110102:根据国家统计局"统计上使用的县以下行政区划代码编制规则"编制 | 长整型 9 |
| 土地利用现状地块数据表 | 内部标识码:系统内部 ID 号 | 长整型 9 |
| | 地类号:国土资源部发布的《全国土地分类》三级类编码 | 字符串,3 |
| | 地类名称:国土资源部发布的《全国土地分类》三级类名称 | 字符串,20 |
| | 计算面积:无 | 双精度,7,2 |
| | 地类面积:无 | 双精度,7,2 |
| | 平差面积:无 | 双精度,7,2 |
| | 报告日期:无 | 日期型,10 |
| 土壤类型代码表 | 土壤国标码:土壤类型国标分类系统编码 | 字符串,8 |
| | 土壤国标名:土壤类型国标分类系统名称 | 字符串,20 |

续表

| 图 名 | 属 性 数 据 结 构 | 字段类型 |
|---|---|---|
| 耕地地力调查点基本情况及化验结果数据表 | 灌溉水源:县提供数据 | 字符串,10 |
| | 灌溉方法:县提供数据 | 字符串,18 |
| | 调查点国内统一编号:自定义编号 | 字符串,14 |
| | 调查点县内编号:自定义编号 | 字符串,8 |
| | 调查点自定义编号 AP310103:自定义编号 | 字符串,40 |
| | 调查点类型:耕地地力调查点 | 字符串,20 |
| | 户主联系电话:区号一本地电话号码 | 字符串,13 |
| | 调查人联系电话:区号一本地电话号码 | 字符串,13 |
| 耕地地力调查点基本情况及化验结果数据表 | 调查人姓名:×××× | 字符串,8 |
| | 调查日期:采集当天日期 | 日期型,10 |
| | ≥0℃积温:无 | 字符串,5 |
| | ≥10℃积温:无 | 字符串,5 |
| | 年降水量:县提供数据 | 字符串,4 |
| | 全年日照时数:无 | 字符串,4 |
| | 光能辐射总量:无 | 字符串,4 |
| | 无霜期:县提供数据 | 字符串,3 |
| | 干燥度 CW210107:无 | 双精度,4,2 |
| | 东经:县提供数据 | 双精度,9,5 |
| | 北纬:县提供数据 | 双精度,8,5 |
| | 坡度:地形坡度海拔:海拔高度 | 双精度,6,1 |
| | 坡向:缺少数据 | 双精度,4,1 |
| | 地形部位:数据引用自 NY/T 309—1996《全国耕地类型区、耕地地力等级划分》和 NY/T 310—1996《全国中低产田类型划分与改良技术规范》 | 字符串,4 |
| | 田面坡度:依据田面实际坡度 | 字符串,50 |
| | 灌溉保证率:无 | 双精度,4,1 |
| | 排涝能力:无 | 字符串,3 |
| | 梯田类型:无 | 字符串,2 |
| | 梯田熟化年限:无 | 字符串,10 |
| | 保护块面积:无 | 字符串,3 |
| | 土壤侵蚀类型:无 | 双精度,7,2 |
| | 土壤侵蚀程度:无明显侵蚀,轻度侵蚀 | 字符串,8 |
| | 污染源企业名称:无 | 字符串,20 |
| | 污染源企业地址:无 | 字符串,50 |
| | 液体污染物排放量:无 | 字符串,50 |
| | 粉尘污染物排放量:无 | 双精度,6,1 |
| | 污染面积 LE220105:无 | 双精度,6,1 |
| | 污染物类型:无 | 双精度,9,2 |
| | 污染范围:无 | 字符串,20 |
| | 污染造成的损害:无 | 字符串,40 |
| | 距污染源距离:无 | 字符串,30 |
| | 污染物形态:无 | 字符串,5 |
| | 污染造成的经济损失:无 | 字符串,4 |
| | 省名称:山东省 | 字符串,9 |
| | 县名称:××市,××区,××县 | 字符串,8 |
| | 镇名称:××镇,××街道办事处 | 字符串,18 |
| | 村名称:××村,××委员会 | 字符串,18 |
| | 户主姓名 | 字符串,8 |
| | 土壤类型代码(国标):根据县提供数据填写 | 字符串,8 |
| | 土类名称(县级):县提供数据 | 字符串,20 |

续表

| 图 名 | 属 性 数 据 结 构 | 字段类型 |
|---|---|---|
| 耕地地力调查点基本情况及化验结果数据表 | 亚类名称(县级):县提供数据 | 字符串,20 |
| | 土属名称(县级):县提供数据 | 字符串,20 |
| | 土种名称(县级):县提供数据 | 字符串,20 |
| | 剖面构型:土层符号代码表、土层后缀符号代码表、剖面构型数据编码表是根据《中国土种志》整理 | 字符串,8 |
| | 质地构型:无 | 字符串,2 |
| | 耕层厚度:县提供数据 | 字符串,10 |
| | 障碍层类型:无 | 字符串,3 |
| | 障碍层出现位置:无 | 字符串,3 |
| | 障碍层厚度:无 | 字符串,30 |
| | 成土母质:数据引用于《土壤调查与制图》(第二版),农业出版社 | 字符串,6 |
| | 质地:中壤土,重壤土,沙壤土 | 双精度,4,2 |
| | 容重:县提供数据 | 字符串,2 |
| | 田间持水量:县提供数据 | 双精度,4,1 |
| | pH:依据土壤化学分析 pH 耕地地力等级评价成果填写 | 双精度,4,1 |
| | CEC:依据土壤化学分析 CEC 值耕地地力等级评价成果填写 | 双精度,5,1 |
| | 有机质:依据土壤化学分析有机质值耕地地力等级评价成果填写 | 双精度,6,3 |
| | 全氮:依据土壤化学分析全氮值耕地地力等级评价成果填写 | 字符串,5 |
| | 全磷:依据土壤化学分析全磷值耕地地力等级评价成果填写 | 双精度,5,1 |
| | 有效磷:依据土壤化学分析有效磷值耕地地力等级评价成果填写 | 字符串,4 |
| | 缓效钾:依据土壤化学分析缓效钾值耕地地力等级评价成果填写 | 字符串,3 |
| | 速效钾:依据土壤化学分析速效钾值耕地地力等级评价成果填写 | 双精度,5,2 |
| | 有效锌:依据土壤化学分析有效锌值耕地地力等级评价成果填写 | 双精度,4,2 |
| | 水溶态硼:依据土壤化学分析水溶态硼值耕地地力等级评价成果填写 | 双精度,6,2 |
| | 有效硅:依据土壤化学分析有效硅值耕地地力等级评价成果填写 | 双精度,4,2 |
| | 有效钼:依据土壤化学分析有效钼值耕地地力等级评价成果填写 | 双精度,5,2 |
| | 有效铜:依据土壤化学分析有效铜值耕地地力等级评价成果填写 | 双精度,5,1 |
| | 有效锰:依据土壤化学分析有效锰值耕地地力等级评价成果填写 | 双精度,6,1 |
| | 有效铁:依据土壤化学分析有效铁值耕地地力等级评价成果填写 | 双精度,6,1 |
| | 交换性钙:依据土壤化学分析交换性钙值耕地地力等级评价成果填写 | 双精度,5,1 |
| | 交换性镁:依据土壤化学分析交换性镁值耕地地力等级评价成果填写 | 双精度,5,1 |
| | 有效硫:依据土壤化学分析有效硫值耕地地力等级评价成果填写 | 双精度,5,1 |
| | 盐化类型:无 | 字符串,20 |
| | 1m 土层含盐量:无 | 双精度,5,1 |
| | 耕层土壤含盐量:无 | 双精度,5,1 |
| | 水解性氮:依据土壤化学分析水解性氮值耕地地力等级评价成果填写 | 双精度,5,3 |
| | 旱季地下水位:无 | 字符串,3 |
| | 采样深度:县提供数据 | 字符串,7 |
| 耕层土壤有机质等值线图 | 内部标识码:系统内部 ID 号 | 长整型,9 |
| | 实体类型:point,polyline,polygon | 文本型,10 |
| | 实体长度:系统内部自带 | 长整型,10 |
| | 有机质:依据土壤化学分析有机质值耕地地力等级评价成果填写 | 双精度,5,1 |
| 耕层土壤全氮等值线图 | 内部标识码:系统内部 ID 号 | 长整型,9 |
| | 实体类型:point,polyline,polygon | 文本型,10 |
| | 实体长度:系统内部自带 | 长整型,10 |
| | 全氮:依据上壤化学分析全氮值耕地地力等级评价成果填写 | 双精度,4,2 |

续表

| 图名 | 属性数据结构 | 字段类型 |
|---|---|---|
| 耕层土壤有效磷等值线图 | 内部标识码:系统内部 ID 号<br>实体类型:point,polyline,polygon<br>实体长度:系统内部自带<br>有效磷:依据土壤化学分析有效磷值耕地地力等级评价成果填写 | 长整型,9<br>文本型,10<br>长整型,10<br>双精度,5,1 |
| 耕层土壤速效钾等值线图 | 内部标识码:系统内部 ID 号<br>实体类型:point,polyline,polygon<br>实体长度:系统内部自带<br>速效钾:依据土壤化学分析速效钾值耕地地力等级评价成果填写 | 长整型,9<br>文本型,10<br>长整型,10<br>长整型,3 |
| 耕层土壤缓效钾等值线图 | 内部标识码:系统内部 ID 号<br>实体类型:point,polyline,polygon<br>实体长度:系统内部自带<br>缓效钾:依据土壤化学分析缓效钾值耕地地力等级评价成果填写 | 长整型,9<br>文本型,10<br>长整型,10<br>长整型,4 |
| 耕层土壤有效锌等值线图 | 内部标识码:系统内部 ID 号<br>实体类型:point,polyline,polygon<br>实体长度:系统内部自带<br>有效锌:依据土壤化学分析有效锌值耕地地力等级评价成果填写 | 长整型,9<br>文本型,10<br>长整型,10<br>双精度,5,2 |
| 耕层土壤有效钼等值线图 | 内部标识码:系统内部 ID 号<br>实体类型:point,polyline,polygon<br>实体长度:系统内部自带<br>有效钼:依据土壤化学分析有效钼值耕地地力等级评价成果填写 | 长整型,9<br>文本型,10<br>长整型,10<br>双精度,4,2 |
| 耕层土壤有效铜等值线图 | 内部标识码:系统内部 ID 号<br>实体类型:point,polyline,polygon<br>实体长度:系统内部自带<br>有效铜:依据土壤化学分析有效铜值耕地地力等级评价成果填写 | 长整型,9<br>文本型,10<br>长整型,10<br>双精度,5,2 |
| 耕层土壤有效硅等值线图 | 内部标识码:系统内部 ID 号<br>实体类型:point,polyline,polygon<br>实体长度:系统内部自带<br>有效硅:依据土壤化学分析有效硅值耕地地力等级评价成果填写 | 长整型,9<br>文本型,10<br>长整型,10<br>双精度,6,2 |
| 耕层土壤有效锰等值线图 | 内部标识码:系统内部 ID 号<br>实体类型:point,polyline,polygon<br>实体长度:系统内部自带<br>有效锰:依据土壤化学分析有效锰值耕地地力等级评价成果填写 | 长整型,9<br>文本型,10<br>长整型,10<br>双精度,5,1 |
| 耕层土壤有效铁等值线图 | 内部标识码:系统内部 ID 号<br>实体类型:point,polyline,polygon<br>实体长度:系统内部自带<br>有效铁:依据土壤化学分析有效铁值耕地地力等级评价成果填写 | 长整型,9<br>文本型,10<br>长整型,10<br>双精度,5,1 |
| 耕层土壤 pH 等值线图 | 内部标识码:系统内部 ID 号<br>实体类型:point,polyline,polygon<br>实体长度:系统内部自带<br>pH:依据土壤化学分析 pH 耕地地力等级评价成果填写 | 长整型,9<br>文本型,10<br>长整型,10<br>双精度,4,1 |
| 耕层土壤交换性钙等值线图 | 内部标识码:系统内部 ID 号<br>实体类型:point,polyline,polygon<br>实体长度:系统内部自带<br>交换性钙:依据土壤化学分析交换性钙值耕地地力等级评价成果填写 | 长整型,9<br>文本型,10<br>长整型,10<br>双精度,6,1 |

续表

| 图名 | 属性数据结构 | 字段类型 |
|---|---|---|
| 耕层土壤交换性镁等值线图 | 内部标识码:系统内部 ID 号<br>实体类型:point,polyline,polygon<br>实体长度:系统内部自带<br>交换性镁:依据土壤化学分析交换性镁值耕地地力等级评价成果填写 | 长整型,9<br>文本型,10<br>长整型,10<br>双精度,5,1 |
| 耕层土壤有效硫等值线图 | 内部标识码:系统内部 ID 号<br>实体类型:point,polyline,polygon<br>实体长度:系统内部自带<br>有效硫:依据土壤化学分析有效硫值耕地地力等级评价成果填写 | 长整型,9<br>文本型,10<br>长整型,10<br>双精度,5,1 |
| 耕层土壤水解性氮等值线图 | 内部标识码:系统内部 ID 号<br>实体类型:point,polyline,polygon<br>实体长度:系统内部自带<br>水解性氮:依据土壤化学分析水解性氮值耕地地力等级评价成果填写 | 长整型,9<br>文本型,10<br>长整型,10<br>双精度,5,3 |
| 耕地地力评价等级图 | 内部标识码:系统内部 ID 号<br>实体类型:point,polyline,polygon<br>实体面积:系统内部自带<br>等级(县内):'120' | 长整型,9<br>文本型,10<br>双精度,19,2<br>文本型,2 |
| 耕层土壤有效硼等值线图 | 内部标识码:系统内部 ID 号<br>实体类型:point,polyline,polygon<br>实体长度:系统内部自带<br>有效硼:依据土壤化学分析有效硼值耕地地力等级评价成果填写 | 长整型,9<br>文本型,10<br>长整型,10<br>双精度,4,2 |
| 土壤全盐含量分布图 | 内部标识码:系统内部 ID 号<br>实体类型:point,polyline,polygon<br>实体长度:系统内部自带<br>全盐:依据土壤化学分析全盐值耕地地力等级评价成果填写 | 长整型,9<br>文本型,10<br>长整型,10<br>双精度,4,1 |
| 耕层土壤有效镁等值线图 | 内部标识码:系统内部 ID 号<br>实体类型:point,polyline,polygon<br>实体长度:系统内部自带<br>有效镁:依据土壤化学分析有效镁值耕地地力等级评价成果填写 | 长整型,9<br>文本型,10<br>长整型,10<br>长整型,2 |
| 耕层土壤有效钙等值线图 | 内部标识码:系统内部 ID 号<br>实体类型:point,polyline,polygon<br>实体长度:系统内部自带<br>有效钙:依据土壤化学分析有效钙值耕地地力等级评价成果填写 | 长整型,9<br>文本型,10<br>长整型,10<br>长整型,2 |

## 第五节　建库工作方法

### 一、数据库质量控制

数据库质量涉及三个方面的工作:一要满足耕地地力评价工作的需要;二要满足耕地资源管理信息系统数据库建设的需要;三要满足建库所有成果图件输出的需要。为满足以上三个方面的要求,在数据库建设工作开展前,首先在有关国标、部标和行业标准的基础上,制定了统一的工作平台、工作方法和流程,成果图件图名、图例和色彩编制要求,成果质量检查工作方法，对耕地地力评价基础性图件首先在建库单位初步检查后，交胶州市农业局进行全面检查和修改补充错漏内容，返回建库单位对所有成果图件，安排专人进行全面检查和修改，从而保证了数据库的成果质量。

## 二、建库工作有关规定

为保证建库工作的按时及保质完成，成立了建库项目组等。

(一)建库项目组

设立技术负责人一名，全面负责建库工作有关规程的学习，日常建库工作安排、工作进度、质量检查、建库数据库资料汇总、MAPGIS 格式建库成果经 ARCGIS 规范化处理，导入县域耕地资源管理信息系统等工作。

(二)质量检查组

安排具有工作经验的人员成立检查组，负责所有建库资料的质量检查及修改工作。

(三)制定建库工作标准

在建库工作前，首先把建库图形子图的大小，线的粗细及线型，面的色彩搭配，图件分层，工作方法和流程下发到每一个建库工作人员手中，统一了建库图形扫描矢量化的技术要求。

(四)最终成果检查

所有成果图待评审验收后，依据专家意见，由建库组和耕地地力评价组依据专家和甲方意见进行成果图和数据库修改补充，最后输出成果图件和导入县域耕地资源管理信息系统。

## 三、建库资料精度及建库工作流程

(一)建库资料精度

为保证建库资料的数学精度，首先形成大于胶州市范围的 1∶50000 标准图幅理论图框，拼接形成县域的 1∶50000 理论图框，以 1∶50000 标准分幅地形图为基础，在地形图和县域土地利用现状图上选择同名地物点(主要为农村道路交叉点等)为几何校正点。为保证县域图件的精度，胶州市选取不少于 30 个几何校正点，每一个几何校正点选择地形图附近的 4 个公里网交叉点，将其校正到县域的理论图框上，形成满足 1∶50000 精度要求的县域地理底图。以该图为基础，将所有建库成果图件校正到县域地理底图上。

(二)建库工作流程

第一步：首先按照建库工作的基本要求，对土地利用现状、土壤、矿化度、灌溉分区、地貌、采样点位等图件，进行扫描矢量化和几何校正处理、建库组错漏自查和交甲方进行错漏检查、返回建库组修改及编辑、拓扑检查、属性挂接处理等；第二步：将以上成果交耕地地力评价组进行耕地地力评价工作；第三步：耕地地力评价组将其评价成果资料再返回建库组，由建库组按照县域耕地资源管理信息系统数据库建设要求，对所有建库成果资料进行全面的质量检查及编辑处理、拓扑处理、属性挂接，最后由 MAPGIS—ARCGIS—县域耕地资源管理信息系统输出成果图件。

（三）主要空间数据库说明

1. 行政区划图（地理底图）

以土地利用现状图为背景，分别提取市、镇（街道办事处）、村庄、主要工矿企业建设用地和主要道路、河流、境界、行政区划等内容。参考地图或1：50000地形图，对主要道路、双线河流等地物进行连接并加注地物注记。依据卫星影像等资料，对近年来增加的主要道路进行更新。

2. 土壤图

依据土壤调查研究报告、土壤志、山东省土壤分类归属标准，编制土种归属对比表和国标、省标、县三级对比表图例。在土壤图上保留土壤图原始代码，属性挂接为国标代码，可满足部、省、县各级政府工作的需要。

3. 地貌图

由于地貌图为微地貌图，为满足部、省、县各级政府使用及建库工作的需要，在地貌图中保留了原地貌代码，其属性尽量对应到数据字典中的名称及代码，在图例中增加了对比表，满足了各项工作的需要。

（四）属性库编制方法

严格按照建库数据字典中的要求及建库单位提供的资料编制各种成果图属性代码。

## 第六节 建库成果

胶州市耕地资源管理信息系统数据库建设成果包括农业部规定格式的数据库和MAPGIS格式的成果，共计23幅图，如表8-3所示。

表8-3 胶州市耕地资源管理信息系统数据库建设成果表

| 序号 | 成果图名称 |
|---|---|
| 1 | 胶州市耕地地力评价等级图 |
| 2 | 胶州市地貌图 |
| 3 | 胶州市土壤图 |
| 4 | 胶州市坡度图 |
| 5 | 胶州市耕地地力调查点点位图 |
| 6 | 胶州市灌溉分区图 |
| 7 | 胶州市土壤 pH 分布图 |
| 8 | 胶州市有机质含量分布图 |
| 9 | 胶州市土壤全氮含量分布图 |
| 10 | 胶州市土壤碱解氮含量分布图 |
| 11 | 胶州市土壤有效磷含量分布图 |
| 12 | 胶州市土壤缓效钾含量分布图 |

续表

| 序号 | 成果图名称 |
|---|---|
| 13 | 胶州市土壤速效钾含量分布图 |
| 14 | 胶州市土壤交换性钙含量分布图 |
| 15 | 胶州市土壤交换性镁含量分布图 |
| 16 | 胶州市土壤有效硫含量分布图 |
| 17 | 胶州市土壤有效锌含量分布图 |
| 18 | 胶州市土壤有效铁含量分布图 |
| 19 | 胶州市土壤有效铜含量分布图 |
| 20 | 胶州市土壤有效硼含量分布图 |
| 21 | 胶州市土壤有效锰含量分布图 |
| 22 | 胶州市土壤有效硅含量分布图 |
| 23 | 胶州市土壤有效钼含量分布图 |

胶州市耕地资源管理信息系统数据库建设包括空间数据库和属性数据库两部分内容,空间数据库全部是按照县域耕地资源管理信息系统数据字典要求进行的。属性数据库由于部分资料难以收集到(如土地平差面积等),属性数据仅按照县域耕地资源管理信息系统数据字典要求编制了部分内容。再者,例如耕地地力评价土壤采样点位图,利用GPS坐标展绘到地理底图上的点与实际点位误差较大,达不到精度要求,所以耕地地力评价土壤调查采样点位图是依据野外采样点位图经扫描矢量化后形成,属性挂接为GPS定点的坐标。

# 附 录

## 附录一 胶州市耕地改良利用分区专题研究

耕地是农业生产和农业可持续发展的重要基础。耕地维持着作物生产力、影响着环境的质量和动物、植物甚至人类的健康。自 1979～1985 年第二次土壤普查以来，随着农村经营体制、耕作制度、作物品种、种植结构、产量水平和肥料施用等方面的显著变化，胶州市耕地利用状况也发生了明显改变。近年来，虽然对胶州市部分耕地实施了地力监测，但至今对胶州市中低产耕地状况及其障碍因素等缺乏系统性、实用性的调查分析，使耕地利用与改良难以适应新形势下农业生产发展的要求。因此，开展胶州市耕地地力调查评价，摸清胶州市中低产耕地状况及其障碍因素，有的放矢地开展中低产耕地的科学改良利用，挖掘胶州市耕地的生产潜力，对于胶州市耕地资源的可持续利用具有十分重要的意义。

### 一、耕地改良利用分区原则与分区系统

(一)耕地改良利用分区原则

耕地改良利用区划的基本原则:从耕地自然条件出发，主导性、综合性、实用性和可操作性相结合，按照因地制宜、因土适用合理利用和配置耕地资源，充分发挥各类耕地的生产潜力，坚持用地与养地相结合、近期与长远相结合的原则进行，以土壤组合类型、肥力水平、改良方向和主要改良措施的一致性为主要依据，同时考虑胶州市的地貌、气候、水文和生态等条件以及植被类型，参照历史与现状等因素综合考虑进行耕地改良利用分区。

(二)耕地改良利用分区系统

根据耕地改良利用原则，将影响胶州市耕地利用的各类限制因素归纳为耕地自然环境要素、耕地土壤养分要素和耕地土壤物理要素，将胶州市耕地改良利用划分为三个改良利用类型区，即:耕地自然环境条件改良利用区、耕地土壤培肥改良利用区、耕地土体整治改良利用区，并分别用大写字母 E、N 和 P 表示。在各改良利用类型区内，根据相应的限制性主导因子，续分为相应的具体改良利用亚类。

### 二、耕地改良利用分区方法

(一)耕地改良利用分区因子的确定

耕地改良利用分区因子是指参与评定改良利用分区类型的耕地诸属性。由于影响的

因素很多，胶州市根据耕地地力评价遵循主要因素原则、差异性原则、稳定性原则、敏感性原则，进行了限制性主导因素的选取，选取耕地土壤有机质含量、耕地土壤有效磷含量、耕地土壤速效钾含量、耕地土壤有效锌含量和耕地土壤有效硼含量因素作为耕地土壤养分状况的限制性主导因子。考虑与耕地地力评价中评价因素的一致性、各土壤养分的丰缺状况及其相关要素的变异情况，选取灌溉保证率、坡度和有效土层厚度作为耕地自然环境状况的限制性主导因子。选取耕层质地条件和土体构型作为耕地土壤物理状况的限制性主导因子。

（二）耕地改良利用分区标准

依据农业部《全国中低产田类型划分与改良技术规范》，根据山东省各县区耕地地力评价资料，综合分析目前全省各耕地改良利用因素的现状水平，同时针对影响胶州市耕地利用水平的主要因素，邀请具有土壤管理经验的相关专家进行分析，制定了耕地改良利用各主导因子的分区及其耕地改良利用类型的确定标准。具体分级标准如表1所示。

**表1　　耕地改良利用主导因子分区标准**

| 耕地改良利用区划 | 限制因子 | 代号 | 分区标准 |
|---|---|---|---|
| 耕地土壤培肥改良利用区(N) | 有机质(o,g/kg) | No | <12 |
| | 有效磷(p,mg/kg) | Np | <15 |
| | 速效钾(k,mg/kg) | Nk | <100 |
| | 有效锌(zn,mg/kg) | Nzn | <0.5 |
| | 有效硼(b,mg/kg) | Nb | <0.5 |
| 耕地自然环境条件改良利用区(E) | 灌溉保证(i,%) | Ei | 灌溉保障率低于50% |
| | 坡度(s,度) | Es | >10° |
| | 有效土层(d,cm) | Ed | <60cm |
| 耕地土体整治改良利用区(P) | 耕层质地(t) | Pt | 沙土、沙壤、粗骨土 |
| | 土体构型(c) | Pc | 土体中有障碍层次 |

（三）耕地改良利用分区方法

在GIS支持下，利用耕地地力评价单元图，根据耕地改良利用各主导因子分区标准，在其相应的属性库中进行检索分析，确定各单元相应的耕地改良利用类型，通过图面编辑生成耕地改良利用分区图，并统计各类型面积比例。

## 三、耕地改良利用分区专题图的生成

（一）耕地土壤培肥改良利用分区图的生成

根据土壤养分限制因素分区标准，进行胶州市耕地土壤配肥改良利用分区。胶州市有机质分为两类，即有机质改良利用区和有机质非改良利用区，有机质改良利用区用代号

No 标注。同样,有效磷改良利用区用代号 Np 标注,速效钾改良利用区用代号 Nk 标注,有效锌改良利用区用代号 Nzn 标注,有效硼改良利用区用代号 Nb 表示。基于胶州市耕地资源管理信息系统,编辑生成胶州市耕地土壤培肥改良利用分区图(见图 1)。

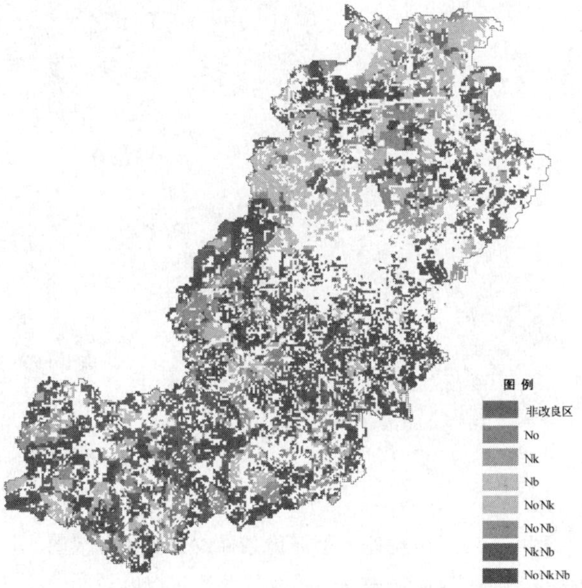


图 1 胶州市耕地土壤培肥改良利用分区图

(二)耕地自然环境条件改良利用分区图的生成

根据耕地自然环境条件限制因素分区标准进行胶州市耕地改良利用分区。灌溉保证条件分为灌溉保证条件改良利用区和灌溉保证条件非改良利用区,改良利用区用代号 Ei 标注;坡度条件分为坡度条件改良利用区和坡度条件非改良利用区,坡度条件改良利用区用代号 Es 标注;有效土层厚度分为有效土层改良利用区和有效土层非改良利用区,有效土层改良利用区用代号 Ed 标注。基于胶州市耕地资源管理信息系统,编辑生成胶州市耕地自然环境条件改良利用分区图(见图 2)。

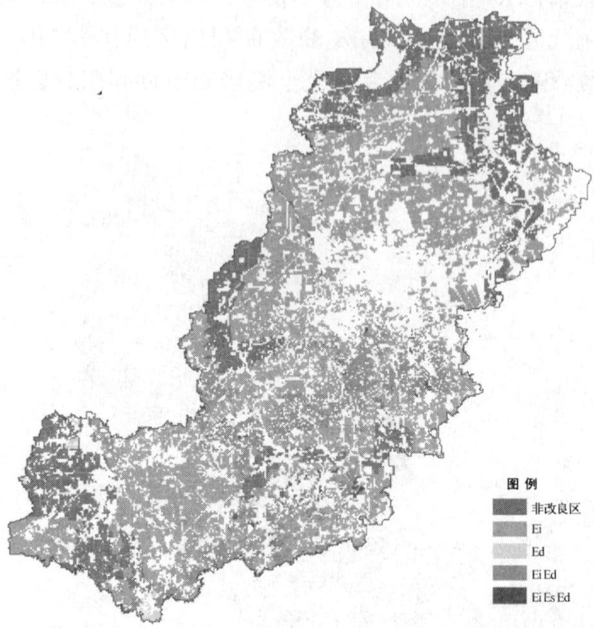


图 2 胶州市耕地自然环境条件改良利用分区图

(三)耕地土体整治改良利用分区图的生成

根据耕地土地条件限制因素分区标准,耕地耕层质地条件改良利用区用符号 Pt 标注,耕地土体构型改良利用区用符号 Pc 标注。在 GIS 下检索生成耕地土体整治改良利用分区图(见图 3)。

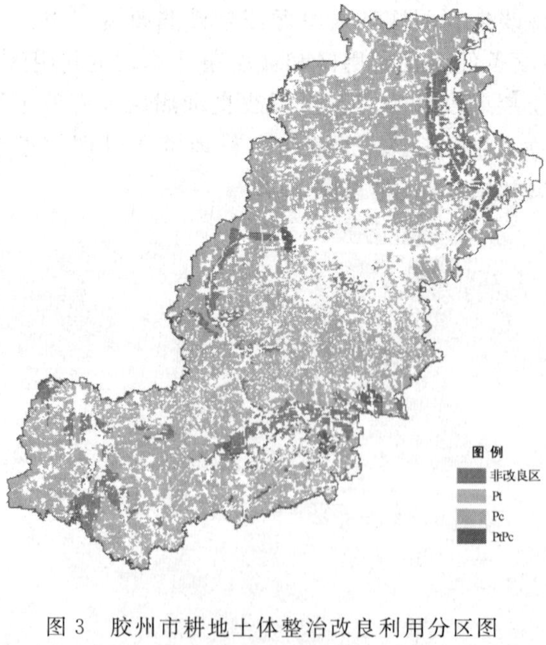


图 3 胶州市耕地土体整治改良利用分区图

## 四、耕地改良利用分区结果分析

### (一)耕地土壤培肥改良利用分区面积统计及问题分析

胶州市耕地土壤培肥改良利用区各改良利用类型面积及其比例如表2所示。

表2　胶州市耕地土壤培肥改良利用分区面积统计表

| 改良利用分区 | No | Nk | Nb | NoNk | NoNb | NkNb | NoNkNb | 非改良区 | 总计 |
|---|---|---|---|---|---|---|---|---|---|
| 面积($hm^2$) | 1324.04 | 1446.37 | 13736.13 | 2892.9 | 8100.72 | 12480.45 | 25078.6 | 1519.82 | 66579.03 |
| 百分比(%) | 1.99 | 2.17 | 20.63 | 4.35 | 12.17 | 18.75 | 37.66 | 2.28 | 100 |

由图1和表2可以看出,胶州市土壤主要养分状况总体较差,普遍缺乏,非改良耕地面积为1519.82$hm^2$,占耕地总面积的2.28%。其中缺乏有机质的耕地面积为37396.26$hm^2$,占耕地总面积的56.17%;缺乏钾素的耕地面积为41898.32$hm^2$,占耕地总面积的62.93%;缺乏硼素的耕地面积为59395.9$hm^2$,占耕地总面积的89.21%。缺乏单一养分的耕地面积为16506.54$hm^2$,占耕地总面积的24.79%;同时缺乏两种养分的耕地面积为23474.07$hm^2$,占耕地总面积的35.27%。胶州市锌素含量较高,不需培肥改良。可以看出,胶州市耕地中养分主要缺乏有机质、有效钾和有效硼,在不同镇(街道办事处)存在的缺乏程度不同。胶州市需要培肥改良的耕地分布比较广泛,在胶州市的各个镇(街道办事处)均有分布,不需改良的地区在胶州市零星分布。

从各类型面积比例看出,胶州市耕地土壤培肥改良的主要方向为增施有机肥、钾肥和硼肥,同时应注重其他微肥的施用,逐步提高土壤有效磷、有效钾、有效硼和有机质含量。

### (二)耕地自然环境条件改良利用分区面积统计及问题分析

胶州市耕地自然环境条件改良利用区各改良利用类型面积及其比例如表3所示。

表3　胶州市耕地自然环境条件改良利用分区面积统计表

| 改良利用分区 | Ei | Ed | EiEd | EiEsEd | 非改良区 | 总计 |
|---|---|---|---|---|---|---|
| 面积($hm^2$) | 38060.97 | 423.55 | 8176.33 | 385.71 | 19532.47 | 66579.03 |
| 百分比(%) | 57.17 | 0.64 | 12.28 | 0.57 | 29.34 | 100 |

由图2和表3可以看出,胶州市耕地自然环境条件较差,在对胶州市耕地自然环境条分析的基础上,得出只有29.34%的耕地面积不需要改良,不需要改良的耕地主要分布在胶州市的北部地区和南部的部分地区。其中灌溉保证率需要提高的耕地面积为46623.01$hm^2$,占耕地总面积的70.02%;有效土层需要提高的耕地面积为8985.59$hm^2$,占耕地总面积的13.49%。单一自然条件需要改善的耕地面积为38484.52$hm^2$,占耕地总面积的57.81%;多种自然条件需要改善的耕地面积为8562.04$hm^2$,占耕地总面积的12.85%。可见,胶州市耕地自然环境条件改良利用的首要方向为改善耕地灌溉条件,提高灌溉保证率,其次为增加有效土层厚度,防止水土流失,保护耕层土壤。

（三）耕地土体整治改良利用分区面积统计及问题分析

胶州市耕地土体整治改良利用区各改良利用类型面积及其比例如表 4 所示。

表 4　胶州市耕地土体整治改良利用分区面积统计表

| 改良利用分区 | Pt | Pc | PtPc | 非改良区 | 总计 |
|---|---|---|---|---|---|
| 面积（$hm^2$） | 131.01 | 55797.06 | 1447.47 | 9203.49 | 66579.03 |
| 百分比（%） | 0.20 | 83.81 | 2.17 | 13.82 | 100 |

由图 3 和表 4 可以看出，胶州市耕地土体结构整体较差，不需改良的耕地面积为 9203.49$hm^2$，占耕地总面积的 13.82%。需要改良的耕地分布比较广泛，在整个区域内几乎都有分布。耕层中含有夹砂、浅黏等障碍性层次。其中土体构型较差的耕地面积为 57244.53$hm^2$，占耕地总面积的 85.98%；耕层质地较差的耕地面积为 1578.48$hm^2$，占耕地总面积的 2.37%。单一条件较差的耕地面积为 55928.07$hm^2$，占耕地总面积的 84.01%；两种条件都较差的耕地面积为 1447.47$hm^2$，占耕地总面积的 2.17%。

总之，对于胶州市宜采取秸秆还田、增施有机肥料等措施，来改善偏砂的土壤表层质地。除采取上述措施，还应采取深耕等措施来改善不良的土体结构，这将是胶州市耕地土体整治改良的主要方向。

## 五、耕地改良利用对策及措施

（一）增加经济投入，加大耕地保护力度

农业是既要承担自然风险又要承担市场风险的弱质产业，保护农业是国民经济发展中的重大问题。由于调控体制不健全，受比较利益驱使，各层次资金投入重点向非农倾斜，资金投入不足已成为农业生产发展的主要制约因素。要达到农业增产的途径就要增加耕地投入，加强中低产田改造，不断提高耕地的质量，从而提高耕地利用的经济效益。胶州市宜进一步加强对耕地改良利用的投入，通过对耕地的改良逐步消除制约耕地生产力的限制因素，培肥地力，改善农业生产条件和农田生态环境。

（二）平衡施肥，用养结合，增施有机肥料，培肥地力

长期以来，胶州市在耕地开发利用上重利用，轻培肥，重化肥，轻有机肥。虽然胶州市化肥的施用量逐年增加，但有机肥投入量却增长缓慢，且投入的化肥以氮、磷肥为主，引起土壤中微量养分特别是有效硼含量的下降和矿质养分的失衡，导致耕地肥力下降。因此，胶州市要持续提高中低产耕地的基础地力，为农作物生长创造高产基础，必须将用土与养土妥善结合起来，广辟有机肥源，重视有机肥的施用，提倡冬季播种绿肥和施用有机、无机复混肥。同时应利用中低产耕地调查评价成果，科学指导化肥的调配，采用科学优化平衡施肥，重视合理增施硼肥和微肥，不断培肥地力，实现中低产耕地资源的永续利用。

（三）加强水利建设，改善灌溉条件，注重农田基本设施建设

水是作物生长的必要条件，灌排条件与耕地的基础地力有着密切的关系。因而可以通过采取以下措施，实现自然降水的空间聚集，改善区域农田的土壤水分状况，推广节水灌溉技术，改善和扩大灌溉面积。

(1)健全灌溉工程,改善灌区输水、配水设备,加强灌溉作业管理,改进地面灌溉技术,采用增产、增值的节水灌溉方法和灌溉技术。应加强水利建设,修筑田埂,防止水土冲刷;安排好水利规划,修好水渠,制止渗漏,加强管理,提高引灌水的利用率。

(2)人工富集天然降水,建造大、中、小型蓄水池、塘等蓄水体系,将集纳雨水、拦截径流和蓄水有效结合起来,在作物需水的关键时期进行灌溉,解决作物的需求和降水错位的矛盾,以充分发挥水分的增产效果。

(3)改善土壤结构,增加土壤的蓄水能力,通过对土壤增施有机物料(如施用有机肥、秸秆还田等)和应用土壤改良剂,改良土壤结构,增强土壤结构的稳定性,提高土壤对降水的入渗速率和持水量。

(四)采用农业措施改良土壤质地、改善土体结构

胶州市大部分地区耕地土壤限制性因素主要为土层中含有夹砂等障碍性层次,水土流失严重。要从调整土地利用结构和建设基本农田起步,改广种薄收为集约经营,改单一经营为农、林、牧、副全面发展,因地制宜,全面规划,综合治理,连续治理,实行生物措施与工程措施相结合、坡地治理与沟道治理相结合、田间工程和蓄水保土耕作相结合。在不宜种粮的部分粗骨土上,因地制宜地大力发展果、药土特产,在土层较厚的地方,可以发展果粮间作,以尽快提高经济效益,在交通不便的山区选种板栗、银杏等。在土层薄、水土流失严重的地方,应先种草、养畜,发展牧业生产。

(五)集约化利用耕地资源,发展生态型可持续农业,改善生态环境

耕地生态环境质量的高低是保证农作物持续稳产、高产、优产、高效的重要前提。根据胶州市资源优势以及生态环境的特点,因地制宜地利用耕地资源,通过合理轮作、科学间套种等措施,提高复种指数,努力提高耕地资源的利用率;注重多物种、多层次、多时序、多级质能、多种产业的有机结合,农、林、牧、副、渔并举,建立生态型可持续农业系统,达到经济、生态和社会效益的高度统一。此外,应重新审视耕地承包到户政策所致的耕地经营权分散在新形势下出现的不利于耕地资源规模集约经营的缺点,努力探讨建立"公司+农户"或各种专业化合作组织等耕地规模集约经营模式,提高胶州市耕地资源的集约经营和经济效益。

# 附录二　基于耕地资源管理信息系统的测土配方施肥专家系统研发

## 一、测土配方施肥专家系统的研发

（一）耕地地力评价是测土配方施肥的基础

耕地地力评价是测土配方施肥补贴项目的一项重要内容，是摸清耕地资源状况、促进土地资源合理有效利用、提高土地生产力和效率的基础性工作。通过开展耕地地力评价，掌握胶州市耕地的养分状况、环境质量状况、生产管理状况和耕地生产能力，建立耕地地力与环境数据库、耕地资源管理信息系统，为农民科学种田提供指导和服务。

胶州市耕地资源管理信息系统数据库建设工作，是耕地地力评价工作的重要组成部分，是实现科学施肥经常化、普及化的重要工作，也是实现农业信息资源共享的技术手段。胶州市测土配方施肥专家系统是在耕地资源管理信息系统的基础上进行的功能扩展与研发，用来引导群众以产定肥、因土施肥，逐步消除盲目施肥、过量施肥的不良习惯，既能提高肥料利用率和作物产量，减少肥料浪费，降低生产成本，又能提升农产品质量，增加农业生产效益，保护农业生态环境，改善耕地养分状况，从而促进农业可持续发展和农业综合生产能力稳步提高。

（二）系统总体设计

本系统面向各级农业管理人员和广大农民用户使用，为满足其方便快捷的操作，在开发过程中使其具有以下性能：

（1）前驱性：系统设计要充分考虑实际情况和今后的发展趋势，尽可能符合实际应用和处理习惯、要求等，还要能适应不同地区的使用。

（2）可靠性：土壤养分信息、经验数据、施肥模型的准确与否直接影响配方施肥的严肃性和准确性，关系到农民的切身利益，因此，系统设计必须要确保数据和模型的准确。

（3）易使用性：系统设计时应针对应用人员设计，使应用人员易学易用，使用方便。如可以使用地图向导，按照“市—镇（街道办事处）—村—地块”的顺序引导用户选择到最终的地块单元。在操作中尽可能减少汉字信息的录入要求，流程尽量少，用户界面良好，指导性要强。

（4）易发布性：系统要直接面向广大农民朋友，使其足不出村甚至足不出户，便能够使用本平台，分享施肥专家的经验和知识。

系统以地图图件、定位采样、调查和统计资料为主要信息源，以地理信息系统通用软件（MAPGIS数据库软件）为平台，建立多层面图形与属性数据库。通过链接方式，将自行设计的软件与地理信息系统数据库有机连接。而软件所需要的原始数据（包括图形和属性数据）则通过服务器从数据库中提取，再将软件的运行结果展示给用户。利用GIS软件的数字制图功能和计算机的数据库技术，建立了胶州市土壤养分管理和施肥信息系统，形成以地块为最小单元的测土配方施肥系统，使测土配方施肥系统能够实现村级、地块级、农户级使用，突破了前期测土配方施肥系统不能达到地块级、农户级的瓶颈，为测土配方施肥技术的广泛推广打下了坚实的基础。系统可为一线农业生产单位提供区域土壤肥力状况及化肥利用率的动态变化信息，并能结合施肥模型，利用计算机进行各地块的施肥推荐，因而能有效地指导肥料企业制定相应工作计划，帮助职能部门完善农业工作决策，从而实现农业生产科学管理、节本增效、环保安全，为现代农业的扎实推进提供有力支持。

（三）系统设计流程（见图1）

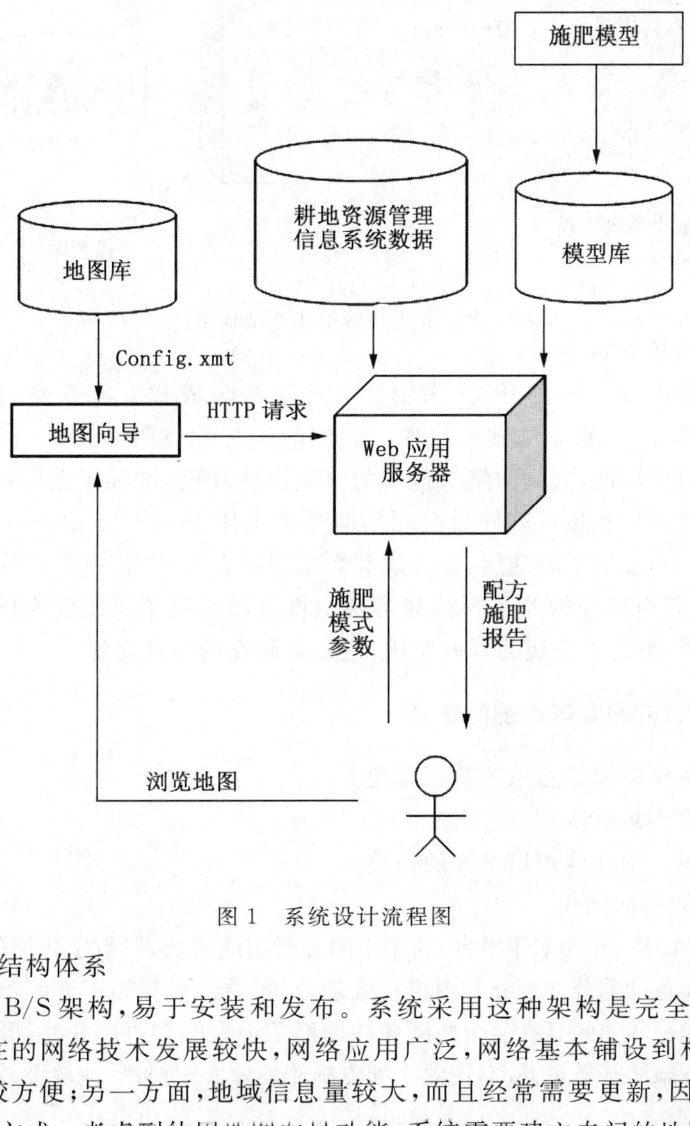


图1　系统设计流程图

（四）系统的结构体系

本系统采用B/S架构，易于安装和发布。系统采用这种架构是完全可行且有必要的。一方面，现在的网络技术发展较快，网络应用广泛，网络基本铺设到村一级单位，因此，农民上网比较方便；另一方面，地域信息量较大，而且经常需要更新，因此有必要采用数据集中管理的方式。考虑到使用地图向导功能，系统需要建立专门的地图库，存放地图信息，如市区图、镇（街道办事处）图、村图、地块图等；地块信息、作物基本信息等数据则存放于地理信息库中，使用专门的数据库管理工具管理；模型库中存放各种专家经验知识和配方模型；Web 应用服务器是平台应用核心，它接受来自客户端的数据请求并处理，通过查询后台地图库、地理信息库和模型库，结合施肥模型，最终计算配方结果并生成报告返回客户端；客户端则采 Dundas Map 控件和 XML 技术与服务器通信完成地图向导功能，客户端通过 JSP 页面提交施肥参数后，由服务器生成配方报告通过 JSP 页面返回客户端。本系统的网络体系结构如图 2 所示。

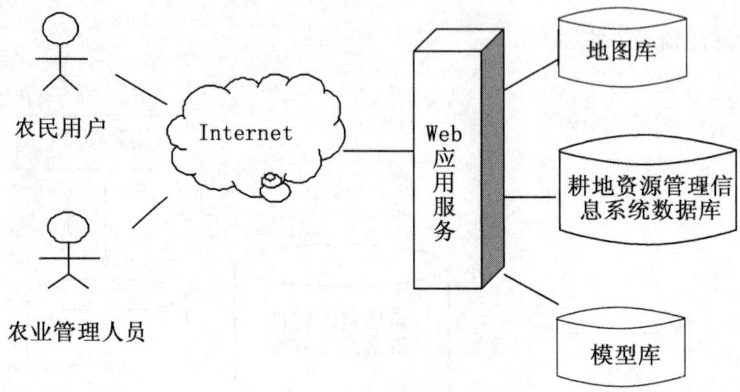


图 2 系统网络体系结构图

（五）系统的开发环境

本系统为应用型 GIS 的开发，采用独立开发与集成式二次开发相结合的方式，以 MAPGIS 为工作平台，建立基础数据库。软件前端巧妙应用 Dundas Map 控件和 XML 技术实现地图向导功能，实现网络对地图的常用操作功能，增强了系统的交互性，可方便直观地引导用户使用平台。软件后台应用服务器采用 Java＋Struts＋Hibernate 技术实现，在开发过程中，实现了表现层、业务层和数据层的有效分离，提高了系统开发的效率和易维护性，系统具有良好的跨平台性和可移植性。既满足了系统的要求，又摆脱了专业 GIS 软件的束缚，节约了系统的开发费用，这是本研究的独到之处。

## 二、测土配方施肥专家系统的建立

（一）耕地资源管理信息系统数据库建立

本部分内容参见第八章。

（二）基本单元图和地理信息库的构建

1. 基本单元图的制作

本系统以 MAPGIS 为工作平台，利用空间分析功能模块，对数字化后的土壤类型图、土地利用现状图和各种养分含量分布图进行叠加分析，叠加过程如图 3 所示。将面积小于一定范围的多边形与相邻的具有某个共同属性的面积最大的多边形合并，形成以地块为最小单元的测土配方施肥基础单元图，使测土配方施肥能够实现村级、地块级、农户级指导。

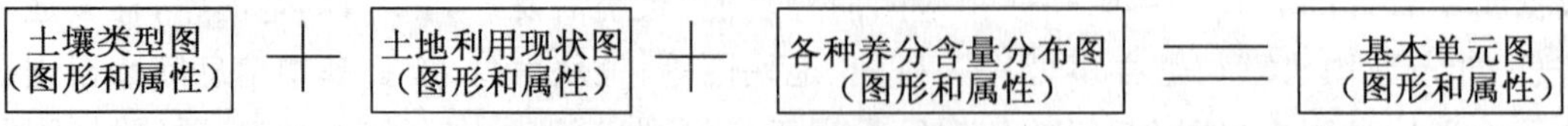


图 3 空间叠加分析过程示意图

2. 地理信息库的构建

调查资料主要包括农业生产信息、农户肥料施用情况信息、田间试验信息，统计资料包括农村基本情况、农业生产明细、农业生产条件等信息，这些信息都是进行推荐施肥的基础资料。把这些资料收集、整理完成后，利用 Microsoft Access 2003 软件输入，并增加一个关键字段制作成表单形式完成入库(其中农户施肥情况调查表设计界面如图 4 所示)，该字段作为数据库各表之间建立各种关联关系的标识符，通过识别该字段来完成链接，这对于数据的存储、调用、校验都具有重要意义。用户通过平台建立的这些调查、统计资料数据库，可以查询、浏览历年种植作物品种、产量、病虫害发生情况、肥料施用量等数据信息，这有助于用户在了解研究区内的基本农业生产情况基础上，更好地利用本软件实施测土配方施肥项目。具体构建过程如图 5 所示。

耕地资源管理信息系统数据库的建立为构建测土配方施肥专家系统软件提供了条件。土壤类型图、土地利用现状图和各种养分含量分布图之间的空间叠加分析使得地理空间属性、土壤属性和土地利用属性集为一体。利用 MAPGIS 属性库管理功能模块中的“导出”菜单，从测土配方施肥基础单元图中提取属性，选择需要导出的属性字段，最后把属性数据文件保存为 DBF 格式。通过编码将属性数据文件和调查、统计资料数据库关联在一起，形成包括基础地理数据库、土壤数据库、农业生产数据库、肥料数据库和土地利用数据库五个子数据库在内的地理信息库。

**三、测土配方施肥模型的建立**

测土配方施肥是一项科学性、实用性很强的农业科学技术，施肥模型是施肥技术的核心内容之一。在农作物推荐施肥研究和实践中，有多达 60 多种施肥模型。在众多施肥模型之中，养分平衡法和肥料效应函数法在理论上能够得到比较广泛的共识，也具有一定的精度，故被国内外广泛应用。

本研究应用的施肥模型——养分平衡法属于平衡模型，该模型主要对农户提出施肥量建议的微观指导，根据作物目标产量需肥量与土壤供肥量之差估算目标产量的施肥量，通过施肥补足土壤供应不足的那部分养分，其模型构造无可争议，表达式如下：

$$\text{施肥量}(\mathrm{kg}/667\mathrm{m}^2)=\frac{\text{目标产量需养分总量}-\text{土壤供肥量}}{\text{肥料中养分含量}\times\text{肥料当季利用率}}$$

养分平衡法涉及目标产量、作物需肥量、土壤供肥量、肥料当季利用率和肥料中有效养分含量五大参数。本研究中的土壤供肥量通过土壤有效养分校正系数估算，因此，养分平衡法又可以称为“土壤有效养分校正系数法”，其计算公式为：

$$\text{施肥量}(\mathrm{kg}/667\mathrm{m}^2)=\frac{\text{作物单位产量养分吸收量}\times\text{目标产量}-\text{土壤测试值}\times0.15\times\text{有效养分校正系数}}{\text{肥料中养分含量}\times\text{肥料当季利用率}}$$

**农户施肥情况调查表**

统一编号：

| 施肥相关情况 | 生长季节 | | 作物名称 | | 品种名称 | |
|---|---|---|---|---|---|---|
| | 插张季节 | | 收获日期 | | 产量水平 | |
| | 生长期内降水次数 | | 生长期内降水总量 | | | |
| | 生长期内灌水次数 | | 生长期内灌水总量 | | 灾害情况 | |

| 推荐施肥情况 | 是否推荐施肥指导 | | 推荐单位性质 | | | 推荐单位名称 | | | |
|---|---|---|---|---|---|---|---|---|---|
| 配方内容 | 目标产量（kg/667m²） | 推荐肥料成本（元/667m²） | 化肥（kg/667m²） | | | | | 有机肥（kg/667m²） | |
| | | | 大量元素 | | | 其他元素 | | 肥料名称 | 实物量 |
| | | | N | $P_2O_5$ | $K_2O$ | 养分名称 | 养分用量 | | |
| | | | | | | | | | |

| 实际施肥总体情况 | 实际产量（kg/667m²） | 实际肥料成本（元/667m²） | 化肥（kg/667m²） | | | | | 有机肥（kg/667m²） | |
|---|---|---|---|---|---|---|---|---|---|
| | | | 大量元素 | | | 其他元素 | | 肥料名称 | 实物量 |
| | | | N | $P_2O_5$ | $K_2O$ | 养分名称 | 养分用量 | | |
| | | | | | | | | | |
| 实际施肥明细 汇总 | | | | | | | | | |

| 实际施肥明细·施肥明细 施肥序次 | 施肥时期 | 项目 | | | 施肥情况 第一种 | 第二种 | 第三种 | 第四种 | 第五种 | 第六种 |
|---|---|---|---|---|---|---|---|---|---|---|
| 第一次 | | 肥料种类 | | | | | | | | |
| | | 肥料名称 | | | | | | | | |
| | | 养分含量情况（%） | 大量元素 | N | | | | | | |
| | | | | $P_2O_5$ | | | | | | |
| | | | | $K_2O$ | | | | | | |
| | | | 其他元素 | 养分名称 | | | | | | |
| | | | | 养分含量 | | | | | | |
| | | 实物量（kg/667m²） | | | | | | | | |
| 第二次 | | 肥料种类 | | | | | | | | |
| | | 肥料名称 | | | | | | | | |
| | | 养分含量情况（%） | 大量元素 | N | | | | | | |
| | | | | $P_2O_5$ | | | | | | |
| | | | | $K_2O$ | | | | | | |
| | | | 其他元素 | 养分名称 | | | | | | |
| | | | | 养分含量 | | | | | | |
| | | 实物量（kg/667m²） | | | | | | | | |
| 第...次 | | 肥料种类 | | | | | | | | |
| | | 肥料名称 | | | | | | | | |
| | | 养分含量情况（%） | 大量元素 | N | | | | | | |
| | | | | $P_2O_5$ | | | | | | |
| | | | | $K_2O$ | | | | | | |
| | | | 其他元素 | 养分名称 | | | | | | |
| | | | | 养分含量 | | | | | | |
| | | 实物量（kg/667m²） | | | | | | | | |
| 第六次 | | 肥料种类 | | | | | | | | |
| | | 肥料名称 | | | | | | | | |
| | | 养分含量情况（%） | 大量元素 | N | | | | | | |
| | | | | $P_2O_5$ | | | | | | |
| | | | | $K_2O$ | | | | | | |
| | | | 其他元素 | 养分名称 | | | | | | |
| | | | | 养分含量 | | | | | | |
| | | 实物量（kg/667m²） | | | | | | | | |

说明：每一季作物一张表，请填写齐全采样前一个年度的每季作物。农户调查点必须填写完“实际施肥明细”，其他点必须填写完“实际施肥总体情况”及以上部分。与附表3联合使用，编号一致。

图4 农户施肥情况调查表设计界面

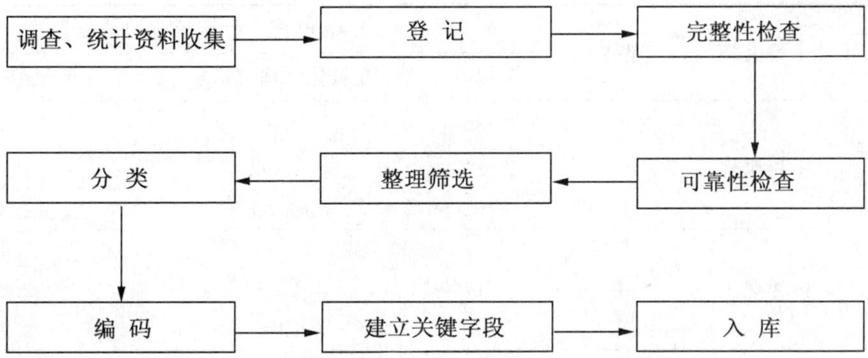


图 5　文档资料入库流程

(一)目标产量的确定

目标产量可以采用平均单产法来确定。平均单产法是利用施肥区前三年平均单产和年递增率为基础确定目标产量,其计算公式为:

$$目标产量(kg/667m^2)=(1+递增率)\times 前三年平均单产$$

一般粮食作物的递增率以10%～15%为宜,露地蔬菜一般为20%左右,设施蔬菜为30%左右。

为了让用户能够自主地输入目标产量的数值,达到理想的产量水平,本研究利用平均单产法确定每一种作物的目标产量的范围,为用户提供参考。根据用户输入基础产量水平和增产幅度水平计算出目标产量数值。

(二)作物需肥量的计算

通过对正常成熟的农作物全株养分的化学分析,测定各种作物百千克经济产量所需养分量(部分常见作物单位产量养分吸收量如表1所示),即可获得作物需肥量。

**表1　部分常见作物单位产量养分吸收量**

| 作物 | 土壤类型 | 产量水平 | 100kg 经济产量所吸收的养分量 | | |
|---|---|---|---|---|---|
| | | | 氮(N) | 五氧化二磷($P_2O_5$) | 氧化钾($K_2O$) |
| 小麦 | 棕壤 | 低 | 3.01 | 0.82 | 2.06 |
| | | 中 | 3.15 | 0.93 | 1.92 |
| | | 高 | 3.07 | 1.18 | 2.31 |
| | 砂姜黑土 | 低 | 3.05 | 0.85 | 2.66 |
| | | 中 | 2.92 | 0.72 | 2.07 |
| | | 高 | 3.34 | 0.88 | 2.85 |

续表

| 作物 | 土壤类型 | 产量水平 | 100kg经济产量所吸收的养分量 | | |
|---|---|---|---|---|---|
| | | | 氮(N) | 五氧化二磷($P_2O_5$) | 氧化钾($K_2O$) |
| 玉米 | 棕壤 | 低 | 2.35 | 0.96 | 2.64 |
| | | 中 | 2.21 | 1.06 | 2.14 |
| | | 高 | 2.61 | 1.23 | 2.84 |
| | 砂姜黑土 | 低 | 2.39 | 0.98 | 2.43 |
| | | 中 | 2.17 | 1.02 | 2.05 |
| | | 高 | 2.66 | 1.16 | 2.79 |
| 花生 | 棕壤 | 低 | 4.03 | 0.96 | 1.36 |
| | | 中 | 3.62 | 0.85 | 1.26 |
| | | 高 | 3.61 | 0.88 | 1.34 |
| | 砂姜黑土 | 低 | 4.11 | 0.92 | 1.41 |
| | | 中 | 3.44 | 0.76 | 1.33 |
| | | 高 | 3.67 | 0.82 | 1.38 |

(三)土壤供肥量的计算

土壤供肥量可以通过土壤有效养分校正系数估算。将土壤有效养分测定值乘上一个校正系数,以表达土壤"真实"供肥能力,该系数称为"土壤有效养分校正系数"。部分常见作物的土壤有效养分校正系数如表2所示。

表2 部分常见作物的土壤有效养分校正系数

| 作物 | 土壤类型 | 产量水平 | 100kg经济产量所吸收的养分量 | | |
|---|---|---|---|---|---|
| | | | 氮(N) | 五氧化二磷($P_2O_5$) | 氧化钾($K_2O$) |
| 小麦 | 棕壤 | 低 | 0.48 | 0.34 | 0.27 |
| | | 中 | 0.68 | 0.35 | 0.45 |
| | | 高 | 0.83 | 0.47 | 0.56 |
| | 砂姜黑土 | 低 | 0.33 | 0.31 | 0.28 |
| | | 中 | 0.48 | 0.49 | 0.31 |
| | | 高 | 0.51 | 0.61 | 0.59 |
| 玉米 | 棕壤 | 低 | 0.44 | 0.78 | 0.53 |
| | | 中 | 0.49 | 0.6 | 0.62 |
| | | 高 | 0.54 | 0.53 | 0.68 |
| | 砂姜黑土 | 低 | 0.64 | 0.51 | 0.46 |
| | | 中 | 0.67 | 0.52 | 0.57 |
| | | 高 | 0.66 | 0.55 | 0.65 |

续表

| 作物 | 土壤类型 | 产量水平 | 100kg 经济产量所吸收的养分量 | | |
|---|---|---|---|---|---|
| | | | 氮(N) | 五氧化二磷($P_2O_5$) | 氧化钾($K_2O$) |
| 花生 | 棕壤 | 低 | 0.42 | 0.44 | 0.33 |
| | | 中 | 0.52 | 0.54 | 0.36 |
| | | 高 | 0.59 | 0.65 | 0.49 |
| | 砂姜黑土 | 低 | 0.41 | 0.39 | 0.35 |
| | | 中 | 0.49 | 0.45 | 0.39 |
| | | 高 | 0.56 | 0.47 | 0.45 |

(四)肥料当季利用率的计算

肥料当季利用率一般通过差减法来计算。利用施肥区作物吸收的养分量减去不施肥区作物吸收的养分量,其差值视为肥料供应的养分量,再除以所用肥料养分量就是肥料当季利用率(部分常见作物的肥料当季利用率如表 3 所示),其计算公式如下:

肥料利用率(%)=

$$\frac{\text{施肥区作物吸收的养分量}(kg/667m^2)-\text{缺素区作物吸收的养分量}(kg/667m^2)}{\text{肥料施用量}(kg/667m^2)\times\text{肥料中有效养分含量}(\%)}\times100\%$$

表 3　　部分常见作物的肥料当季利用率

| 作物 | 土壤类型 | 产量水平 | 100kg 经济产量所吸收的养分量 | | |
|---|---|---|---|---|---|
| | | | 氮(N) | 五氧化二磷($P_2O_5$) | 氧化钾($K_2O$) |
| 小麦 | 棕壤 | 低 | 22.2 | 9.5 | 15.3 |
| | | 中 | 25.7 | 15.4 | 14.3 |
| | | 高 | 28.2 | 19.4 | 29.6 |
| | 砂姜黑土 | 低 | 15.6 | 9.4 | 19.1 |
| | | 中 | 20.6 | 12.5 | 24.7 |
| | | 高 | 28.1 | 15.6 | 37.5 |
| 玉米 | 棕壤 | 低 | 20.6 | 18.7 | 29.3 |
| | | 中 | 23.8 | 20.5 | 29.8 |
| | | 高 | 27.6 | 24.3 | 29.5 |
| | 砂姜黑土 | 低 | 22.7 | 17.2 | 22.4 |
| | | 中 | 22.3 | 17.6 | 22.9 |
| | | 高 | 22.8 | 18.6 | 23.1 |
| 花生 | 棕壤 | 低 | 14.3 | 9.5 | 24.1 |
| | | 中 | 17.3 | 10.2 | 27.1 |
| | | 高 | 23.1 | 14.5 | 29.3 |
| | 砂姜黑土 | 低 | 13.5 | 9.7 | 25.1 |
| | | 中 | 22.3 | 12.4 | 30.1 |
| | | 高 | 35.7 | 15.3 | 33.2 |

（五）肥料有效养分含量的确定

不同的肥料种类含有的养分种类不同，各种类型肥料的有效养分含量也各不相同，几种常用化学肥料的有效养分含量如表 4 所示。

表 4 常用化学肥料有效养分含量

| 化学肥料名称 | 有效养分种类 | 养分含量(%) | 化学肥料名称 | 有效养分种类 | 养分含量(%) |
|---|---|---|---|---|---|
| 硫酸铵 | N | 20 | 过磷酸钙(3 级) | $P_2O_5$ | 14 |
| 碳酸氢铵 | N | 17 | 过磷酸钙(4 级) | $P_2O_5$ | 12 |
| 尿素 | N | 46 | 钙镁磷肥(1 级) | $P_2O_5$ | 18 |
| 硝酸铵 | N | 33 | 钙镁磷肥(2 级) | $P_2O_5$ | 16 |
| 氯化铵 | N | 24 | 钙镁磷肥(3 级) | $P_2O_5$ | 14 |
| 液氮 | N | 82 | 钙镁磷肥(4 级) | $P_2O_5$ | 12 |
| 氨水 | N | 12 | 重过磷酸钙 | $P_2O_5$ | 40 |
| 石灰氮 | N | 18 | 磷石粉 | $P_2O_5$ | 30 |
| 硝酸钠 | N | 15 | 磷酸一铵 | N、$P_2O_5$ | $N_{11}$，$P_2O_5$ 51 |
| 硝酸钙 | N | 13 | 磷酸二铵 | N、$P_2O_5$ | N 16，$P_2O_5$ 46 |
| 过磷酸钙(1 级) | $P_2O_5$ | 18 | 硫酸钾 | $K_2O$ | 50 |
| 过磷酸钙(2 级) | $P_2O_5$ | 16 | 氯化钾 | $K_2O$ | 60 |

## 四、胶州市测土配方施肥专家系统的实现

（一）使用 Dundas Map 控件和 XML 技术实现系统的地图向导功能

Dundas Map 是一种制作地图的专业工具，能帮助用户快速从图库多种多样的基础地图中选择地图，并开始自定义诸如距离刻度或者图标等制图设计元素，用户无需编写任何代码即可轻松地添加与配置用于放大与缩放的交互式控件。Dundas Map 支持多样化的数据源，这保证了用户的基于地图的应用程序可以毫不费力地利用即有数据。地图的内容元素可被快速的创建与格式化，然后轻松地绑定数据。Dundas Map 支持当前主流的集中地图投影，包括 Mercator 投影与 Robinson 投影。为帮助控制导航，用户可向地图快速地添加放大与缩放控件，以创建一个交互式的可导航的用户界面。Dundas Map 为用户提供了一系列地图面板元素，其可用于组建一整幅地图。在地图组建完成后，Dundas Map 还为您提供了高效的渲染引擎以及图像视图窗口，以为用户清晰地显示地图内容。

同时，利用 XML 可以在 Internet 展开各种复杂的应用。用 XML 作为数据中介，可以实现异构数据的集成和交换。本系统使用 XML 定义客户端和 Web 服务器之间的数

据交换格式，描述平台地图库的数据形式，方便客户端进行地图浏览。

以下部分 XML 代码展示了平台中地图库的数据描述。

<map stepcount="8">

<node label="中国" map="china. swf">

<node label="山东" map="shandong. swf" f="/province/shandong/">

<node label="青岛" map="qingdao. swf" f="/qingdao/">

<node label="胶州" map="jiaozhou. swf" f="/jiaozhou/"> <node label="九龙" map="dianbu. swf" f="/jiulong/">

<node label="爱国" map="aiguo. swf" f="/ jiulong /"></node>

<node label="兰东" map="landong. swf" f="/ jiulong /"></node>

<node label="洋河崖" map="yangheya. swf" f="/ jiulong /"></node>

<node label="毛家岭" map="maojialing. swf" f="/ jiulong /"></node>

…

由于系统的地图向导功能允许用户在各级地图中前后浏览，因此在描述地图格式时，系统按照“国家－省－地区－区市－镇(街道办事处)－村”的层次存储，且所有的地图信息均在此文件中以这种形式予以描述。当用户通过地图向导第一次向系统发出请求时，系统会将该描述文件传至客户端，以供用户浏览地图所用。因为地图描述文件不大，将描述文件一次性传送给客户端。在地图浏览过程中，地图文件信息的便利查找可以在客户端完成，从而节省了服务器的查询时间，而且降低了网络的负载。

(二)使用 B/S 结构，通过 WWW 服务器展现工作界面浏览

B/S(Browser/Server)结构即浏览器和服务器结构，用户工作界面是通过 WWW 浏览器来实现，极少部分事务逻辑在前端(Browser)实现，但是主要事务逻辑在服务器端(Server)实现，形成所谓三层絜结构。这样就大大简化了客户端电脑载荷，减轻了系统维护与升级的成本和工作量，降低了用户的总体成本。以目前的技术看，局域网建立 B/S 结构的网络应用，并通过 Internet/Intranet 模式下数据库应用，相对易于把握，成本也较低。它是一次性到位的开发，能实现不同的人员，从不同的地点，以不同的接入方式(比如 LAN、WAN、Internet/Intranet 等)访问和操作共同的数据库；能有效地保护数据平台和管理访问权限，服务器数据库也很安全。特别是在 Java 这样的跨平台语言出现之后，B/S 架构管理软件更是方便、快捷、高效，具有维护和升级方式简单、成本降低、选择更多等优点。

(三)集成 Java＋Struts＋Hibernate 技术实现网络系统开发

系统服务器端采用的是动态 Web 技术开发的基于 HTTP 协议的网络应用程序，主要开发语言采用 Java 语言，开发框架选择了 Struts 与 Hibernate 相结合的方式。

Java 语言是目前非常流行的应用程序开发语言，它具有“一次编译，到处运行”的特点。本系统的 Web 服务器采用 Java 语言开发，因此，系统具有良好的跨平台性和可移植性。

随着 Java 技术的逐渐成熟与完善，作为建立企业级应用的标准平台，J2EE 平台得到了长足的发展。但是，在传统 J2EE 应用的开发过程中也出现了一些问题：数据模型和逻

辑模型之间的矛盾。目前使用的数据库基本上都是关系型数据库，而 Java 本质上是一种面向对象的语言，对象在存储和读取时使用 SQL 和 JDBC 进行数据库操作，降低了编程的效率以及系统的可维护性。传统的 J2EE 应用多采用基于 EJB 的重量级框架，这种框架适合于开发大型企业应用，但是使用 EJB 容器进行开发和调试需要耗费大量时间。为了降低代码的耦合性、提高系统的开发效率，本系统的开发采用了一种基于 Struts 框架和 Hibernate 框架的 J2EE 应用开发策略，其体系结构如图 6 所示。

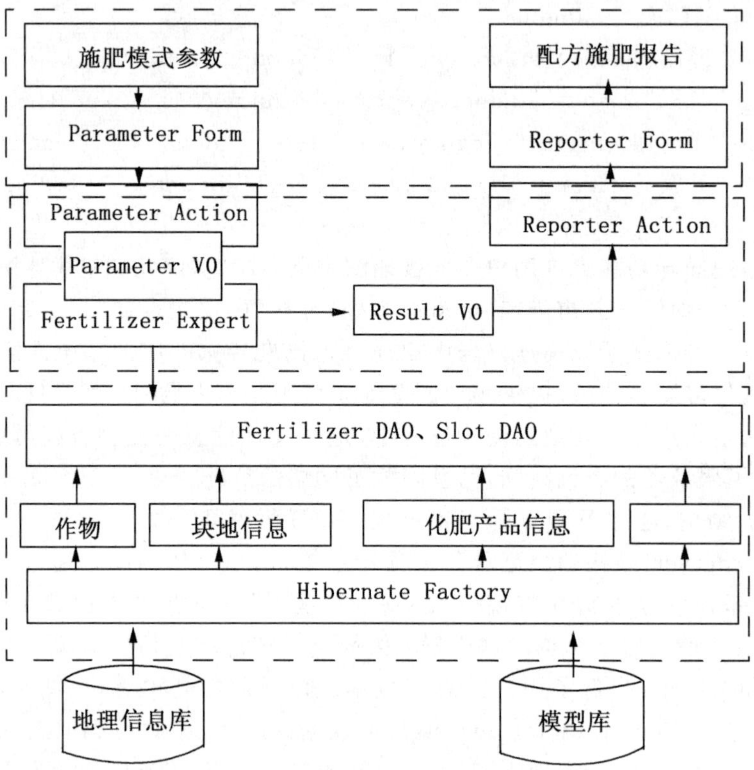


图 6　系统开发体系结构图

Hibernate 是一个功能强大、性能高、非常流行的 ORM 工具，它推动了基于普通 Java 对象模型、用于映射底层数据结构的持久对象的开发，能够提供高级数据查询和检索服务。Struts 是一个优秀的基于 J2EE 平台的 MVC 框架，它简化了 Web 层的开发，实现了应用程序的显示逻辑和业务逻辑的分离。Web 服务系统的开发将这两种技术结合起来应用，极大地提高了开发效率，并使系统具有更好的可维护性和可扩展性。

## 五、测土配方施肥专家系统的运行

### （一）主界面

测土配方施肥专家系统的主界面如图 7 所示。

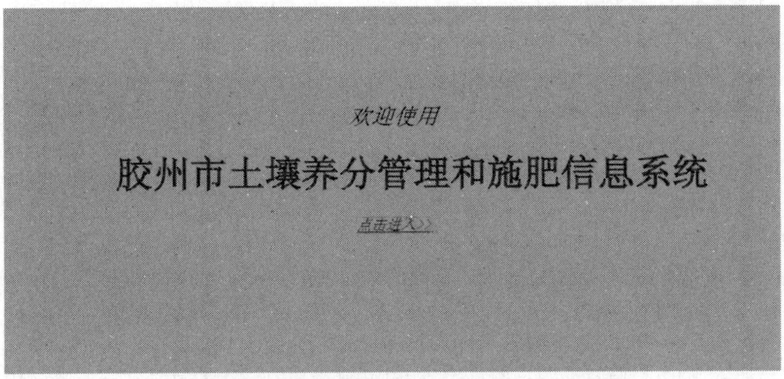


图 7　胶州市测土配方施肥制导系统主界面

(二)地图向导

使用交互式地图向导，按“市—镇(街道办事处)—村—地块”次序层层引导，可以回溯(升级后可以按“国家—省—市—镇(街道办事处)—村—地块”的次序引导)，地图支持放大、缩小、移动、鹰眼功能。实现界面如图 8 至图 10 所示。

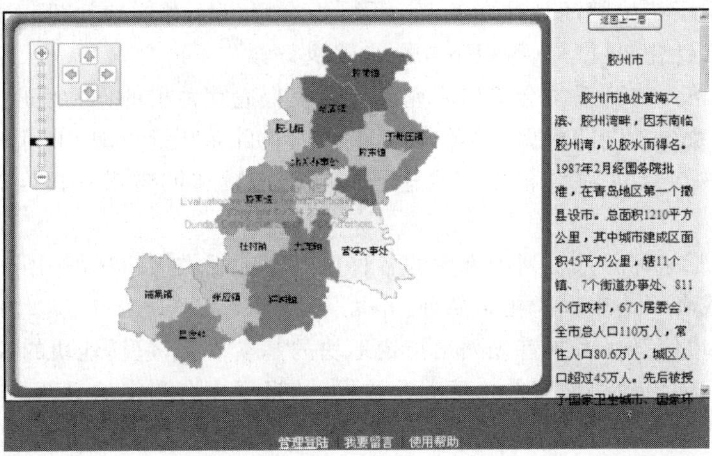


图 8　界面(一)

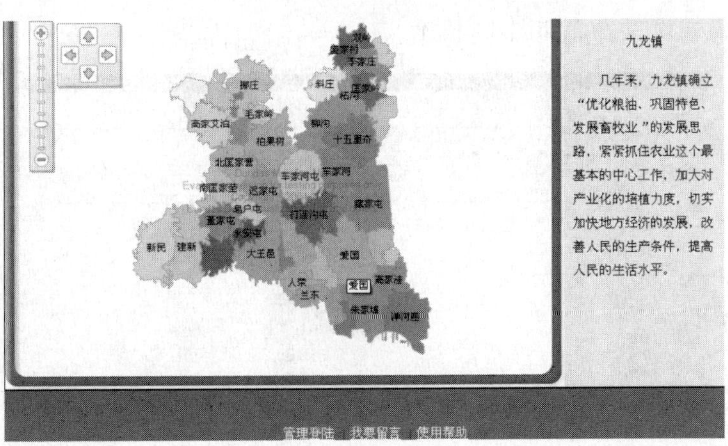


图 9　界面(二)

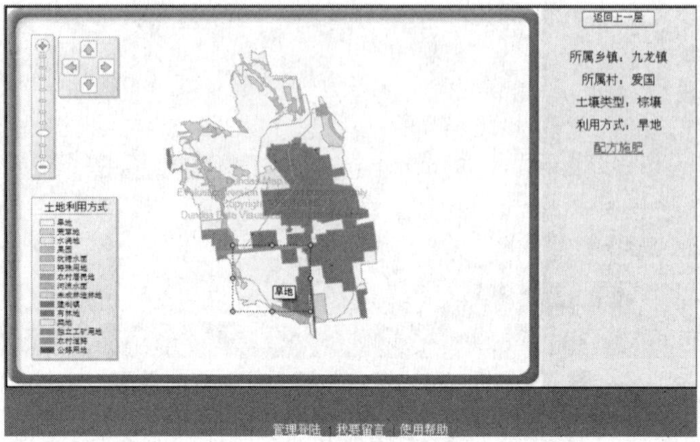


图 10 界面(三)

(三)施肥模式设置

在用户确定了待施肥的地块单元后,系统要求用户针对该地块进行部分参数设置。参数设置过程人性化、易操作,按以下几个步骤执行:

(1)选择种植作物。系统会给出研究区域内较为适宜种植的作物供用户选择,在用户选择作物之后,系统会立即根据目标作物给出合理的目标产量范围,供用户参考。

(2)输入目标产量。系统根据用户输入的基础产量和期望增长幅度,自动计算目标产量。

(3)选择化肥品种。系统列出常用的各种氮、磷、钾肥供用户选择,用户可以根据实际情况选择使用或者不使用哪个化肥品种。

(4)输入地块信息。系统首先列出指定地块的基本信息,包括地块的权属、地类,同时列出地理信息库中该地块已有的土壤养分数据,如果用户有测定的更新的养分数据信息,可以进行相应修改。

(5)提交参数。上述参数设定完毕后,用户可以提交参数,由系统计算并生成配方施肥报告。

系统施肥模式设置界面如图 11 所示。

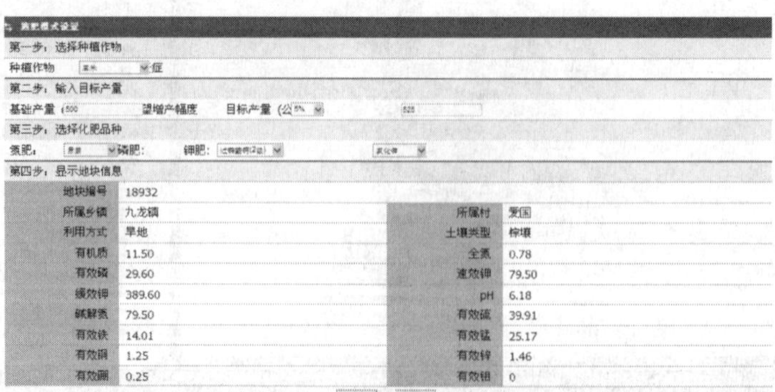


图 11 系统施肥模式设置界面

(四)配方施肥报告输出

根据用户输入的参数,系统自动计算出配方方案并以报告形式反馈给用户。报告包含五个部分。

(1)地块单元信息。该部分显示待种植作物的目标单元地块基本信息,信息包含目标作物、目标产量、土壤类型、土地利用方式以及土壤养分测试结果。

(2)土壤养分水平评价。根据地块单元土壤养分含量,系统通过与专家知识库中的经验数据进行比对,给出每一种元素含量的评价结果,结果分为很丰富、较丰富、丰富、中等、缺乏、极缺乏六个级别。

(3)施肥建议。系统根据专家知识,结合土地单元实际情况,给出为取得目标产量结果,农户每亩地各种元素的施用量。如果地块单元的氮、磷、钾元素含量是很丰富的情况,系统则会建议用户不施或少施该元素肥料。

(4)施肥方案。系统给出两种方案供用户选择使用。方案一是针对用户在施肥模式参数设置时所选择施用的化肥种类,按照基肥、追肥的合理比例,系统给出各种肥料的施用量;方案二是系统根据专家经验计算出的配方肥的成分及施用量。

(5)作物的需肥规律和技术要点。根据用户所选择的目标作物,系统从专家知识库中调出该作物的施肥规律和施肥技术要点,以让农民用户对所种植的作物有更多的了解、正确施肥。

配方施肥报告界面如图 12 所示。

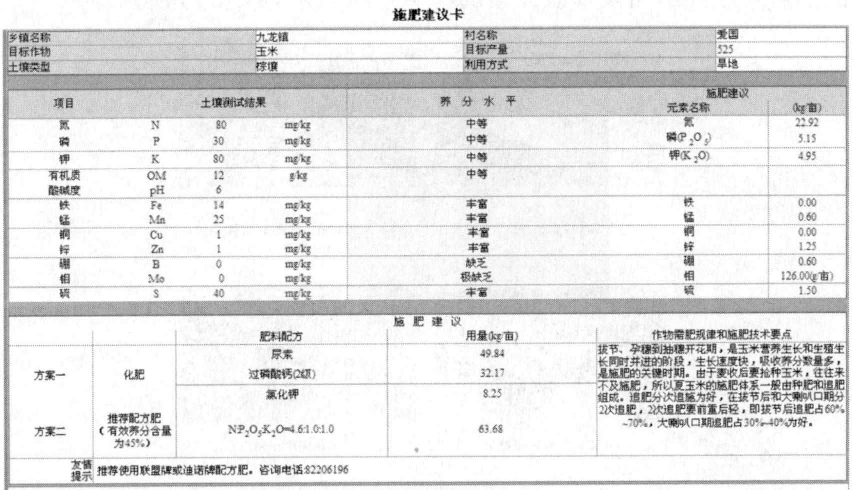

施肥建议卡

| 乡镇名称 | 九龙镇 | 村名称 | 爱国 |
|---|---|---|---|
| 目标作物 | 玉米 | 目标产量 | 525 |
| 土壤类型 | 棕壤 | 利用方式 | 旱地 |

| 项目 | | 土壤测试结果 | | 养 分 水 平 | 施肥建议 元素名称 | (kg/亩) |
|---|---|---|---|---|---|---|
| 氮 | N | 80 | mg/kg | 中等 | 氮 | 22.92 |
| 磷 | P | 30 | mg/kg | 中等 | 磷($P_2O_5$) | 5.15 |
| 钾 | K | 80 | mg/kg | 中等 | 钾($K_2O$) | 4.95 |
| 有机质 | OM | 12 | g/kg | 中等 | | |
| 酸碱度 | pH | 6 | | | | |
| 铁 | Fe | 14 | mg/kg | 丰富 | 铁 | 0.00 |
| 锰 | Mn | 25 | mg/kg | 丰富 | 锰 | 0.60 |
| 铜 | Cu | 1 | mg/kg | 丰富 | 铜 | 0.00 |
| 锌 | Zn | 1 | mg/kg | 丰富 | 锌 | 1.25 |
| 硼 | B | 0 | mg/kg | 缺乏 | 硼 | 0.60 |
| 钼 | Mo | 0 | mg/kg | 极缺乏 | 钼 | 126.00(g/亩) |
| 硫 | S | 40 | mg/kg | 丰富 | 硫 | 1.50 |

施 肥 建 议

| | | 肥料配方 | 用量(kg/亩) | 作物需肥规律和施肥技术要点 |
|---|---|---|---|---|
| 方案一 | 化肥 | 尿素 | 49.84 | 拔节、孕穗到抽穗开花期,是玉米营养生长和生殖生长同时并进的阶段,生长速度快,吸收养分数量多,是施肥的关键时期。由于麦收后要抢种玉米,往往来不及施肥,所以夏玉米的施肥体系一般由种肥和追肥组成。追肥分次追施为好,在拔节后和大喇叭口期分2次追肥,2次追肥要前重后轻,即拔节后追肥占60%~70%,大喇叭口期追肥占30%~40%为好。 |
| | | 过磷酸钙(2级) | 32.17 | |
| | | 氯化钾 | 8.25 | |
| 方案二 | 推荐配方肥(有效养分含量为45%) | $N:P_2O_5:K_2O$=4.6:1.0:1.0 | 63.68 | |

友情提示 推荐使用联盟牌或迪诺牌配方肥。咨询电话:82206196

图 12 配方施肥报告界面

需要强调指出,系统给定的两种推荐方案的施肥量数值均与农业部测土配方施肥专家组提出的施肥量经验计算公式所得数值十分吻合。将本系统的运行结果与农业部测土配方施肥专家组提出的施肥量经验计算公式所得数值进行比较分析。结果表明,除个别极端条件下两者之间存在一定差异,胶州市 95%以上的测土点上的推荐施肥量数值两者相差小于 5%。可见,本系统所采用的推荐施肥量计算方法是科学合理的,符合当地土壤、气候、灌溉、水资源等农业生产实际情况。

本系统采用的测土配方施肥建议卡无论在内容上还是在形式上，都与农业部项目数据库的要求一致，从而保证了系统应用过程中的严谨性与原则性，可有效防止随意性等人为因素干扰。本系统运行过程中产生的资料、文件、结果等完全符合测土配方施肥项目技术方案中项目文件资料管理要求，内容、形式高度一致，达到了数据库建设、文件保存、规范性等各方面的协调一致、高度统一，实现了数据资料的直接调用与统一管理。

土壤测试数据的展示：由于并非所有的土壤样品都进行了相同的分析测试，所以测土配方施肥建议卡中的土壤测试数据设定为：按照实际测试项目进行数据展示、养分水平评价。

养分水平评价：系统对土壤养分测试中的所有项目均设定了丰缺指标范围，这是结合国内外研究资料、当地农业专家意见、项目实施过程中进行的多年田间肥料试验（“3414”试验、肥料用量试验、肥效对比试验、高产创建试验等），经过多次会商而确定的胶州市测土配方施肥指标体系的部分内容。

（五）缺素诊断及矫治

缺素诊断：系统为农户提供了小麦、玉米、花生、马铃薯、大白菜、西瓜、苹果、樱桃、西兰花、大蒜、芋头、桃树等 38 种作物的缺氮、缺磷、缺钾、缺锌、缺镁、缺锰、缺铜、缺钙、缺铁、缺硼、缺硫、缺钼共 12 种元素的缺素症状。

用户可以根据不同作物出现的不同症状，在病症检索表中按照顺序依次对照，系统将给出科学的缺素判断并给出缺少该元素的典型症状图示，如图 13 所示。

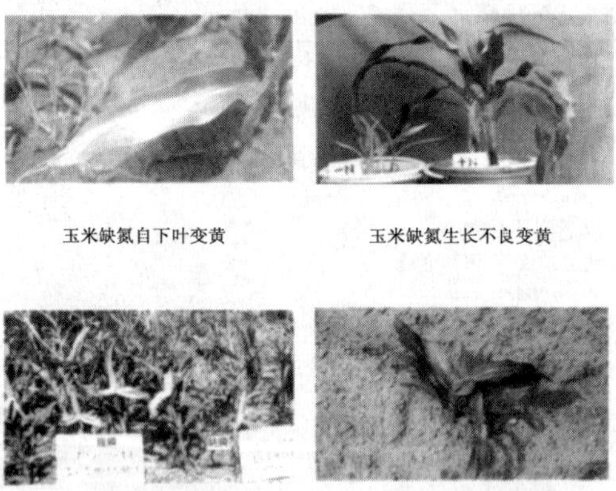

玉米缺氮自下叶变黄　玉米缺氮生长不良变黄

玉米缺镁叶紫、成熟晚　玉米缺磷叶呈紫红色

图 13　典型症状图示

（六）数据管理与更新功能

系统增加了后台数据管理功能，在农业管理人员获得最新的农作物、肥料、土壤养分等信息后，能够及时变动与更新数据，保证系统的时效性。

1. 作物管理模块

通过此模块，农业管理人员可以及时更新各种农作物的施肥建议、产量水平，保证系统所提供信息的及时性、准确性，如图 14 和图 15 所示。

图 14　作物管理模块(一)

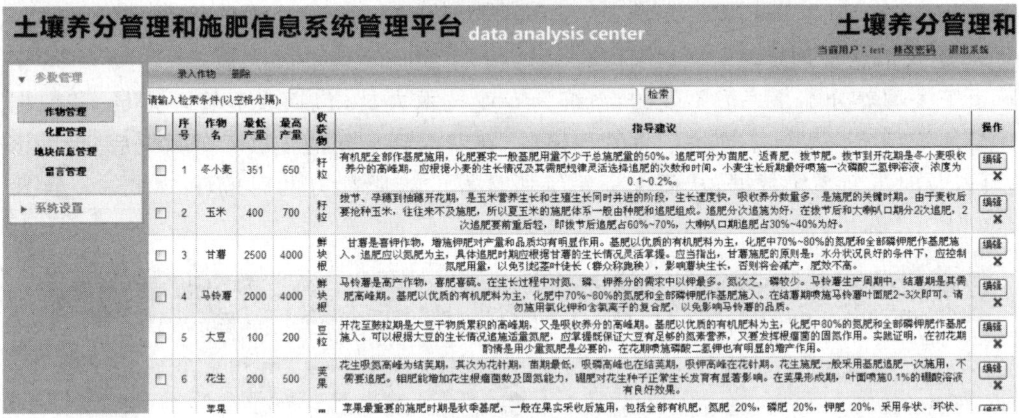


图 15　作物管理模块(二)

2. 化肥管理模块

通过此模块，农业管理人员可以根据当地具体情况，及时更新各种肥料的利用率、施肥量等，保证系统所计算数据的准确性，如图 16 和图 17 所示。

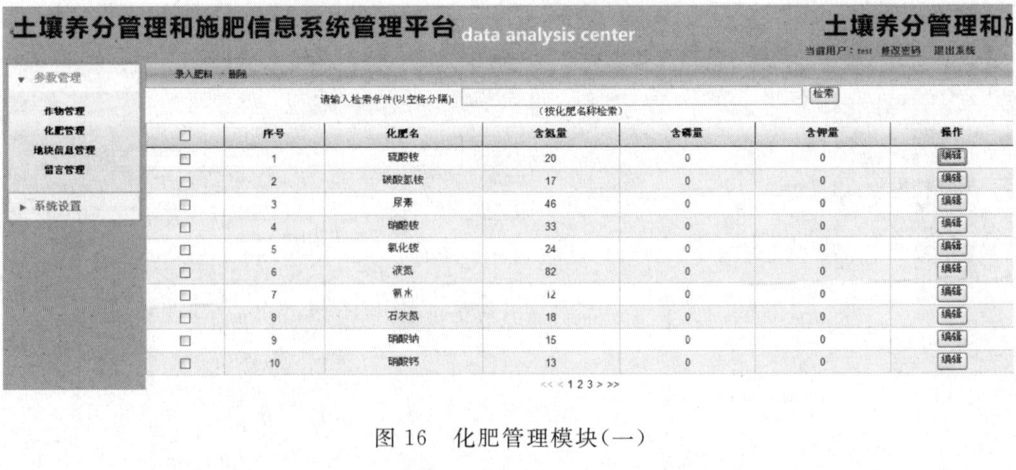


图 16　化肥管理模块(一)

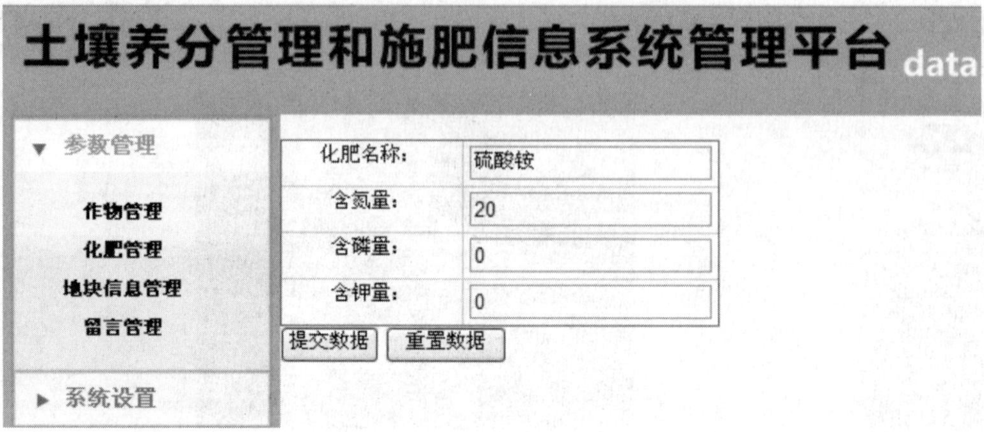


图 17　化肥管理模块(二)

3. 地块信息管理模块

由于土壤养分不是一成不变的，系统为专业技术人员(包括农业管理人员)和数据管理人员的管理工作提供了地块信息管理模块，在获取到最新的土壤养分数据后，借助该模块，可以及时更新系统数据，从而保证系统所计算的施肥配方的时效性，如图 18 至图 20 所示。

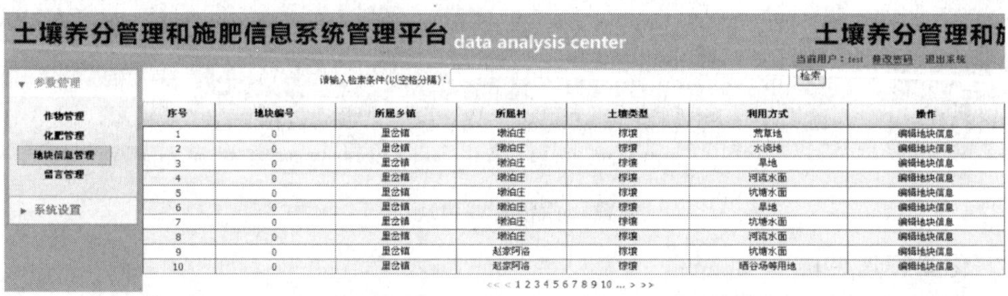


图 18　地块信息管理模块(一)

图 19　地块信息管理模块(二)

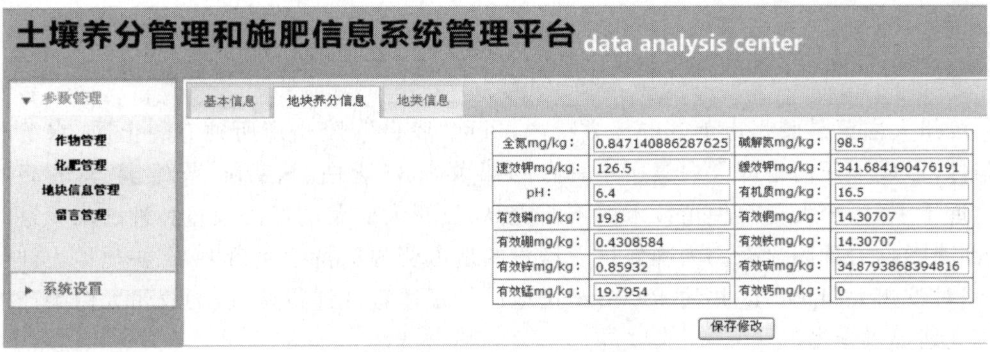


图 20　地块信息管理模块(三)

4. 留言管理模块

农业管理人员通过此模块，能够及时了解农户的需求，对提交的留言及时进行汇总与处理，得到农户在系统使用过程中优缺点的反馈，进一步完善系统，如图 21 和图 22 所示。

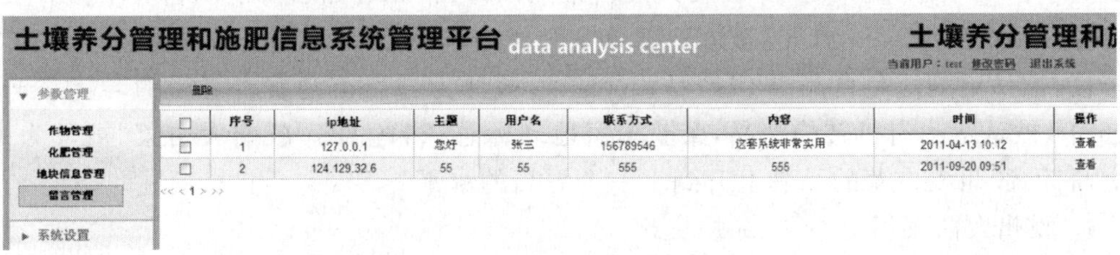


图 21　留言管理模块(一)

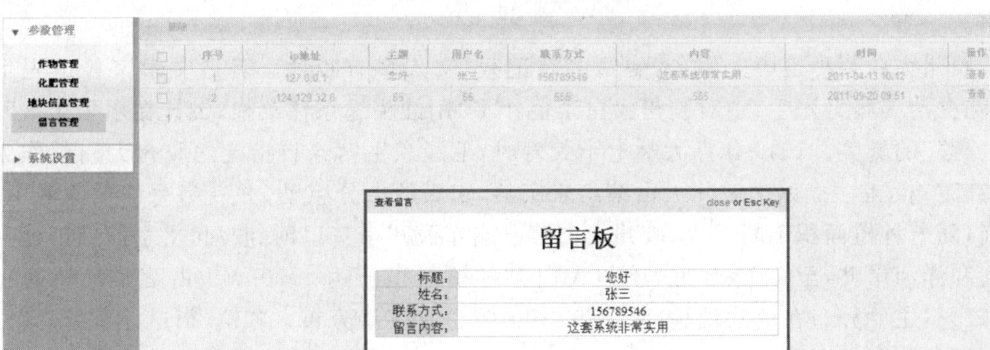


图 22　留言管理模块(二)

# 附录三 胶州大白菜适宜性评价

胶州大白菜是胶州市著名的地方特产，俗称“胶白”，胶州市所独有的土质、水源和气候条件，形成了任何地区大白菜所不具有的帮嫩薄、汤乳白、味甜鲜、纤维少、营养高的特点。近年来，由于大白菜种植技术的不断提高，胶州大白菜的经济效益和种植面积逐年增加，品牌影响力日趋显著。为确保这一珍贵的地方资源的持续生命力，在耕地地力评价基础上，对胶州大白菜产区共约 4000$hm^2$ 耕地进行了适宜性评价调查，为胶州大白菜产业的发展规划提供参考。

## 一、胶州大白菜的种植区域及自然条件

### (一)胶州大白菜的基本概况

白菜，通常指大白菜，属十字花科芸苔属一年生、二年生草本植物，做一年生栽培，其因营养丰富而号称“蔬菜之王”。胶州大白菜则以汁白、味甘甜、纤维少、营养丰富、产量高等特点而驰名中外。1999 年，被农业部认定为优质产品；2003 年，经中国绿色食品发展中心审核，被认定为绿色食品 A 级产品；2005 年，被评为青岛市消费者喜爱的名优农产品；2006 年，被认定为有机转换产品，荣获国家地理标志；2010 年，“胶州大白菜”被评为中国驰名商标，胶州大白菜的品牌上升到了一个更高的水平。

1. 胶州大白菜历史悠久、品质突出

胶州大白菜具有一千多年的种植历史，远在唐代即享有盛誉，后传入日本、朝鲜，被尊称为“唐菜”。公元 1875 年，胶州大白菜在东京博览会上展出，被评为优质产品，从此名扬天下。

胶州大白菜种植历史悠久，史籍多有记载，文人多有吟诵。著名文学家鲁迅先生在《朝花夕拾·藤野先生》中对胶州大白菜也作了“用红头绳系住菜根，倒挂在水果店头”，尊为“胶菜”的赞美。1949 年斯大林七十大寿时，毛泽东主席亲自指定送胶州大白菜作为寿礼；1957 年，毛主席赠送胶州大白菜给宋庆龄，宋庆龄十分感动，并专门写信致谢毛主席。目前，随着种植面积不断扩大，胶州大白菜已遍布胶州市三里河、胶河、墨水河、胶莱河、大沽河和洋河岸畔，至 2010 年底，胶州大白菜种植面积已达 4000$hm^2$，占蔬菜种植面积的 38.27%，主要分布在里岔镇、胶莱镇等，其他镇也有零星分布。各镇(街道办事处)大白菜种植面积如表 1 所示。

胶州大白菜品质优良，味道清脆，淡而有味，生食清脆可口，熟食风味甘美，可拌、可炒、可蒸、可煮、可熬，可生可熟，可荤可素，吃法多样，老少皆宜，烹调大师们以胶州大白菜为主原料可以做出 50 多道菜品。

胶州大白菜的品质分为口感指标和检测指标。在口感方面，胶州大白菜具有味甜嫩、软细滑等优点；在营养方面，据农业部食品质量监督检验测试中心检验，100g 胶州大白菜中含有：蛋白质 960mg、脂肪 60mg、淀粉 2000mg、糖 480mg、纤维素 16.4mg、维生素 C 0.074mg、胡萝卜素 0.014mg、核黄素 0.028mg、尼克酸 0.2mg、钾 346mg、钙 140mg、磷 26mg。与其他地区的大白菜相比，蛋白质、淀粉、维生素及矿物质含量明显丰富。

表 1 胶州市 2010 年大白菜种植面积统计表

| 镇(街道办事处) | 大白菜种植面积($hm^2$) | 占大白菜总面积比例(%) | 占本镇耕地面积比例(%) |
|---|---|---|---|
| 胶莱镇 | 1135.73 | 28.39 | 27.27 |
| 里岔镇 | 992.46 | 24.81 | 25.71 |
| 张应镇 | 547.16 | 13.68 | 15.28 |
| 洋河镇 | 464.32 | 11.61 | 9.8 |
| 铺集镇 | 317.95 | 7.95 | 5.06 |
| 胶东街道办事处 | 141.7 | 3.54 | 3.34 |
| 李哥庄镇 | 104.51 | 2.61 | 4.56 |
| 胶北镇 | 91.31 | 2.28 | 2.74 |
| 胶西镇 | 88.31 | 2.21 | 1.27 |
| 马店镇 | 45.62 | 1.14 | 0.93 |
| 杜村镇 | 40.37 | 1.01 | 1.43 |
| 九龙镇 | 30.56 | 0.77 | 0.96 |
| 合计 | 4000 | 100 | |

2. 胶州大白菜生产标准化

胶州市农业局以生产优质化大白菜为目标，根据大白菜生产技术标准化要求，从品种选择、肥料施用、病虫害防治到加工储藏的全过程进行了深入研究，制定并印发了《绿色食品——胶州大白菜生产技术规程》，从而使胶州大白菜走上了标准化生产之路。2005 年，胶州大白菜协会实施完成了“胶州大白菜标准化生产技术研究与开发”项目，项目通过采用优化栽培环境、细化栽培技术、无害化病虫防治、强化质量检测的“三化一测”技术，将栽培、施肥、病虫害防治等技术措施有机结合起来，提高了胶州大白菜产品质量，也在经营方式上采取了新的举措。由国家、省、市有关专家组成的鉴定委员会一致鉴定该项目达到国内领先水平，并先后被评为胶州市科技进步一等奖、青岛市科技进步二等奖、山东省科技进步三等奖。

2005 年，胶州大白菜协会申报实施了“胶州大白菜优质化生产基地建设”项目，2008 年，胶州市政府投资 1550 万元，建设了“胶州大白菜优质化生产示范区”，该示范区以“采用一流的生产技术，建设一流的生产设施，生产出一流品质的大白菜”为目标，建设连栋温室、钢架拱棚，安装了微滴灌、声谱仪等现代化生产设施、设备，扩大了胶州大白菜种植规模，产生了显著的示范效应和宣传效果，促进了胶州大白菜市场开发。同时，建设了胶州大白菜加工包装车间、冷藏库、研发中心等配套设施，改造完善了胶州大白菜专业批发市场，搭建起了胶州大白菜产业发展的平台。为确保胶州大白菜的产品质量，胶州市还投资 200 多万元，建立了胶州大白菜检测中心，并取得了省级资质认证。通过对产地的土壤、水质等生产指标及大白菜产品的农残指标、营养指标进行详尽的检测，及时掌握产地和产品的质量动态变化情况。目前，胶州大白菜有机食品生产基地面积为 20$hm^2$，绿色食品生产基地面积为 153.33hm²,大白菜平均产量为 150000kg/hm²。

(二)气候条件

胶州市地处北温带季风区域,属暖温带半湿润季风区大陆性气候。其特点为:光照充足,热量丰富,雨热同季,四季分明,无霜期较长。春季温暖多风,夏季湿热多雨,秋季温和凉爽,冬季寒冷干燥。2009 年平均气温为 13.4℃,较常年值偏高 1℃。年极端最高气温为 36.2℃,极端最低气温为－11.4℃。全年日照时数平均为 2412.5h,地温随气温的变化而变化。其变化趋势与气温基本一致,且与降水量变化也呈一致性,水热同季,对作物生长十分有利,也直接的影响到土壤的生理生化过程。

“胶白”产区的沿河两岸光照强,水源足,昼夜温差大,该自然环境条件使胶州大白菜逐渐形成了以口感好、营养高为特点的优质白菜品种群。每年 10 月下旬至 11 月,为露地胶州大白菜的最佳收获期。随着冬暖大棚的推广及品种由大叶、二叶、小叶三个品系发展到多个系列杂交种,可春、夏、秋三季种植,周年供应市场。

(三)立地条件

1. 地形、地貌

大白菜产地主要地貌类型有微斜平地、沿河平地、浅平洼地、沿河洼地等。土壤类型主要是潮土、棕壤、砂姜黑土。

2. 土壤质地

大白菜产地主要有轻壤土、中壤土、沙壤土,有较少石渣土、壤质土,通气透水,有机质含量高,团粒结构好。

3. 地下水

大白菜产地区域浅层地下水一般在 2～30m 以内,深层地下水一般在 35m 以下。胶州地处胶州湾畔,这里土质松软,水文条件优越,便于灌溉,有利大白菜生长。

## 二、样品的采集与分析

(一)样品的布点与采集

为保证采样点具有典型性和代表性,按照胶州大白菜在各镇(街道办事处)种植的品种、管理特点,先在地图勾绘出不同种植区采样点,形成采样单元以及工作草图,并在图上标注采样编号。

(二)土壤样品的采集

按照随机、等量和多点混合的原则进行采样。样品采集在大白菜成熟后、下茬尚未施用底肥前采样。以一个施肥单位为一个取样点,采用“S”形法均匀随机采取 10～15 个采样点,土样充分混合后,四分法留取 1kg。采用 GPS 定位,记录经纬度,精确到 0.1″。采集的样品放入统一的样品袋,用铅笔写好标签,内外各一张。标签主要内容为:样品野外编号、采样深度、采样地点、采样时间、采样人等。土样在 2010 年 10 月下旬大白菜收获后采集,累计土样 100 个。

(三)农户调查

填写调查表格,分别有基本情况调查表和农户调查表两张表格,调查内容主要有:采样地点、土种类型、地形地貌、土壤性状、农田设施、生产性能、施肥情况、管理措施、种植制度、产量水平等。

（四）土壤样品的制备

土壤样品的制备可参考耕地土壤样品的制备。

（五）植物样品的采集与制备

大白菜样品的采集：以同一户或同一管理单元为取样单元，按照“S”形法采集 6 棵白菜，将白菜纵向对称切成四份，按取其两份的方法进行缩分，最后分取三份，每份约 1kg，分别装入塑料袋，粘贴标签，扎紧袋口。累计采集植株样品 30 个。

样品带回化验室进行登记后放入冷藏箱低温保存。化验前进行样品处理，切片后烘干，用食品粉碎机打碎，装入样品瓶，贴好样品标签，对样品进行蛋白质、纤维、淀粉、胡萝卜素、可溶性糖、维生素 C 等项目的化验。

（六）样品采集的质量控制

(1)根据地形地貌、土壤类型、肥力高低等因素布点，保证采样点具有典型性、代表性以及空间分布的均匀性。

(2)根据设施类型、作物种类、种植年限等因素布点，保证化验数据的可用性。

(3)安排有经验人员采集。

(4)统一采样工具，保证采样点数量、深度和精度：采样工具统一为不锈钢土钻，每一土样采样点不少于 15 个，取土深度按方案要求进行；采用 GPS 定位，记录经纬度，保证了点位记录的精度。

（七）样品检测

检测分析土壤样品 100 个、大白菜样品 30 个。土壤样品化验分析项目同耕地地力评价。大白菜样品化验蛋白质、纤维、淀粉、胡萝卜素、糖、维生素 C 等（见表 2）。

**表 2　　大白菜样品测试方法及项次**

| 分析项目 | 方　法 | 个数 |
|---|---|---|
| 蛋白质 | 考马斯亮蓝 G-250 法 | 30 |
| 纤维 | 酶一重量法 | 30 |
| 淀粉 | 酸水解法 | 30 |
| 胡萝卜素 | 高效液相色谱法 | 30 |
| 可溶性糖 | 蒽酮比色法 | 30 |
| 维生素 C | 草酸浸提-2,6-二氯靛酚滴定法 | 30 |

## 三、产区土壤理化性状

（一）大白菜产区土壤 pH、有机质及大量元素含量及分级

土壤样品的 pH、有机质、全氮、碱解氮、有效磷和速效钾含量及面积分布如表 3 所示。

表 3　　胶州大白菜产区 pH、有机质及大量元素面积分布

| | | | | | | | |
|---|---|---|---|---|---|---|---|
| pH | 范围 | 4.5～5.5 | 5.5～6.5 | 6.5～7.5 | 7.5～8.5 | | |
| | 面积($hm^2$) | | 1024.61 | 2612.44 | 362.95 | | |
| | 比例(%) | | 25.62 | 65.31 | 9.07 | | |
| 有机质 | 范围(g/kg) | 15～20 | 12～15 | 10～12 | 8～10 | 6～8 | |
| | 面积($hm^2$) | 417.54 | 1531.21 | 943.91 | 831.62 | 275.72 | |
| | 比例(%) | 10.44 | 38.28 | 23.6 | 20.79 | 6.89 | |
| 全氮 | 范围(g/kg) | 1.2～1.5 | 1～1.2 | 0.75～1 | 0.5～0.75 | | |
| | 面积($hm^2$) | 325.79 | 762.55 | 1525.41 | 1386.25 | | |
| | 比例(%) | 8.14 | 19.06 | 38.14 | 34.66 | | |
| 碱解氮 | 范围(mg/kg) | 120～150 | 90～120 | 75～90 | 60～75 | 45～60 | <45 |
| | 面积($hm^2$) | 217.25 | 985.31 | 1543.58 | 832.41 | 421.45 | 0 |
| | 比例(%) | 5.43 | 24.63 | 38.59 | 20.81 | 10.54 | 0 |
| 有效磷 | 范围(mg/kg) | 50～80 | 30～50 | 20～30 | 15～20 | 10～15 | 5～10 |
| | 面积($hm^2$) | 266.09 | 438.66 | 1534.62 | 752.56 | 822.4 | 185.67 |
| | 比例(%) | 6.65 | 10.97 | 38.37 | 18.81 | 20.56 | 4.64 |
| 速效钾 | 范围(mg/kg) | 150～200 | 120～150 | 100～120 | 75～100 | 50～75 | |
| | 面积($hm^2$) | 242.87 | 643.1 | 764.4 | 1862.51 | 487.12 | |
| | 比例(%) | 6.07 | 16.08 | 19.11 | 46.56 | 12.18 | |

耕层土壤 pH 众数为 6.2，最大值为 8.5，最小值为 5.5。pH 为 5～7.5，最适合胶州大白菜的生长，“胶白”产区土壤酸碱度适合。

耕层土壤有机质平均含量为 12.9g/kg，变幅为 6～20g/kg，高于胶州市耕地水平(11.7g/kg)。

耕层土壤全氮平均含量为 0.83g/kg，变幅为 0.51～1.2g/kg，略高于胶州市耕地水平(0.82g/kg)。

耕层土壤碱解氮平均含量为 94mg/kg，变幅为 45～220mg/kg，略低于胶州市耕地水平(88mg/kg)。

耕层土壤有效磷含量水平较高，平均为 29.2mg/kg，变幅为 5.6～80mg/kg，高于胶州市耕地水平(28.6mg/kg)。

耕层土壤速效钾含量平均为 97mg/kg，变幅为 50～200mg/kg，同于胶州市耕地平均水平(97mg/kg)。

(二)大白菜产区土壤中微量元素含量及分级

本次调查主要分析了硫、锌、硼、锰、铁、铜、钼等 7 种中微量元素。土壤中量元素有效硫和土壤微量元素锌、硼、锰、铁、铜、钼共化验样品 70 个，各养分含量及面积分布如表 4

所示。

表 4　　胶州大白菜产区土壤中微量元素含量及面积

| | | | | | | | |
|---|---|---|---|---|---|---|---|
| 有效硫 | 范围(mg/kg) | 75～100 | 60～75 | 45～60 | 30～45 | 15～30 | ＜15 |
| | 面积($hm^2$) | 429.74 | 859.48 | 859.48 | 2794.76 | 429.74 | 859.48 |
| | 比例(%) | 10.54 | 16.88 | 9.17 | 38.14 | 16.89 | 8.38 |
| 有效硼 | 范围(mg/kg) | 1～2 | 0.5～1 | 0.2～0.5 | ＜0.2 | | |
| | 面积($hm^2$) | 351.28 | 1487.59 | 2062.51 | 98.62 | | |
| | 比例(%) | 8.78 | 37.19 | 51.56 | 2.47 | | |
| 有效锰 | 范围(mg/kg) | ＞30 | 15～30 | 5～15 | | | |
| | 面积($hm^2$) | 437.95 | 2318.74 | 1243.31 | | | |
| | 比例(%) | 10.95 | 57.97 | 31.08 | | | |
| 有效钼 | 范围(mg/kg) | 0.2～0.3 | 0.15～0.2 | 0.1～0.15 | ＜0.1 | | |
| | 面积($hm^2$) | 214.87 | 1289.94 | 2149.42 | 3654.24 | | |
| | 比例(%) | 2.94 | 17.65 | 29.41 | 50 | | |
| 有效铜 | 范围(mg/kg) | ＞1.8 | 1～1.8 | 0.2～1 | | | |
| | 面积($hm^2$) | 1873.89 | 3747.78 | 1934.55 | | | |
| | 比例(%) | 25.64 | 51.28 | 26.47 | | | |
| 有效铁 | 范围(mg/kg) | ＞20 | 10～20 | 4.5～10 | 2.5～4.5 | | |
| | 面积($hm^2$) | 2248.82 | 2623.74 | 1498.97 | 936.95 | | |
| | 比例(%) | 30.77 | 35.9 | 20.51 | 12.82 | | |
| 有效锌 | 范围(mg/kg) | ＞3 | 1～3 | 0.5～1 | 0.3～0.5 | ＜0.3 | |
| | 面积($hm^2$) | 0 | 2317.52 | 3921.73 | 891.63 | 178.33 | |
| | 比例(%) | 0 | 31.71 | 53.66 | 12.2 | 2.44 | |

耕层土壤有效硫平均含量为 42.7mg/kg,变幅为 15.4～100mg/kg,低于胶州市耕地平均水平(43.1mg/kg)。

耕层土壤有效锌平均含量为 1.1mg/kg,高于胶州市耕地平均水平(1.07mg/kg)。

耕层土壤有效硼平均含量为 0.36mg/kg,等于胶州市耕地平均水平(0.36mg/kg)。

耕层土壤有效锰平均含量为 21.21mg/kg,含量比较丰富,高于胶州市耕地平均水平(21.14mg/kg)。

耕层土壤有效钼平均含量为 0.29mg/kg,含量水平偏低,属于缺钼地区,高于胶州市耕地平均水平(0.27mg/kg)。

耕层土壤有效铜平均含量为 1.13g/kg,含量比较丰富,略高于胶州市耕地平均水平(1.12mg/kg)。

耕层土壤有效铁含量平均为9.76mg/kg，含量较丰富，高于胶州市耕地平均水平(9.66mg/kg)。

(三)大白菜产区土壤主要物理性状

物理性状直接影响土壤的水、肥、气、热，是决定耕地地力的重要因素，主要包括土壤质地、土层厚度、剖面构型、土壤容重、总孔隙度、田间持水量等方面。本次调查分别测定了土壤质地、土壤容重。

1. 土壤质地

土壤质地是土壤的主要物理性状。实践证明，土壤质地是影响土壤肥力高低、耕性好坏、生产性能优劣的基本因素之一。本次调查大白菜产区土壤质地100个，共有3种土壤质地，不同质地土壤面积如表5所示。

表5 胶州大白菜产区不同质地类型面积

| 土壤类型 | 轻壤土 | 中壤土 | 沙壤土 | 合计 |
| --- | --- | --- | --- | --- |
| 面积($hm^2$) | 2253.6 | 1666 | 80.4 | 4000 |
| 比例(%) | 56.34 | 41.65 | 2.01 | 100 |

轻壤土不黏不砂，适耕期长，耕性良好，通透性和保水、保肥能力适中，供肥性好，较抗旱涝，土壤中水、肥、气热状况比较协调。中壤土其物理性状及其特点与轻壤土类似，但耕性比轻壤土稍差，大白菜产区绝大部分土壤是轻壤土和中壤土。沙壤土质地疏松，气多水少，适耕性、通透性虽好，但肥力低，易渗透。

2. 土壤容重

土壤容重是土壤松紧程度和耕性好坏的标志之一。据100个样点测定，大白菜产区土壤容重平均为1.28g/$cm^3$，变幅为1.2～1.4g/$cm^3$。容重与质地有密切关系，耕层沙壤土容重平均为1.26g/$cm^3$，轻壤土为1.28g/$cm^3$，中壤土为1.3g/$cm^3$。

## 四、大白菜适宜性评价

获取的评价资料可以分为定量和定性资料两大部分，为了采用定量化的评价方法和自动化的评价手段，减少人为因素的影响，需要对其中的定性因素进行定量化处理，根据因素的级别状况赋予其相应的分值或数值。定量资料参照耕地地力评价标准。

(一)定性因素的量化处理

土壤表层质地：考虑不同质地类型的土壤肥力特征，以及与大白菜品质的关系，赋予不同质地类别以相应的分值，不同土壤质地量化值如表6所示。

表6 土壤表层质地的量化处理

| 质地类别 | 轻壤 | 中壤 | 沙壤 |
| --- | --- | --- | --- |
| 分值 | 100 | 95 | 85 |

土体构型：先以土层质地类别和其在土体中的部位对土体构型进行归纳，根据不同的

土体构型对大白菜生长发育的影响，赋予不同土体构型以相应的分值（见表7）。

表7　　土体构型的量化处理

| 土体构型 | 中壤均质 | 中壤黏腰 | 轻壤黏腰 | 轻壤均质 | 中壤黏心 | 中壤砂姜腰 | 中壤砂腰 | 重壤均质 | 轻壤砂心 | 沙壤砂心 |
|---|---|---|---|---|---|---|---|---|---|---|
| 分值 | 100 | 95 | 95 | 90 | 85 | 85 | 80 | 60 | 60 | 50 |

地貌类型：根据不同的地貌类型对地力及大白菜生长的影响，赋予其相应的分值（见表8）。

表8　　地貌类型的量化处理

| 地貌类型 | 微斜平地 | 沿河平地 | 沿河洼地 | 浅平洼地 |
|---|---|---|---|---|
| 分值 | 100 | 95 | 93 | 90 |

障碍状况：考虑影响胶州市耕地地力的主要障碍状况，将其障碍状况归纳为不同的类型，并根据其对地力的影响程度进行量化处理（见表9）。

表9　　障碍状况的量化处理

| 障碍状况 | 无障碍 | 浅黏 | 夹砂或砂姜 | 砾质 |
|---|---|---|---|---|
| 分值 | 100 | 90 | 80 | 60 |

（二）基础数据库的建立

将采样点基本情况信息、土壤理化性状化验分析数据等信息以调查点为基本数据库记录进行属性数据库的建立，作为后续评价工作的基础。

（三）参评因素的选取及其权重确定

确定了由农业院校专家、教授及胶州市农业局专业人员组成的专家组，首先对指标进行分类，在此基础上进行指标的选取，并最终讨论确定土层厚度、障碍层状况、灌溉保证率、耕层质地、土体构型、地形地貌、有机质、大量元素（速效钾、有效磷）、微量元素（有效锌）10项因素作为大白菜产地适宜性评价的参评指标。各因子权重如表10所示。

表10　　各因子的权重

| 参评因素 | 权重 | 参评因素 | 权重 |
|---|---|---|---|
| 土层厚度 | 0.107 | 地形地貌 | 0.079 |
| 障碍层状况 | 0.058 | 有机质 | 0.082 |
| 灌溉保证率 | 0.112 | 有效磷 | 0.061 |
| 质地 | 0.043 | 速效钾 | 0.078 |
| 土体构型 | 0.062 | 有效锌 | 0.036 |

（四）等级的确定

1. 参评因素隶属函数的建立

应用县域耕地资源管理信息系统中已经建成的隶属函数模型，确定胶州大白菜适宜性评价因子的隶属度。对于定量指标，可通过隶属函数拟合方法，建立各指标的隶属函数。隶属函数拟合是以评价指标体系中专家打分结果为依据的，各参评因素的分级及其相应的专家赋值和隶属度如表 11 所示，所建立的隶属函数如表 12 所示。

表 11　参评因素的分级及其分值

| 参评因素 | 分级及分值 | | | | | | | | | | |
|---|---|---|---|---|---|---|---|---|---|---|---|
| 地形地貌 | 微斜平地 | 沿河平地 | 沿河洼地 | 浅平洼地 | | | | | | | |
| 分值 | 100 | 95 | 93 | 90 | | | | | | | |
| 隶属度 | 1.00 | 0.95 | 0.93 | 0.90 | | | | | | | |
| 有机质 | 量值 | 20 | 18 | 16 | 14 | 12 | 10 | 8 | 6 | | |
| | 分值 | 100 | 98 | 95 | 90 | 84 | 78 | 65 | 50 | | |
| | 隶属度 | 1.00 | 0.98 | 0.95 | 0.90 | 0.84 | 0.78 | 0.65 | 0.50 | | |
| 有效磷 | 量值 | 300 | 200 | 110 | 80 | 60 | 40 | 30 | 20 | 15 | 5 |
| | 分值 | 80 | 90 | 100 | 98 | 96 | 92 | 90 | 85 | 80 | 40 |
| | 隶属度 | 0.80 | 0.90 | 1.00 | 0.98 | 0.96 | 0.92 | 0.90 | 0.85 | 0.80 | 0.40 |
| 速效钾 | 量值 | 400 | 320 | 240 | 160 | 120 | 100 | 80 | 60 | | |
| | 分值 | 100 | 98 | 93 | 85 | 82 | 78 | 70 | 50 | | |
| | 隶属度 | 1.00 | 0.98 | 0.93 | 0.85 | 0.82 | 0.78 | 0.70 | 0.50 | | |
| 有效锌 | 量值 | 2.0 | 1.5 | 1.2 | 1.0 | 0.8 | 0.5 | 0.3 | | | |
| | 分值 | 100 | 92 | 87 | 85 | 80 | 70 | 55 | | | |
| | 隶属度 | 1.00 | 0.92 | 0.87 | 0.85 | 0.80 | 0.70 | 0.55 | | | |
| 质地 | 量值 | 轻壤 | 中壤 | 沙壤 | 重壤 | 紧砂土 | | | | | |
| | 分值 | 100 | 95 | 75 | 65 | 55 | | | | | |
| | 隶属度 | 0.55 | 0.95 | 0.95 | 0.75 | | | | | | |
| 障碍层状况 | 量值 | 其他 | 浅黏 | 夹砂砂姜 | 砾质 | 石渣土 | | | | | |
| | 分值 | 100 | 90 | 80 | 60 | 40 | | | | | |
| | 隶属度 | 1.00 | 0.90 | 0.80 | 0.60 | 0.40 | | | | | |
| 剖面构型 | 量值 | 中壤均质 | 中壤黏腰 | 轻壤黏腰 | 轻壤均质 | 中壤黏心 | 中壤砂姜腰 | 中壤砂腰 | 重壤均质 | 轻壤砂心 | 沙壤砂心 |
| | 分值 | 100 | 95 | 95 | 90 | 85 | 85 | 80 | 60 | 60 | 50 |
| | 隶属度 | 1 | 0.95 | 0.95 | 0.9 | 0.85 | 0.85 | 0.80 | 0.60 | 0.60 | 0.50 |
| 灌溉保证率 | 80 | 70 | 60 | 50 | 30 | 10 | 0 | | | | |
| 分值 | 100 | 90 | 80 | 65 | 40 | 10 | 0 | | | | |
| 隶属度 | 1.00 | 0.90 | 0.80 | 0.65 | 0.40 | 0.10 | 0 | | | | |

表 12　　参评因素类型及其隶属函数

| 函数类型 | 参评因素 | 隶属函数 | $A$ | $C$ | $U_t$ |
|---|---|---|---|---|---|
| 戒上型 | 有机质(g/kg) | $y=1/[1+A(x-C)^2]$ | 0.543 | 1.822 | 0.35 |
| 戒上型 | 速效钾(mg/kg) | $y=1/[1+A(x-C)^2]$ | 0.0000076 | 327.836 | 15 |
| 戒上型 <110 | 有效磷(mg/kg) | $y=1/[1+A(x-C)^2]$ | 0.0000992 | 80.159 | 3 |
| 戒下型 >110 | | | 0.00000742 | 111.967 | 450 |
| 戒上型 | 有效锌(mg/kg) | $y=1/[1+A(x-C)^2]$ | 0.245 | 1.924 | 0.1 |
| 戒上型 | 有效硼(mg/kg) | $y=1/[1+A(x-C)^2]$ | 0.251 | 1.879 | 0.1 |
| 正直线型 | 地貌类型(分值) | $y=Ax$ | 0.01 | 100 | 0 |
| 正直线型 | 剖面构型(分值) | $y=Ax$ | 0.01 | 100 | 0 |
| 正直线型 | 障碍层状况(分值) | $y=Ax$ | 0.01 | 100 | 0 |
| 正直线型 | 耕层质地(分值) | $y=Ax$ | 0.01 | 100 | 0 |
| 正直线型 | 坡度(分值) | $y=Ax$ | 0.01 | 100 | 0 |
| 正直线型 | 灌溉保证率(分值) | $y=Ax$ | 0.01 | 100 | 0 |
| 正直线型 | 有效土层(分值) | $y=Ax$ | 0.01 | 100 | 0 |

2. 确定最佳的耕地适宜性等级数目

计算大白菜适宜性综合指数之后，在耕地资源管理信息系统中，选择累积曲线分级法进行适宜性指数划分，根据曲线斜率的突变点(拐点)来确定等级的数目和划分综合指数的临界点。综合分析产区多年生产情况，经过不断调试，将胶州大白菜适宜性评价分为四个等级：一等地、二等地、三等地、四等地，即高度适宜、适宜、勉强适宜和不适宜(见表 13)。

表 13　　胶州大白菜适宜性等级综合指数

| 综合指数 | >0.84 | 0.75～0.84 | 0.68～0.75 | <0.68 |
|---|---|---|---|---|
| 适宜性等级 | 一等地 | 二等地 | 三等地 | 四等地 |

胶州大白菜种植面积为 4000hm$^2$，按照大白菜种植的适宜性进行分级。其中一等地面积为 295.72hm$^2$，占大白菜种植区总面积的 7.39%，二等地面积最大，共 3115.03hm$^2$，占总面积的 77.87%，三等地面积为 434.65hm$^2$，占总面积的 10.87%，四等地面积最少，共 154.6hm$^2$，占总面积的 3.87%。胶州大白菜适宜性等级面积如表 14 所示，适宜性评价图如图 1 所示。

表 14　　胶州大白菜适宜性等级面积统计

| 等　级 | 一等地 | 二等地 | 三等地 | 四等地 | 合计 |
|---|---|---|---|---|---|
| 面积($hm^2$) | 295.72 | 3115.03 | 434.65 | 154.6 | 4000 |
| 百分比(%) | 7.39 | 77.87 | 10.87 | 3.87 | 100 |

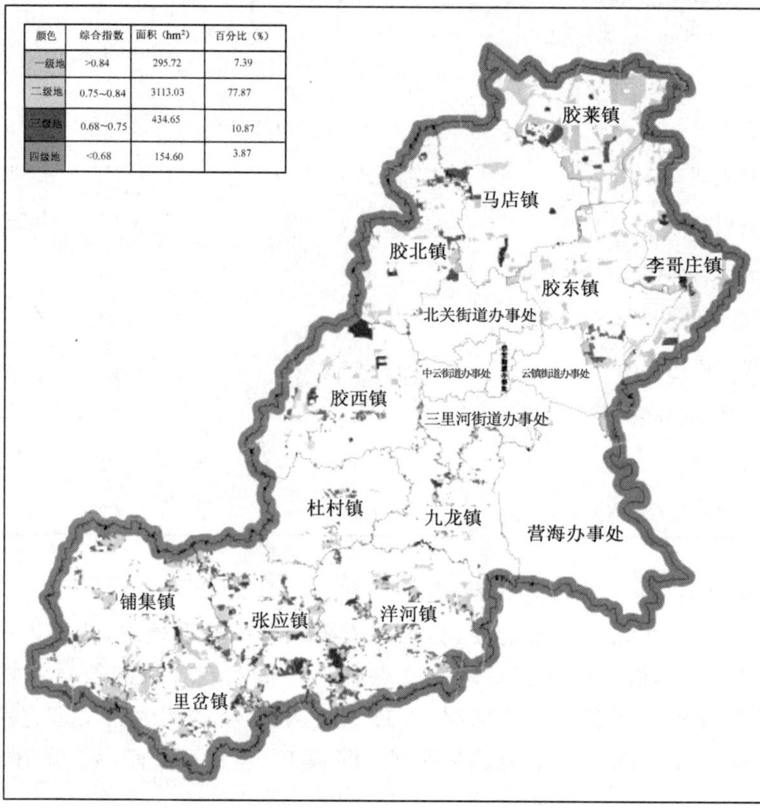


图 1　胶州大白菜适宜性评价等级图

## 五、胶州大白菜产区耕地适宜性等级分述

(一)一等地(高度适宜)

1. 面积与分布

一等地综合评价指数高于 0.84,面积为 295.72$hm^2$,占大白菜种植区总面积的 7.39%,为高度适宜种植大白菜的区域,分布在胶州市三里河、胶河、墨水河、大沽河沿河两岸地区的胶莱镇、里岔镇、洋河镇。

2. 主要属性分析

一等地土壤类型以河潮土、棕壤土为主,有少量砂姜黑土。土壤表层质地为轻壤和中壤。土体构型以轻壤厚均质、轻壤厚黏腰、中壤厚黑土心、中壤厚黏心为主,有少量轻壤厚黑土心、轻壤厚黏心、沙壤厚均质、沙壤厚砂心、中壤薄黏心。大部分地区无明显障碍层次,微地貌类型主要为沿河洼地、沿河平地、浅平洼地。坡度为 0°～5°,土壤理化性状良好,可耕性强。农田水利设施较为完善,灌排条件好,大部分地区的灌溉保证率达到80%。土壤养分含量较高(见表 15)。

**表 15　　一等地主要土壤养分含量及水平**

| 项 目 | 有机质(g/kg) | 有效磷(mg/kg) | 速效钾(mg/kg) | 有效锌(mg/kg) | 有效硼(mg/kg) | 全氮(g/kg) |
|---|---|---|---|---|---|---|
| 平均值 | 13.6 | 32.1 | 106 | 1.22 | 0.44 | 0.12 |
| 范围值 | 6～20 | 8.4～80 | 58～200 | 0.3～2.45 | 0.11～0.9 | 0.51～1.2 |
| 含量水平 | 中偏上 | 丰富 | 中等 | 丰富 | 中偏上 | 中偏上 |

3. 利用方向

一等地土层厚,排灌性好,易于耕作,养分含量高,保肥、保水性好,各项评价指标均属良好型,是胶州大白菜相对集中的区域,大白菜产量一般在 150000kg/hm$^2$左右。一等地利用方向是发展高产、优质、高效农业,大力发展有机大白菜生产基地,建立大白菜配方施肥示范区,以点带面,做到平衡施肥,提高耕地营养水平,推动胶州有机大白菜种植业快速发展。

(二)二等地(适宜)

1. 面积与分布

二等地综合评价指数为 0.75～0.84,面积为 3115.03hm$^2$,占大白菜种植区总面积的77.87%,为大白菜适宜种植区,分布面积较广,各镇(街道办事处)都有分布。

2. 主要属性分析

二等地土壤类型以棕壤土、潮土为主,兼有少量棕壤性土。土壤表层质地为轻壤和中壤,有少量的沙壤。土体构型以轻壤厚黏腰、轻壤厚均质为主,有少量中壤厚砂心、沙壤厚砂心、轻壤厚黑土心、轻壤薄黏心。少部分耕地的耕层存在夹砂、浅黏等障碍层次。微地貌类型以沿河平地、浅平洼地为主,有少量的微斜平地。坡度为 0°～7°,土壤理化性状良好,可耕性较强。农田水利设施较完善,灌排条件较好,灌溉保证率达到 70%以上。土壤养分含量均比较理想(见表 16)。

**表 16　　二等地主要养分含量**

| 项 目 | 有机质(g/kg) | 有效磷(mg/kg) | 速效钾(mg/kg) | 有效锌(mg/kg) | 有效硼(mg/kg) | 全氮(g/kg) |
|---|---|---|---|---|---|---|
| 平均值 | 13.1 | 31.5 | 99 | 1.15 | 0.39 | 0.87 |
| 范围值 | 6.1～18.5 | 5.6～77.4 | 50～188 | 0.28～2.62 | 0.12～0.99 | 0.12～0.99 |
| 含量水平 | 中偏上 | 中偏上 | 中等 | 中等 | 中等 | 中等 |

3. 利用方向

二等地地势平坦，土壤物理性状良好，主要问题是部分地区耕层中存在夹砂、浅黏等障碍性层次，土壤潜在肥力一般，速效钾、有效锌、有效硼、全氮含量中等。利用方向：一是增施有机肥料，特别是豆饼或优质商品有机肥，不断培肥地力；二是采取深耕等措施，破除犁底层，改良土壤质地和构型，以利于作物根系伸展；三是加大对农田水利设施的投入，改善灌溉条件，提高灌溉保证率；四是平整土地，改良作物种植条件，在坚持因地制宜的基础上，着重补施微肥。

（三）三等地（勉强适宜）

1. 面积与分布

三等地综合评价指数为0.68～0.75，面积为434.65hm$^2$，占大白菜种植区总面积的10.87%，为勉强适宜种植大白菜区域，主要分布在张应镇、洋河镇、杜村镇。

2. 主要属性分析

三等地土壤类型以棕壤土、河潮土为主，兼有少量砂姜黑土、棕壤性土。土壤表层质地主要是轻壤和中壤，有少量沙壤。土体构型以中壤厚黏心、中壤薄黏心、轻壤厚黏心为主，有少量中壤厚黑土心、轻壤均质、轻壤薄砂心。大部分耕层含有夹砂、浅黏等障碍性层次。地形坡度为0°～10°。耕地的灌溉保证率在65%以上。土壤养分中速效钾、有效磷含量较低，其他养分含量比较理想。三等地养分含量如表17所示。

**表17　　三等地主要土壤养分含量及水平**

| 项目 | 有机质(g/kg) | 有效磷(mg/kg) | 速效钾(mg/kg) | 有效锌(mg/kg) | 有效硼(mg/kg) | 全氮(g/kg) |
|---|---|---|---|---|---|---|
| 平均值 | 11.4 | 25.9 | 91 | 1.07 | 0.32 | 0.81 |
| 范围值 | 6～19.2 | 5.7～78 | 50～178 | 0.28～2.31 | 0.13～1.26 | 0.13～1.26 |
| 含量水平 | 中等 | 中偏下 | 中偏下 | 中等 | 中等 | 中等 |

3. 改良利用

三等地表层质地适中，耕性一般，土壤养分含量多属于中等水平。主要存在问题：一是部分耕地土壤质地为沙壤，容易造成养分的流失；二是少部分耕地土壤偏黏，透水、透气性差，不利于大白菜生长；三是部分耕地灌溉保证率偏低，干旱年份灌溉无保证；四是耕层土壤养分含量低于一等地、二等地，且存在不平衡现象。

改良利用措施：增施有机肥，实行秸秆直接还田或过腹还田；以土壤养分化验为依据，与土壤肥力试验示范相结合，合理确定氮、磷、钾及微肥比例、数量、施肥时期和方法，平衡土壤养分含量，最大限度地发挥各种肥料的增产潜力；适当进行客土改良，注重微量元素的施用。

（四）四等地（不适宜）

1. 面积与分布

四等地综合评价指数低于0.68，面积为154.6hm$^2$，占大白菜种植区总面积的3.87%，主要分布在张应镇、胶西镇等。

2. 主要属性分析

四等地土壤类型以粗骨土为主，含有少量棕壤土。土壤表层质地以中壤和轻壤为主，有少量沙壤。土体构型以中层和薄层为主，有少量沙壤厚砂心、沙壤薄砂腰、轻壤厚黏腰。耕层中含有夹砂、浅黏等明显障碍性层次。微地貌类型以沿河平地为主，有少量微斜平地、浅平洼地。地形坡度为0°～12°。灌溉保证率在50%左右，土壤养分含量偏低且不均衡，不适宜种植大白菜。四等地土壤养分含量如表18所示。

表 18　四等地主要土壤养分含量及水平

| 项 目 | 有机质<br>(g/kg) | 有效磷<br>(mg/kg) | 速效钾<br>(mg/kg) | 有效锌<br>(mg/kg) | 有效硼<br>(mg/kg) | 全氮<br>(g/kg) |
|---|---|---|---|---|---|---|
| 平均值 | 11.05 | 28.59 | 87.34 | 1.07 | 0.34 | 0.34 |
| 范围值 | 6.82～21.25 | 11.67～77.92 | 39.38～195.43 | 0.38～2.54 | 0.12～1.18 | 0.12～1.18 |
| 含量水平 | 中偏下 | 中等 | 中偏下 | 中等 | 中偏下 | 中偏下 |

3. 改良利用

该等地主要分布在山丘地区的倾斜地和山坡上，耕层中存在明显的障碍性层次，砾石较多，阻碍作物的正常发育；地形坡度较大，绝大部分无灌溉条件，难以满足大白菜生长的需要，不适宜种植大白菜。

改良利用上应重点因地制宜地充分利用自然条件，修筑塘坝，大力开辟水源，克服干旱威胁。调整种植业结构，适当发展经济林、用材林，实行多种经营，同时起到改善土壤环境条件、防止水土流失、保护自然植被的作用。

## 六、胶州大白菜生产存在的问题及发展规划

(一)存在的主要问题

1. 耕地地力不清，大白菜生产率低

虽然经过区域综合治理，农田生态环境不断改善，大白菜单产、总产呈上升趋势，但由于部分种植户对耕地地力情况掌握不全面，未能实行因地制宜、科学发展，甚至有时为了追求规模化生产，不管适宜与否、市场怎样，强调大面积种植，使胶州大白菜的播种面积和产量过度增加。加之农产品价格受国际市场影响，波动加大，而农业生产资料价格一再上涨，生产成本提高，一些种植户通过增施化肥取得产量，耕作粗放，结果使土壤有机质含量下降，土壤结构变差，大白菜质量受到影响，致使胶州大白菜的经济效益受到不同程度影响。

2. 施肥方法不当，养分不平衡

上壤养分不平衡主要表现在含量增减悬殊。由于20世纪70年代以来重化肥、轻有机肥，重用地、轻养地和连续多年的高水平产出，致使土壤耕层氮、磷等养分含量提高，而有机质增长缓慢。20世纪90年代以来，胶州市全面推广以优良品种、施用有机肥、无害化农药和精细管理为主的大白菜优质高产栽培技术，使胶州大白菜的生产数量和品质跃

上了一个大台阶，赢得了广泛认可。但极个别大白菜种植户为了追求产量，在施肥种类上重施化学肥料，特别是重施氮素、钾素肥料，忽视有机肥，致使土壤养分不平衡，使大白菜的质量也受到影响。

3. 大白菜品质、产量变异较大

胶州大白菜经过多年的发展，种植技术不断提高，前些年，胶州大白菜产量仅为 55000kg/hm$^2$ 左右，逐步提高到 125000kg/hm$^2$ 左右。近几年由于品质改良，产量高达 150000kg/hm$^2$ 以上，大棚白菜产量甚至达到了 225000kg/hm$^2$。但由于胶州大白菜存在以户为单位进行分散生产的现象，农户的素质和思想观念参差不齐，技术操作不到位的问题较为突出，有些农户为了方便，完全凭经验进行栽培和管理，滥施农药、化肥的现象时有发生，没有按照技术规程进行标准化生产和管理，导致大白菜质量参差不齐，降低了大白菜的商品性，产量水平相差也比较大。

4. 大白菜市场化、产业化发展不良

胶州大白菜经过长期发展，已经形成一定规模、品牌的种植基地，也逐步实行了规范化、精细化管理，市场化、产业化方面有一定发展，但仍然处于重视产前、产中阶段，在产品销售加工方面还没有形成有规模、有影响的有效产业链，因而在胶白产业的大发展、大繁荣方面，胶州市还存在较大提升空间。

（二）发展规划

1. 调整胶州大白菜种植规划

经过本次胶州市耕地地力评价，弄清了耕地地力分布情况，重新调整胶州大白菜种植规划，根据大白菜适宜性评价结果，将最适宜的分布在胶州市三里河、胶河、墨水河、大沽河沿河两岸地区的胶莱镇、里岔镇、洋河镇，作为大白菜主要集中产地，结合传统经验和先进技术，集中打造有机胶州大白菜生产基地，发展高端农业。

2. 探索、推广绿色产品的生产

随着国内外市场的统一与规范，消费者对农产品质量与安全的要求越来越高，因此，大力推行无公害大白菜生产将是提高竞争力的必然要求和生产重点。栽培中注重增施有机肥，减施或不施化肥，提高大白菜质量。要以胶州市耕地地力评价为基础，对每处规模以上种植田进行测土，推广测土配方施肥、精准施肥等先进技术。采取综合措施治理连作障碍问题。加大对大白菜种植户无公害农产品生产技术的培训和指导，杜绝使用无公害农产品生产过程中禁用的农药。同时，积极示范推广绿色生产技术，扩大应用面积，生产出真正的A级绿色食品。

3. 普及规范栽培技术，进行标准化生产，提高大白菜的商品质量

注重生产的模式化、规范化。在优质大白菜的栽培过程中，要经常对种植人员进行培训和现场指导，使其树立标准化思想，提高技术的到位率和实施质量，在施肥、灌溉、病虫害防治、采收等环节，采取科学的模式化管理，使农业生产工厂化，从而生产出外观相同、规格一致、配备包装的商品。只有建立起严格的、科学合理的质量标准，才能真正实现农产品的优质优价，也才能促进农产品质量的提高，从而使胶州大白菜走向更广阔的市场，走上了持续稳定和健康发展之路。

4. 在优质大白菜生产基地附近建立市场

政府应加大经费和科技的投入，在建立优质大白菜生产示范基地的基础上，合理规划大白菜种植区域。同时在种植覆盖区建设大白菜批发市场，在吸引农商、拓宽物流渠道的同时，方便种植户就近销售，减少运输成本。既可避免因产品滞销而使利益受到损失，又可降低生产成本，提高大白菜的经济效益和农户的生产积极性。

5. 依托协会，开拓外部市场，做大做强胶州大白菜产业

胶州大白菜协会积极开拓外埠市场，已分别在北京、上海、天津、济南、南京、杭州、青岛等国内 30 多个大中城市设立胶州大白菜销售处，仅在青岛市，就有 30 多家超市开设了胶州大白菜销售专柜。同时，胶州大白菜也逐步出现在美国、日本、韩国、欧盟及东南亚等国家和地区的高端消费市场上。

借助“胶州大白菜”这一金字招牌，胶州大白菜协会积极组织会员发展胶州大白菜种子和食品市场，目前，全市注册资金在 500 万元以上的大白菜种子企业有 5 家，年生产、销售大白菜种子 $25\times10^5$ kg 以上，占全国大白菜种子销售量的 1/8；全市大白菜年加工能力超过千吨的企业有 7 家，其产品既有在亚洲占重要市场的泡菜，也有销往世界各地的大白菜汁等深加工产品，深受消费者喜爱。

6. 集思广益，深入探索品牌发展和运作机制

胶州市在近几年品牌运作中，研究制定了“生产基地认证制，产品质量追溯制”的管理模式，确立了“一个核心，两条主线”的品牌运作思路。一个核心，就是以质量管理为核心，坚持“生产基地认证制，产品质量追溯制”的质量管理机制，实行产地环境监测、生产技术考核、生产过程监控，接受社会监督；两条主线，就是“种出来，卖出去”，建设一流的生产设施，采用一流的生产技术，生产一流品质的大白菜，并通过宣传推介、开拓市场，拓宽销售渠道，创新产品类型，扩大消费群体，充分发挥大白菜加工企业的龙头带动作用，加强加工产品研发，提高产品附加值，拓展大白菜市场空间。协会要求，正宗胶州大白菜必须产自经过协会认证的基地，认证基地的面积要达到 6667$m^2$ 以上，且成方连片，按照标准化生产技术规程进行生产，经检测合格以后，在每棵白菜上粘贴“胶州大白菜”的证明商标标识。通过这个标识可以查到这颗白菜的生产单位、生产地点、生产流程和产品质量检测结果等信息，充分体现胶州大白菜“棵棵有身份”的质量控制特点，不经过质量检测的大白菜不能使用胶州大白菜证明商标，不粘贴证明商标的大白菜不是真正的胶州大白菜，这样就切实维护了证明商标的科学性、权威性和严肃性。

2010 年，胶州大白菜评为中国驰名商标，市政府为维护好品牌市场，进一步开发胶州大白菜产业，专门召开了胶州大白菜品牌运作专题会议，提出今后将在积极扶持胶州大白菜产业的同时，进一步加强市场管理，由市政府牵头，责令市农业、工商、质检、经侦大队等相关职能部门，就品牌开发全面介入，为胶州大白菜品牌运作和保护提出了新的思路。

商标注册以来，胶州大白菜产业已经取得了质的改变。之前，胶州大白菜是一个传统地方特产，有名无价，有价无市，全市仅仅种植几十亩的地方品牌，而现在，胶州大白菜认证基地已有 4000$hm^2$，每棵白菜售价 30 元，并带动全市大白菜生产。胶州大白菜已经成为胶州市促进农民增收、农业增效的重要平台，年产业总值达到 14.6 亿元。

即使在秋季蔬菜集中上市、各类蔬菜出现低价和市场销售不畅的形势下，胶州大白菜

依然表现出了强劲的品牌优势，各地客商纷纷来胶洽谈、订购胶州大白菜。在品牌带动下，胶州产的普通大白菜也表现出了较强的市场竞争力，通过市场调查，胶州产的大白菜较周边地区的大白菜每千克售价高 0.2 元，高出 30%以上。

胶州大白菜经过多年的打造和开发，品牌声誉和品牌地位已经初步奠定，已经成为胶州市乃至青岛市的一张宝贵的名片。

# 主要参考文献

[1] 贾福明.胶州市志.北京:新华出版社,1992

[2] 张启勋.胶州简志.北京:五洲传播出版社,2002

[3] 青岛市人民政府等.胶州概况(2003版).北京:五洲传播出版社,2003

[4] 胶州市档案局,史志编委会.胶州年鉴(2004).呼和浩特:远方出版社,2004

[5] 李显亭等.胶州市大事记.济南:齐鲁书社,1997

[6] 尹兴先.胶州年鉴(2008).海口:海南出版社,2008

[7] 胶州市统计局.胶州统计年鉴(内部资料),2008～2010

[8] 青岛市水利局水利史志编纂委员会.青岛市水利志.青岛:青岛出版社,1996

[9] 胶州市水利志编纂委员会.胶州市水利志(内部资料),1995

[10] 杨洪鉴,王文茂.胶州市土地利用变化及其驱动力分析.安徽农业科学,2011(3):1721～1723

[11] 青岛市史志办公室.青岛市志·农业志.北京:中国大百科全书出版社,1996

[12] 青岛市史志办公室.青岛市志?粮食志.北京:新华出版社,2000

[13] 胶州市粮食局.胶州市粮食志(内部资料)

[14] 熊毅,李庆逵.中国土壤.北京:科学出版社,1987

[15] 山东省土壤肥料工作站.山东土壤.北京:中国农业出版社,1994

[16] 山东省土壤肥料工作站.山东土种志.北京:农业出版社,1979

[17] 山东省土壤肥料工作站.山东有机肥料.海口:南海出版公司,1995

[18] 胶县农业局.胶县土壤志(内部资料),1980

[19] 王蓉芳等.中国耕地的基础地力与土壤改良.北京:中国农业出版社,1996

[20] 辛景树,田有国,任意.耕地地力调查与质量评价.北京:中国农业出版社,2005

[21] 郧文聚.中国耕地等级评定与监测研究.北京:中国大地出版社,2010

[22] 薛全义等.无公害农作物生产技术.北京:中国计量出版社,2003

[23] 董红霞,段贵平.绿色蔬菜生产技术.北京:中国农业大学出版社,2010

[24] 徐兆林,杨鸿,李树举.无公害果品生产技术.重庆:西南师范大学出版社,2009

[25] 黑龙江省农业科学院马铃薯研究所.中国马铃薯栽培学.北京:中国农业出版社,1994

[26] 康勇.马铃薯优质高产栽培技术.兰州:甘肃科技出版社,2006

[27] 崔德杰,金圣爱.安全科学施肥实用技术.北京:化学工业出版社,2012

[28] 刘树堂,崔德杰.作物施肥技术与缺素症矫治.北京:金盾出版社,2001

[29] 郝会军,刘英,徐召学.化肥科学使用指南.延吉:延边大学出版社,2002

[30] 高贤彪.蔬菜施肥新技术.北京:中国农业出版社,2001

[31] 姜远茂,彭福田,巨晓堂.果树施肥新技术.北京:中国农业出版社,2002

[32] 王军强等.胶州大白菜品牌运作见成效.中国蔬菜,2008(3):6~7

[33] 刘宜生.大白菜优质抗病品种高产栽培技术.北京:农业出版社,1991

[34] 逄增琪.胶州市农民专业合作社规范发展的对策.青岛农业大学学报(社会科学版),2012(2):19~22

# 附　图

## 胶州市土地利用现状图

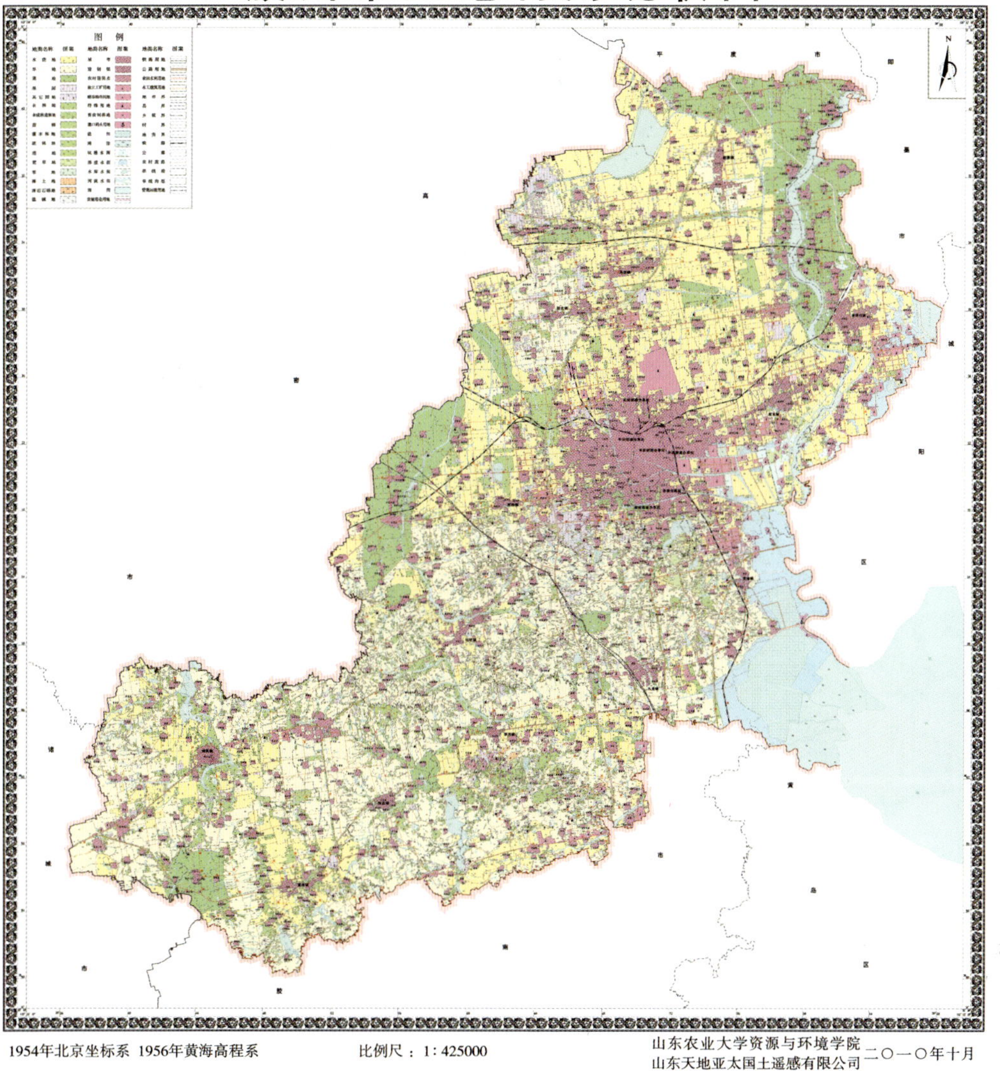

1954年北京坐标系　1956年黄海高程系　　比例尺：1：425000　　山东农业大学资源与环境学院　山东天地亚太国土遥感有限公司　二〇一〇年十月

# 胶州市土壤有机质含量分布图

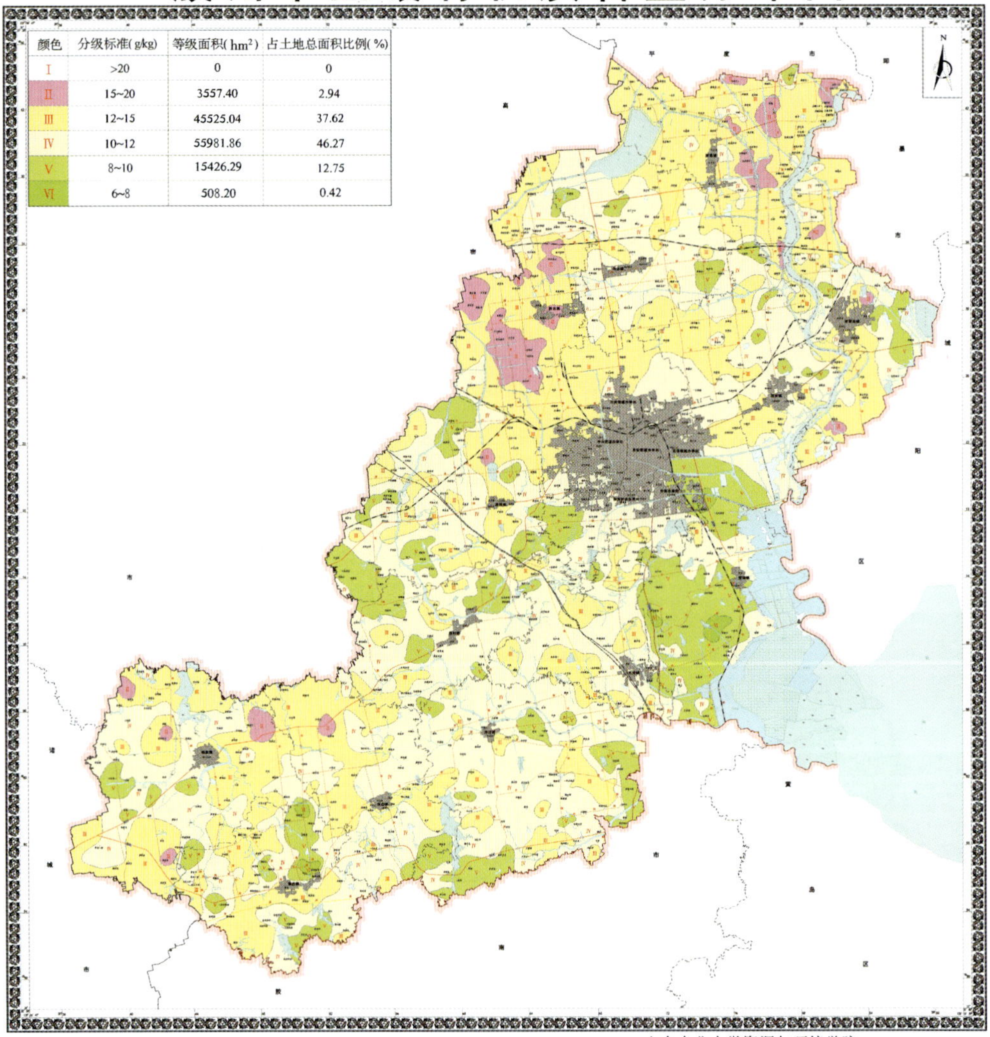

| 颜色 | 分级标准(g/kg) | 等级面积(hm²) | 占土地总面积比例(%) |
|---|---|---|---|
| Ⅰ | >20 | 0 | 0 |
| Ⅱ | 15~20 | 3557.40 | 2.94 |
| Ⅲ | 12~15 | 45525.04 | 37.62 |
| Ⅳ | 10~12 | 55981.86 | 46.27 |
| Ⅴ | 8~10 | 15426.29 | 12.75 |
| Ⅵ | 6~8 | 508.20 | 0.42 |

1954年北京坐标系 1956年黄海高程系　　比例尺：1:425000

山东农业大学资源与环境学院
山东天地亚太国土遥感有限公司 二〇一〇年十月

# 胶州市土壤pH分布图

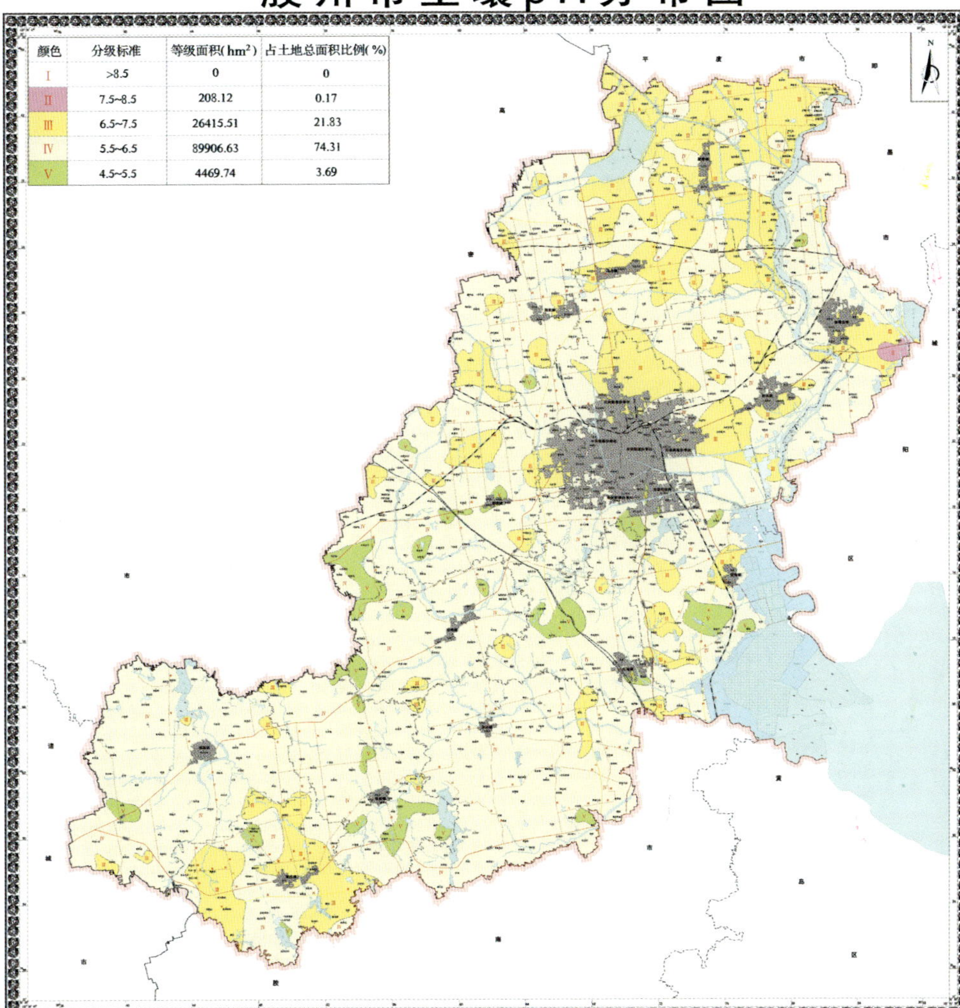

| 颜色 | 分级标准 | 等级面积(hm²) | 占土地总面积比例(%) |
|---|---|---|---|
| Ⅰ | >8.5 | 0 | 0 |
| Ⅱ | 7.5~8.5 | 208.12 | 0.17 |
| Ⅲ | 6.5~7.5 | 26415.51 | 21.83 |
| Ⅳ | 5.5~6.5 | 89906.63 | 74.31 |
| Ⅴ | 4.5~5.5 | 4469.74 | 3.69 |

1954年北京坐标系 1956年黄海高程系　　比例尺：1∶425000

山东农业大学资源与环境学院
山东天地亚太国土遥感有限公司 二〇一〇年十月

# 胶州市土壤全氮含量分布图

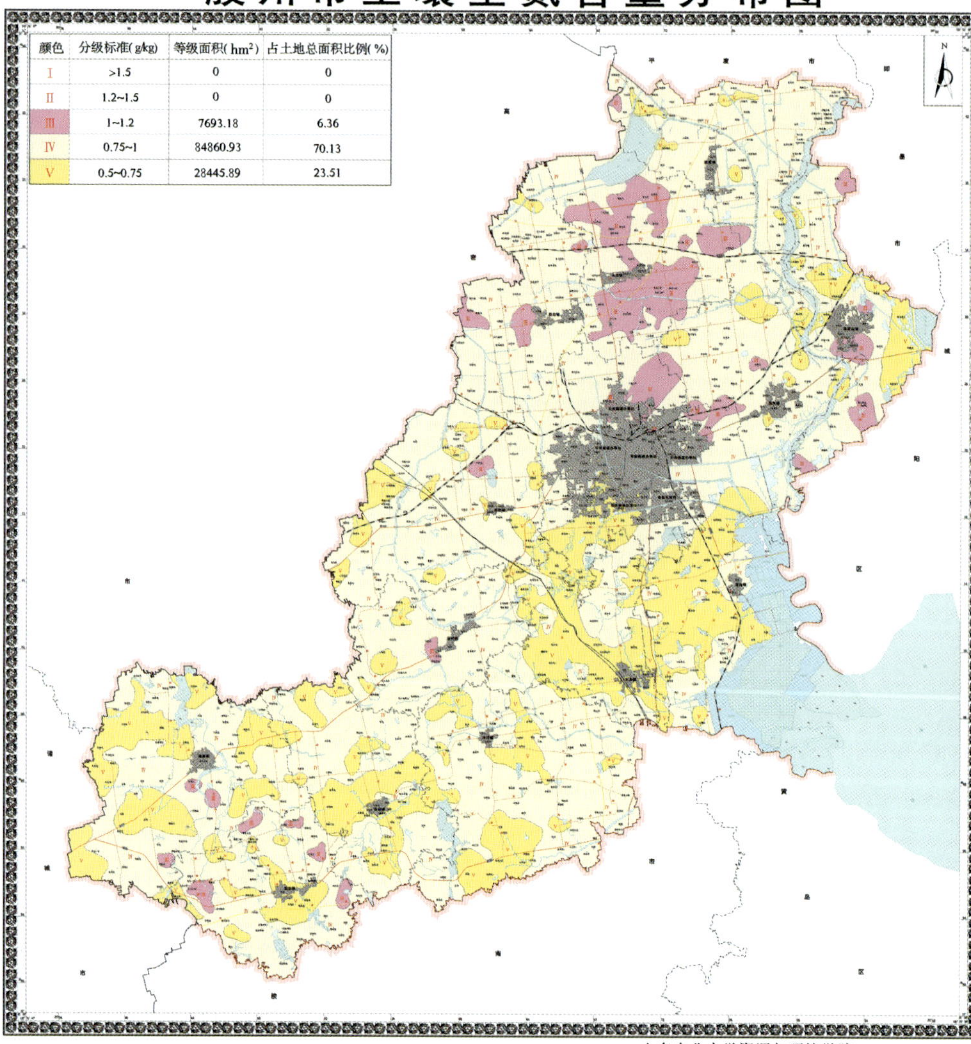


| 颜色 | 分级标准(g/kg) | 等级面积(hm²) | 占土地总面积比例(%) |
|---|---|---|---|
| Ⅰ | >1.5 | 0 | 0 |
| Ⅱ | 1.2~1.5 | 0 | 0 |
| Ⅲ | 1~1.2 | 7693.18 | 6.36 |
| Ⅳ | 0.75~1 | 84860.93 | 70.13 |
| Ⅴ | 0.5~0.75 | 28445.89 | 23.51 |

1954年北京坐标系 1956年黄海高程系　　比例尺：1：425000　　山东农业大学资源与环境学院 山东天地亚太国土遥感有限公司 二〇一〇年十月

# 胶州市土壤碱解氮含量分布图

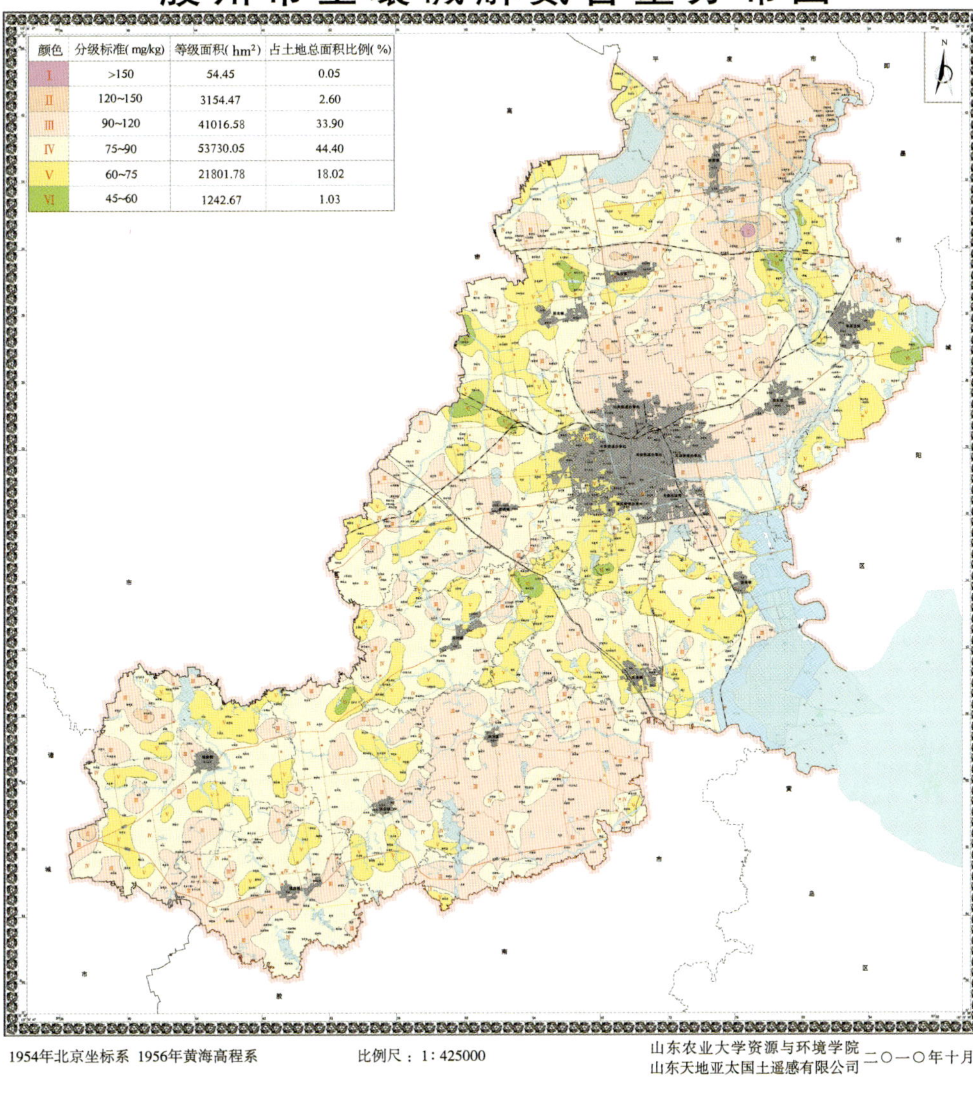


1954年北京坐标系 1956年黄海高程系　　比例尺：1∶425000　　山东农业大学资源与环境学院 山东天地亚太国土遥感有限公司 二〇一〇年十月

# 胶州市土壤有效磷含量分布图

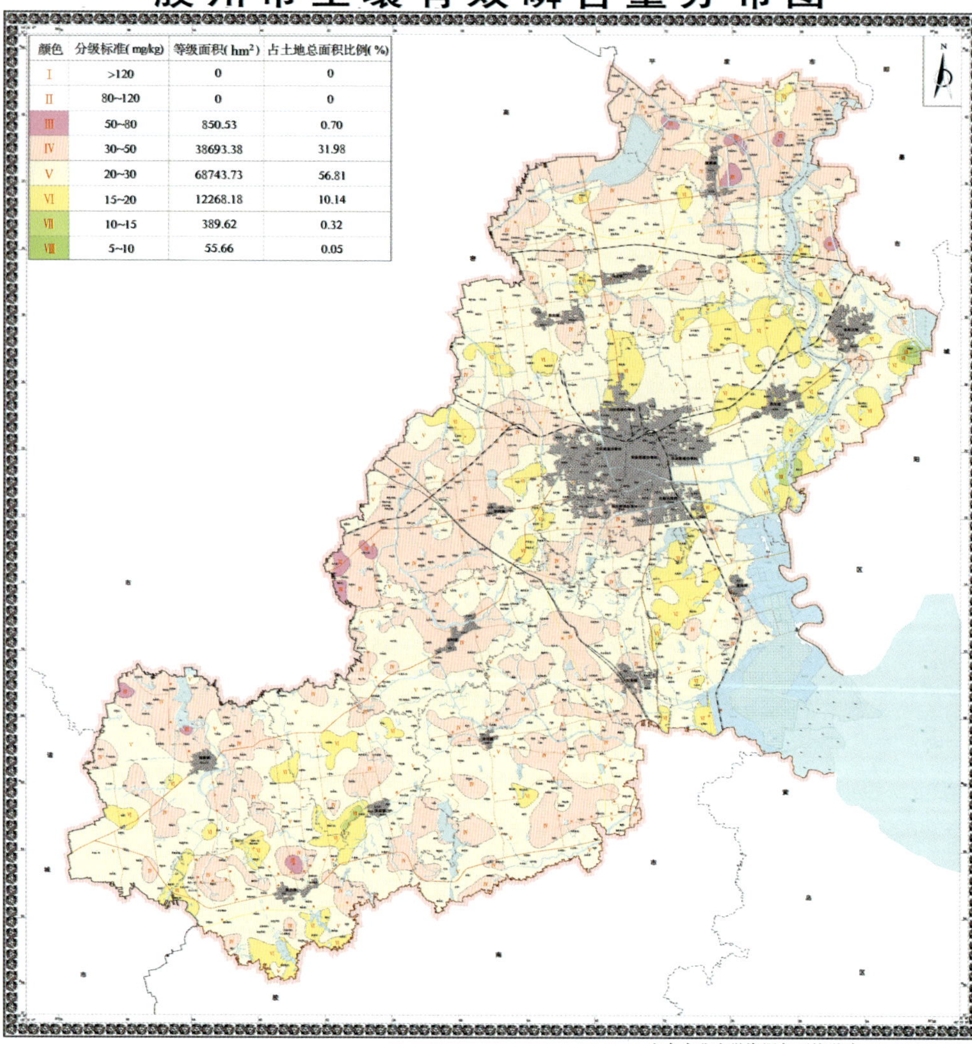

| 颜色 | 分级标准(mg/kg) | 等级面积($hm^2$) | 占土地总面积比例(%) |
|---|---|---|---|
| Ⅰ | >120 | 0 | 0 |
| Ⅱ | 80~120 | 0 | 0 |
| Ⅲ | 50~80 | 850.53 | 0.70 |
| Ⅳ | 30~50 | 38693.38 | 31.98 |
| Ⅴ | 20~30 | 68743.73 | 56.81 |
| Ⅵ | 15~20 | 12268.18 | 10.14 |
| Ⅶ | 10~15 | 389.62 | 0.32 |
| Ⅷ | 5~10 | 55.66 | 0.05 |

1954年北京坐标系 1956年黄海高程系　　比例尺：1∶425000　　山东农业大学资源与环境学院 山东天地亚太国土遥感有限公司 二〇一〇年十月

# 胶州市土壤速效钾含量分布图

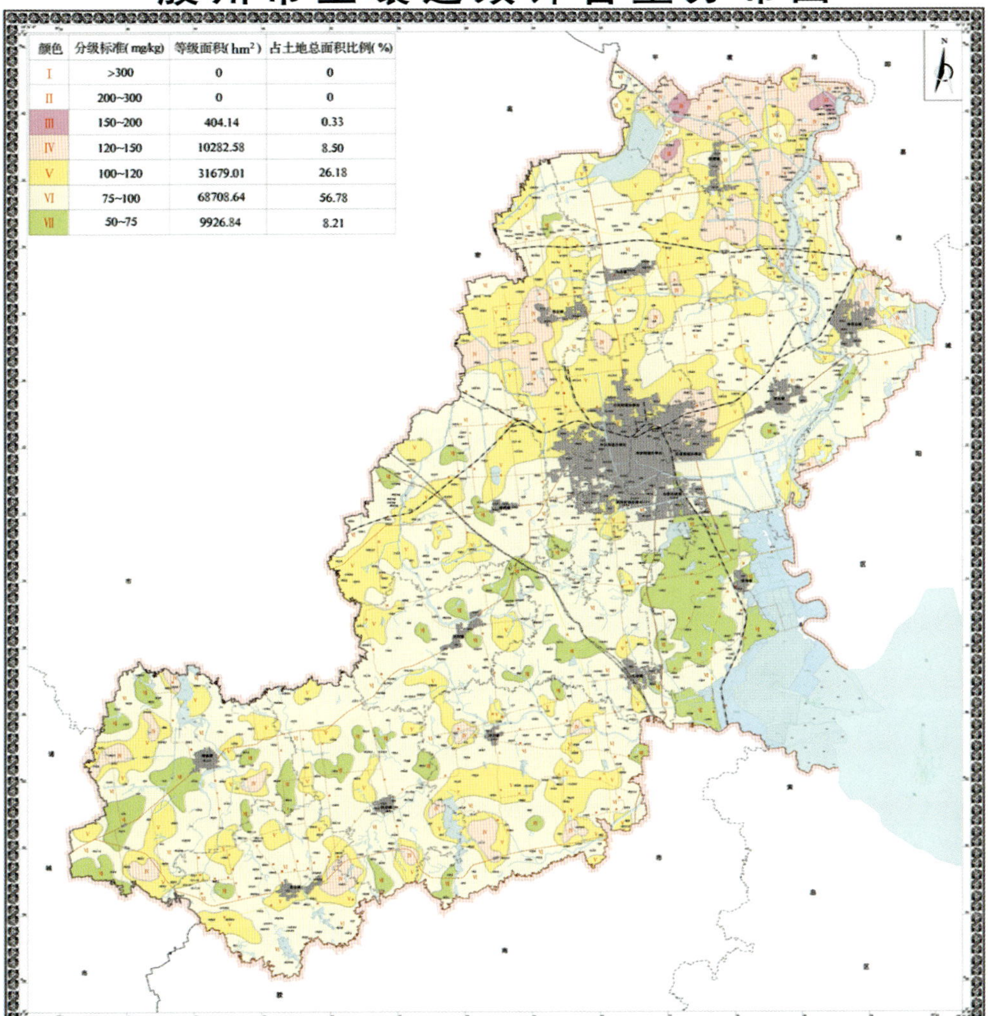

| 颜色 | 分级标准(mg/kg) | 等级面积(hm²) | 占土地总面积比例(%) |
|---|---|---|---|
| Ⅰ | >300 | 0 | 0 |
| Ⅱ | 200~300 | 0 | 0 |
| Ⅲ | 150~200 | 404.14 | 0.33 |
| Ⅳ | 120~150 | 10282.58 | 8.50 |
| Ⅴ | 100~120 | 31679.01 | 26.18 |
| Ⅵ | 75~100 | 68708.64 | 56.78 |
| Ⅶ | 50~75 | 9926.84 | 8.21 |

1954年北京坐标系 1956年黄海高程系　　比例尺：1:425000

山东农业大学资源与环境学院
山东天地亚太国土遥感有限公司　二〇一〇年十月

# 胶州市土壤缓效钾含量分布图

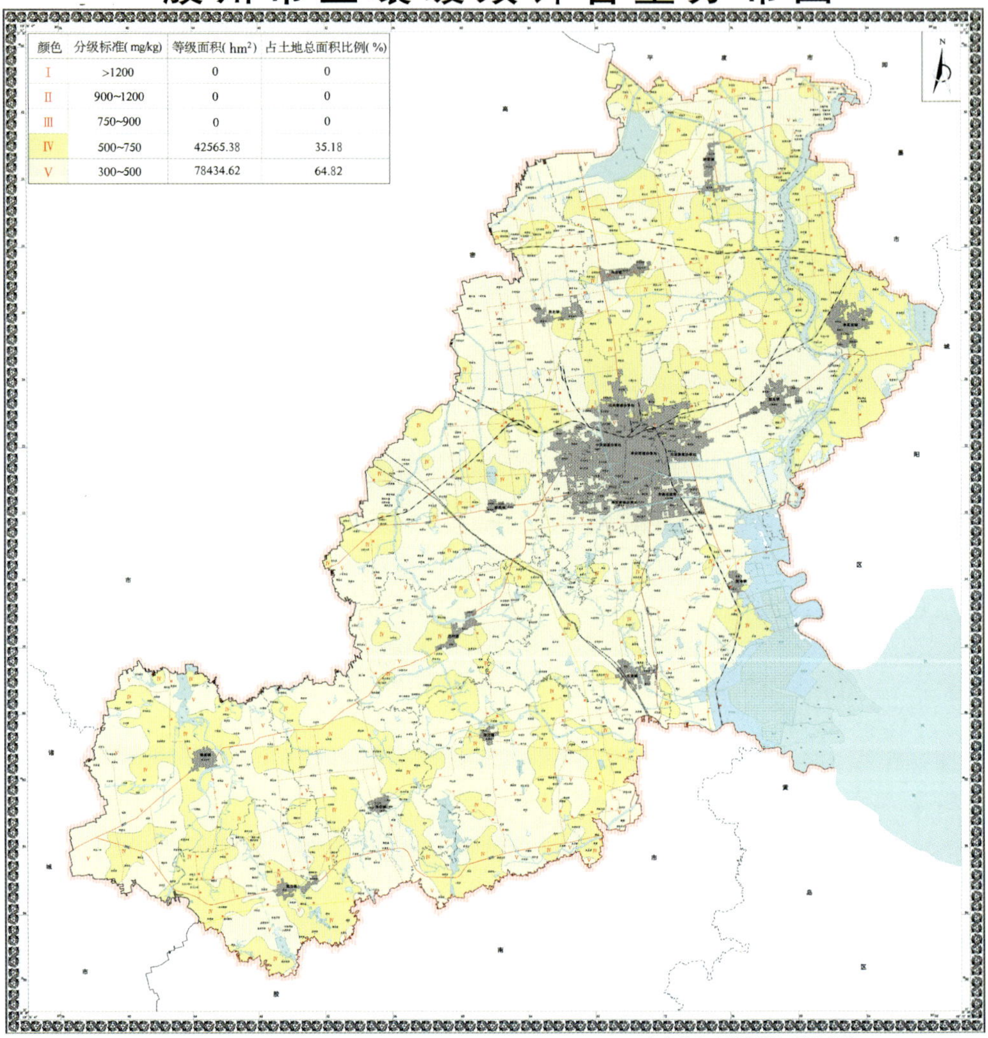

| 颜色 | 分级标准(mg/kg) | 等级面积(hm²) | 占土地总面积比例(%) |
|---|---|---|---|
| Ⅰ | >1200 | 0 | 0 |
| Ⅱ | 900~1200 | 0 | 0 |
| Ⅲ | 750~900 | 0 | 0 |
| Ⅳ | 500~750 | 42565.38 | 35.18 |
| Ⅴ | 300~500 | 78434.62 | 64.82 |

1954年北京坐标系 1956年黄海高程系　　比例尺：1∶425000　　山东农业大学资源与环境学院 山东天地亚太国土遥感有限公司 二〇一〇年十月

# 胶州市土壤交换性钙含量分布图

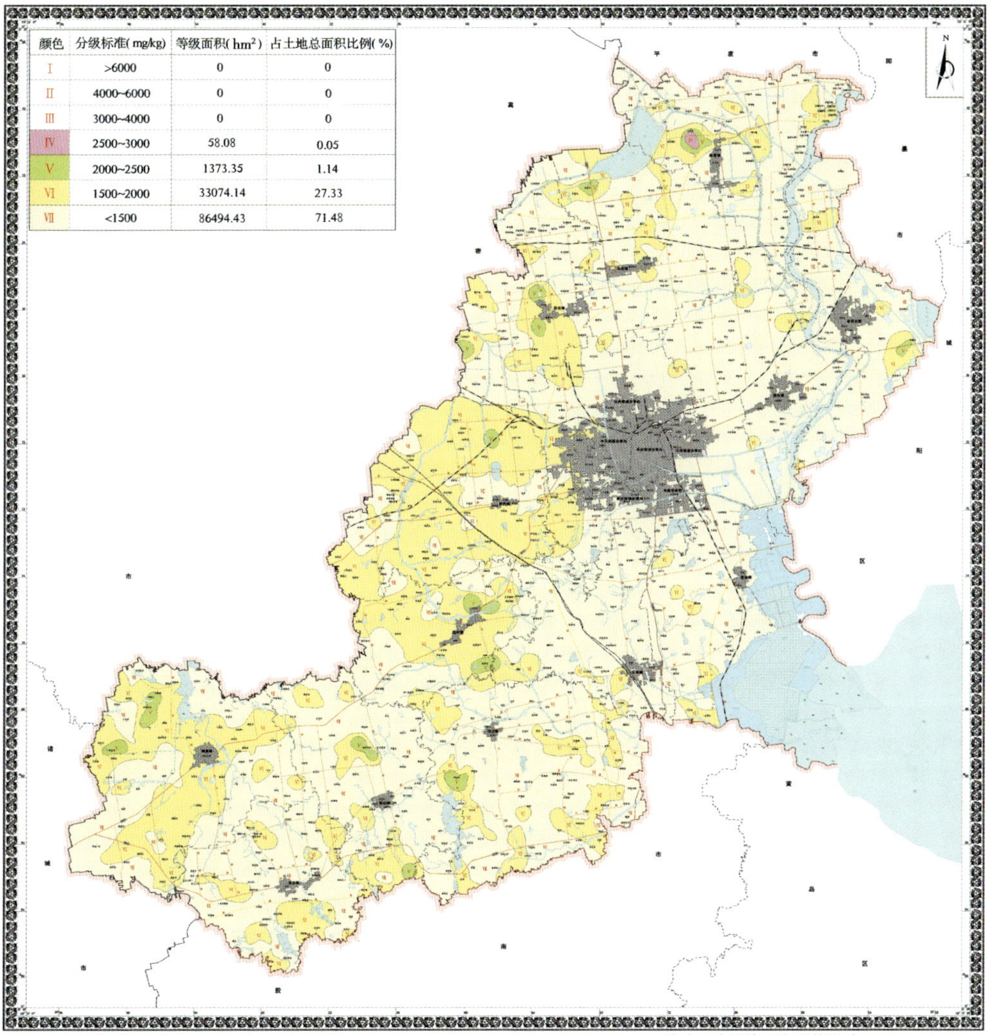


1954年北京坐标系 1956年黄海高程系　　比例尺：1∶425000

山东农业大学资源与环境学院
山东天地亚太国土遥感有限公司 二〇一〇年十月

# 胶州市土壤交换性镁含量分布图

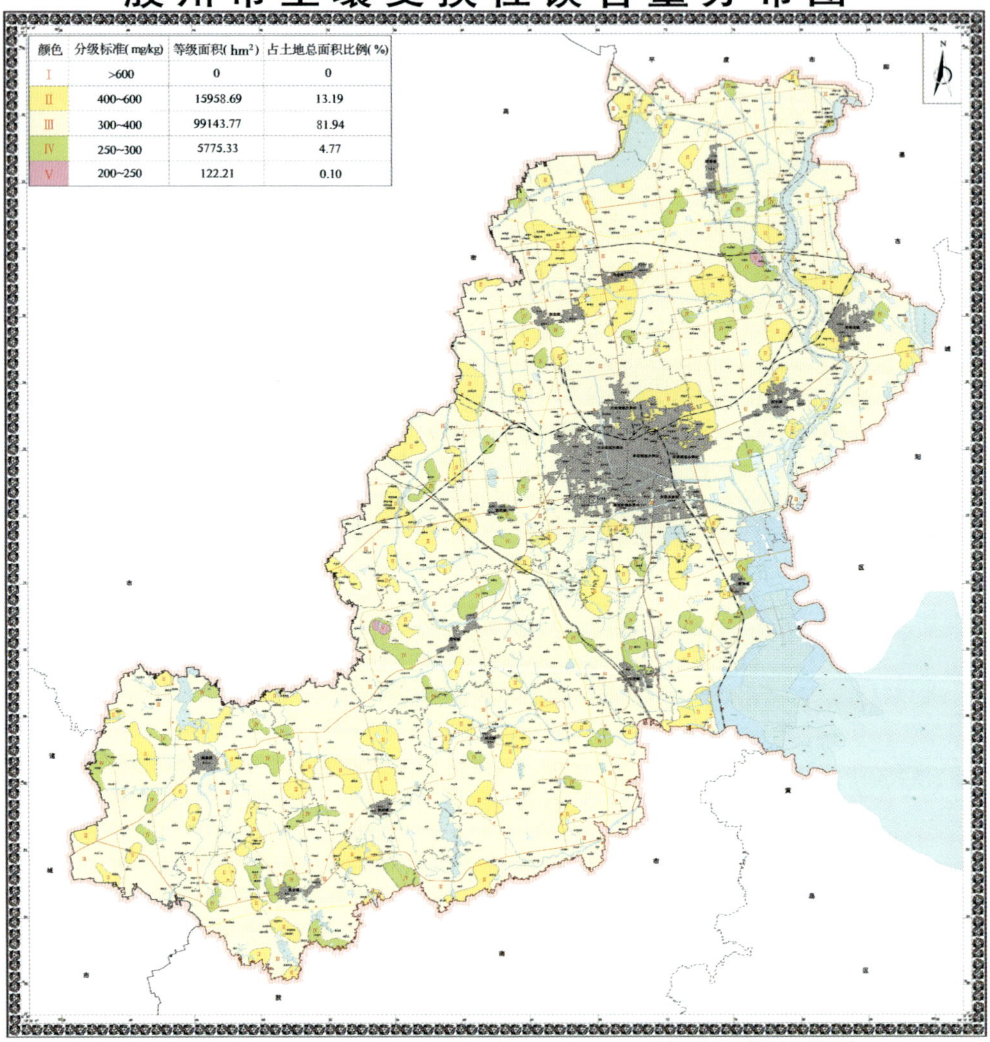

| 颜色 | 分级标准(mg/kg) | 等级面积(hm$^2$) | 占土地总面积比例(%) |
|---|---|---|---|
| Ⅰ | >600 | 0 | 0 |
| Ⅱ | 400~600 | 15958.69 | 13.19 |
| Ⅲ | 300~400 | 99143.77 | 81.94 |
| Ⅳ | 250~300 | 5775.33 | 4.77 |
| Ⅴ | 200~250 | 122.21 | 0.10 |

1954年北京坐标系 1956年黄海高程系　　比例尺：1∶425000　　山东农业大学资源与环境学院　山东天地亚太国土遥感有限公司　二〇一〇年十月

# 胶州市土壤有效硫含量分布图

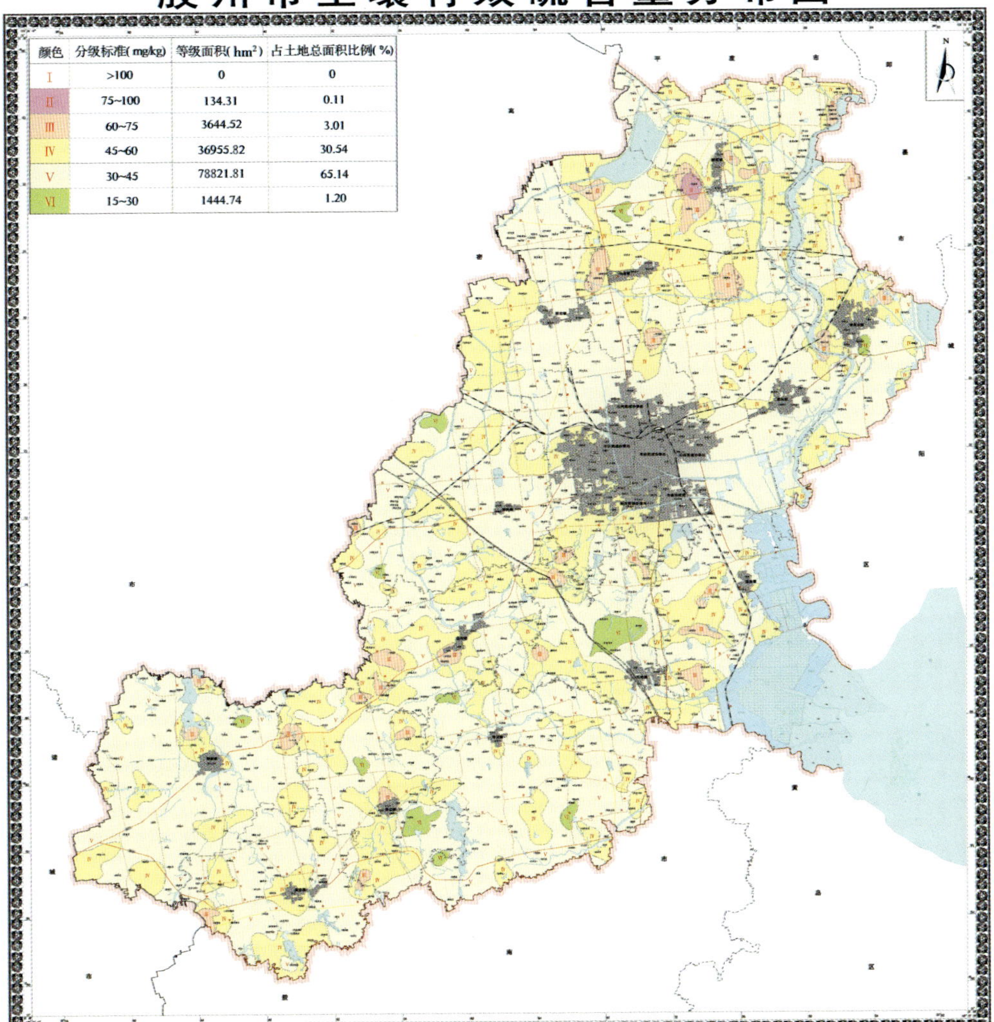

| 颜色 | 分级标准(mg/kg) | 等级面积(hm²) | 占土地总面积比例(%) |
|---|---|---|---|
| Ⅰ | >100 | 0 | 0 |
| Ⅱ | 75~100 | 134.31 | 0.11 |
| Ⅲ | 60~75 | 3644.52 | 3.01 |
| Ⅳ | 45~60 | 36955.82 | 30.54 |
| Ⅴ | 30~45 | 78821.81 | 65.14 |
| Ⅵ | 15~30 | 1444.74 | 1.20 |

1954年北京坐标系 1956年黄海高程系　　比例尺：1：425000

山东农业大学资源与环境学院
山东天地亚太国土遥感有限公司 二〇一〇年十月

# 胶州市土壤有效硅含量分布图

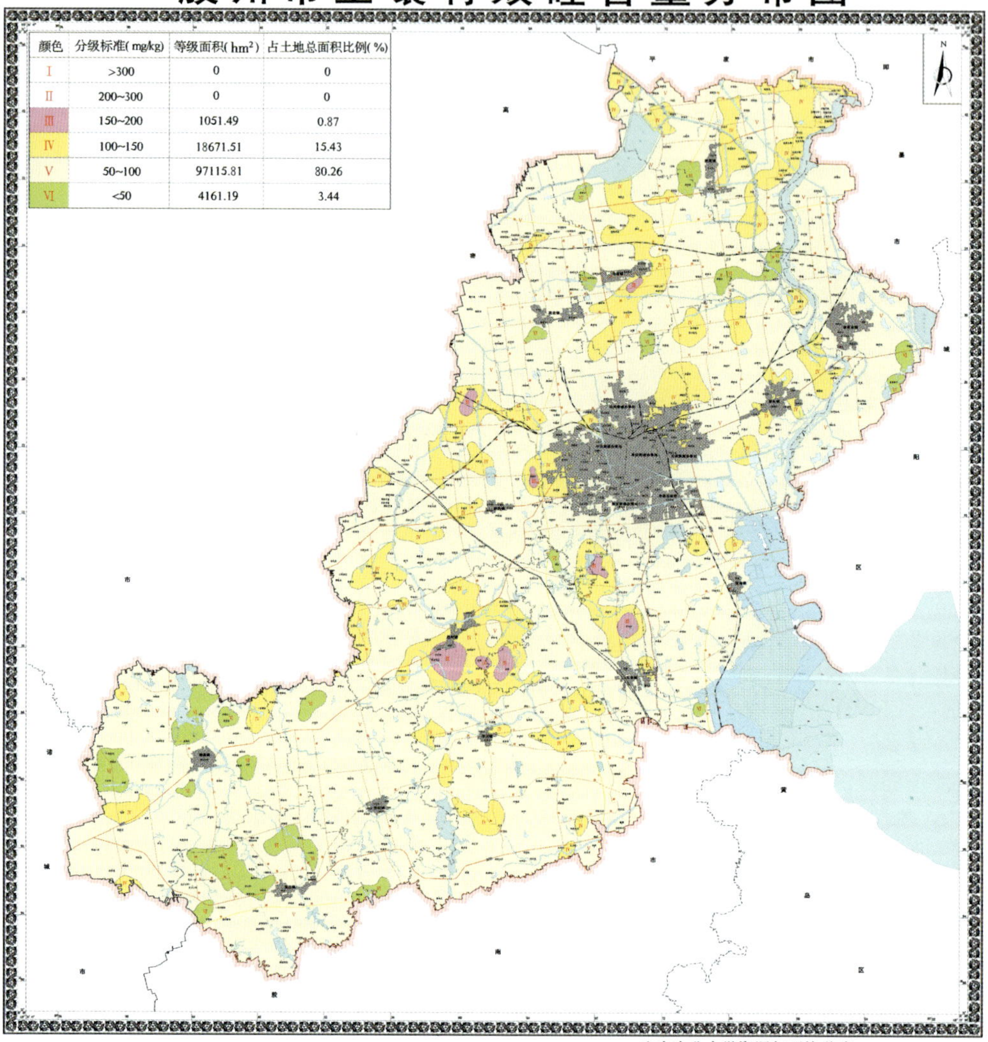


1954年北京坐标系 1956年黄海高程系　　比例尺：1∶425000　　山东农业大学资源与环境学院 山东天地亚太国土遥感有限公司 二〇一〇年十月

# 胶州市土壤有效锰含量分布图

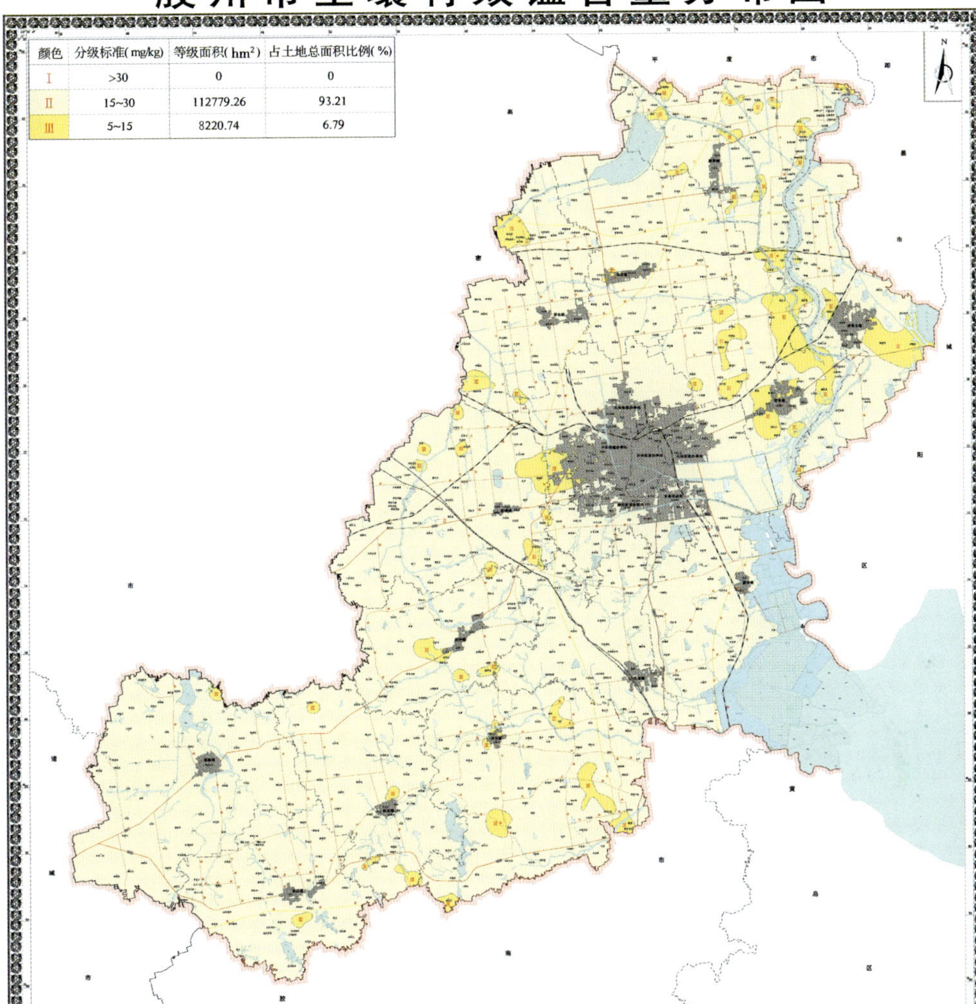

| 颜色 | 分级标准(mg/kg) | 等级面积(hm²) | 占土地总面积比例(%) |
|---|---|---|---|
| Ⅰ | >30 | 0 | 0 |
| Ⅱ | 15~30 | 112779.26 | 93.21 |
| Ⅲ | 5~15 | 8220.74 | 6.79 |

1954年北京坐标系 1956年黄海高程系　　比例尺：1:425000

山东农业大学资源与环境学院
山东天地亚太国土遥感有限公司　二〇一〇年十月

# 胶州市土壤有效钼含量分布图

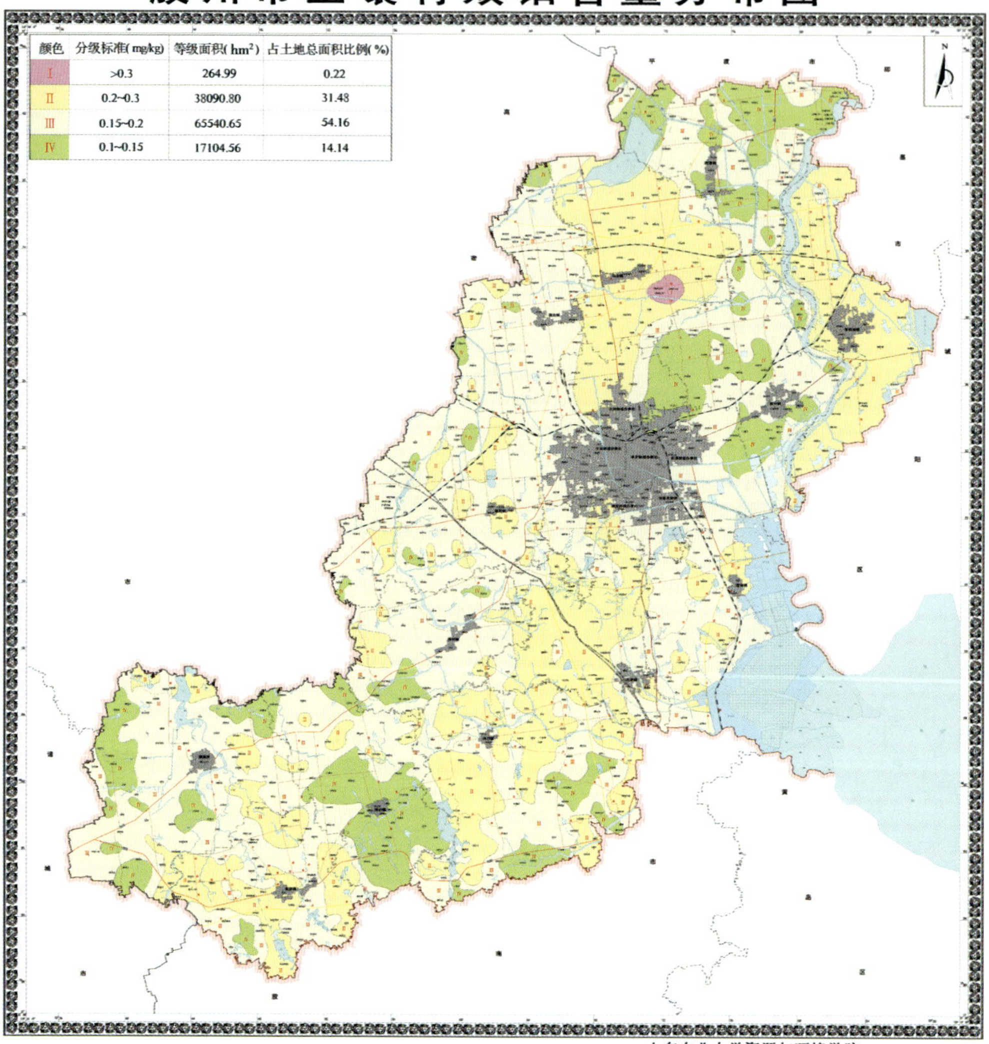


1954年北京坐标系 1956年黄海高程系　　比例尺：1∶425000　　山东农业大学资源与环境学院　山东天地亚太国土遥感有限公司　二〇一〇年十月

# 胶州市土壤有效硼含量分布图

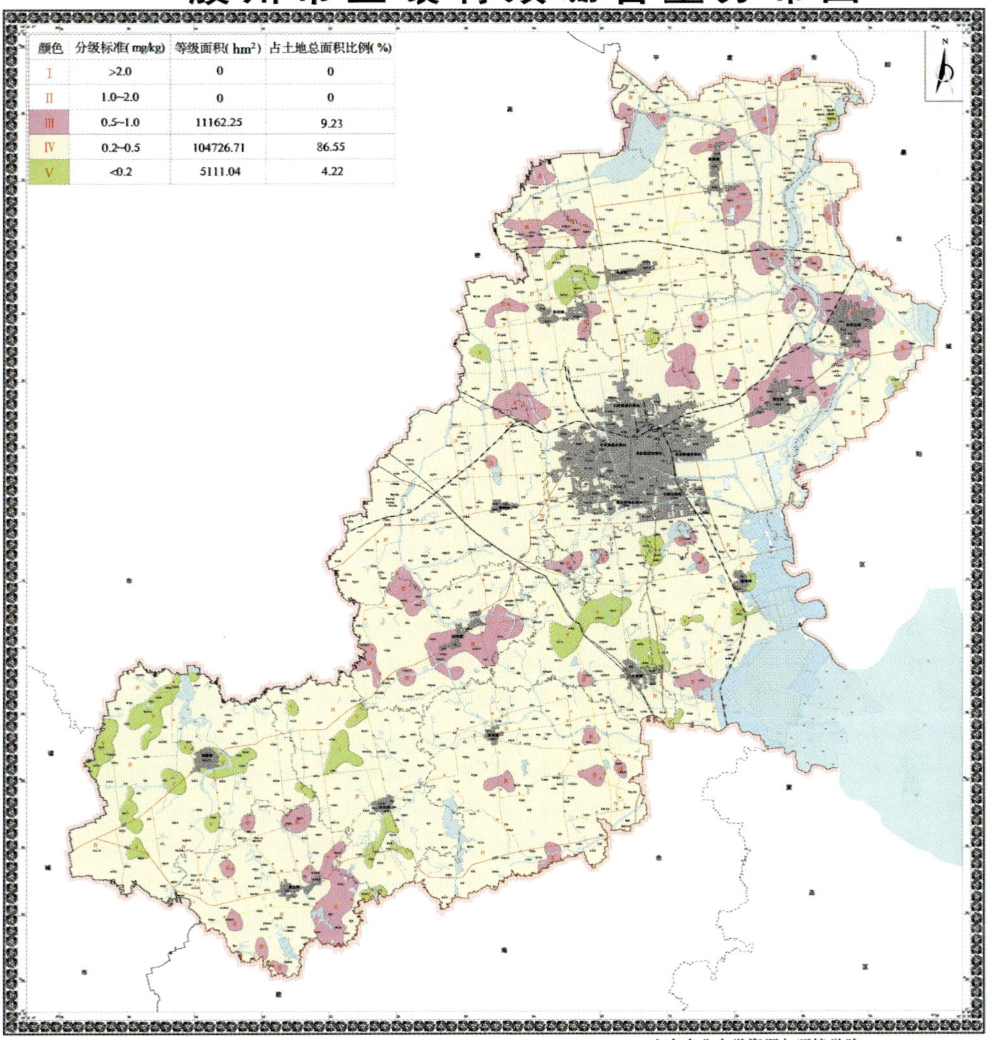


| 颜色 | 分级标准(mg/kg) | 等级面积(hm²) | 占土地总面积比例(%) |
|---|---|---|---|
| Ⅰ | >2.0 | 0 | 0 |
| Ⅱ | 1.0~2.0 | 0 | 0 |
| Ⅲ | 0.5~1.0 | 11162.25 | 9.23 |
| Ⅳ | 0.2~0.5 | 104726.71 | 86.55 |
| Ⅴ | <0.2 | 5111.04 | 4.22 |

1954年北京坐标系 1956年黄海高程系　　比例尺：1∶425000

山东农业大学资源与环境学院
山东天地亚太国土遥感有限公司 二〇一〇年十月

# 胶州市土壤有效铁含量分布图

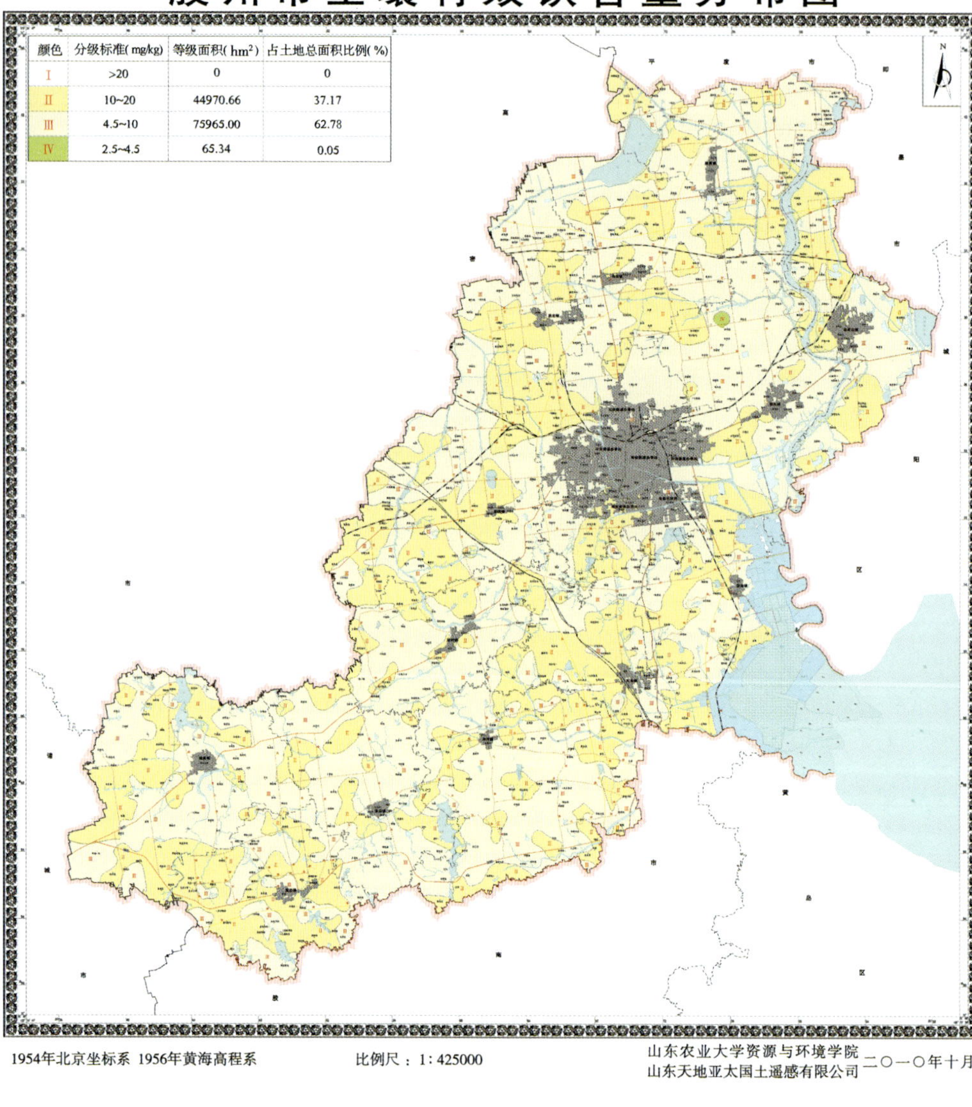

| 颜色 | 分级标准(mg/kg) | 等级面积(hm²) | 占土地总面积比例(%) |
|---|---|---|---|
| Ⅰ | >20 | 0 | 0 |
| Ⅱ | 10~20 | 44970.66 | 37.17 |
| Ⅲ | 4.5~10 | 75965.00 | 62.78 |
| Ⅳ | 2.5~4.5 | 65.34 | 0.05 |

1954年北京坐标系 1956年黄海高程系　　比例尺：1∶425000　　山东农业大学资源与环境学院 山东天地亚太国土遥感有限公司 二〇一〇年十月

# 胶州市土壤有效铜含量分布图

| 颜色 | 分级标准(mg/kg) | 等级面积(hm²) | 占土地总面积比例(%) |
|---|---|---|---|
| I | >1.8 | 0 | 0 |
| II | 1.0~1.8 | 91768.82 | 75.84 |
| III | 0.2~1.0 | 29231.18 | 24.16 |

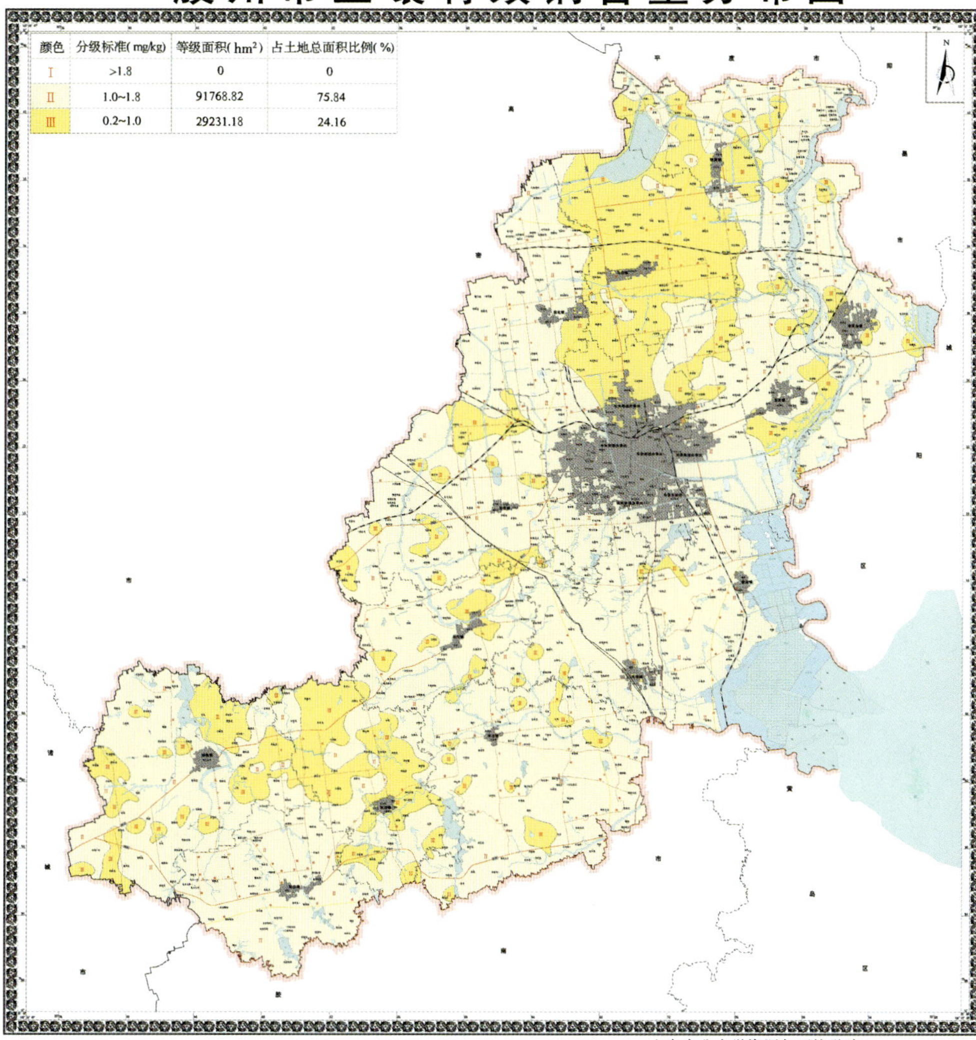

1954年北京坐标系 1956年黄海高程系

比例尺：1∶425000

山东农业大学资源与环境学院
山东天地亚太国土遥感有限公司
二〇一〇年十月

# 胶州市土壤有效锌含量分布图

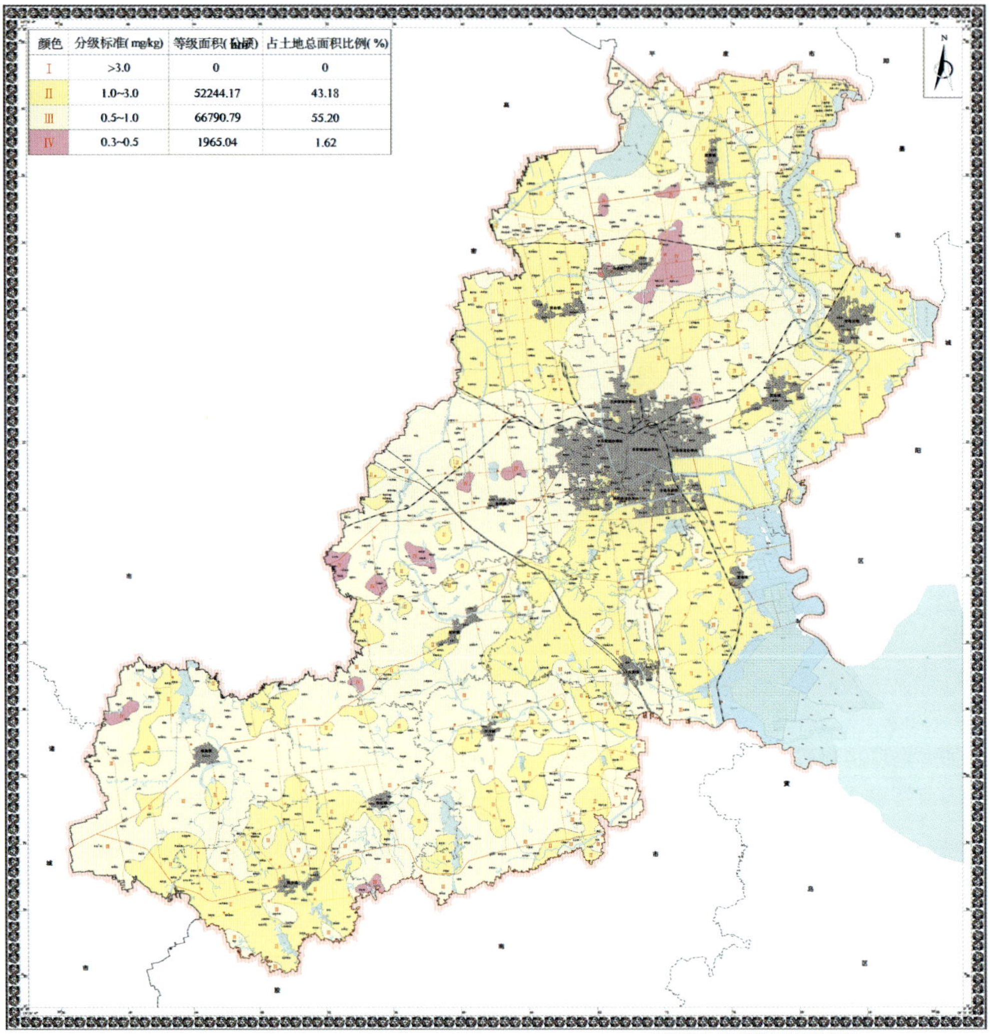


1954年北京坐标系 1956年黄海高程系　　比例尺：1∶425000　　山东农业大学资源与环境学院 山东天地亚太国土遥感有限公司 二〇一〇年十月